JN251481

保護観察とは何か

A Guide to the Probation

実務の視点からとらえる

今福章二
小長井賀與
編

法律文化社

本書の刊行に寄せて

2015年7月，オバマ米国大統領が現職大統領として初めて連邦刑務所（オクラホマ州）を訪問し，記者団に対し「彼らは私と変わらない過ちを犯した若者だ。違うのは，過ちを克服できる支援の仕組みや第二のチャンスが彼らに与えられなかったことだ」と指摘し，暴力行為を伴わない薬物犯罪についての刑罰の緩和などを含む司法制度改革を行うことや受刑者に社会の中で立ち直る機会を与えることが必要であるとの考えを示したと報じられた（2015年7月17日 ロイターほか）。他方，わが国においても，同年12月，安倍首相が現職首相として初めて更生保護施設を視察し「薬物依存の人たちの更生・再犯防止のためには，まず，薬物依存からの離脱，そのための治療が必要であること，そして更生保護など息の長いケアが大切であると実感した」と述べ，さらに同首相は刑務所をも訪問して，刑務所や更生保護施設への在所中から退所後までの一貫した再犯防止プログラムの充実とその全国的な展開，矯正・保護と医療や福祉との連携，官民協働の重要性等について言及した（2015年12月4日 首相官邸HPなど）。

犯罪情勢や刑事政策の在り方などについて大きな隔たりのある両国ではあるが，共に，犯罪者の社会復帰と再犯防止は国政上の大きな課題の一つと認識・注目されてきており，その意味で2015年は再犯防止対策史上記念すべき年となったともいえよう。

安全・安心な社会を作るため，わが国ではこれまでも再犯防止のためのさまざまな施策が推進されてきたところではあるが，とくに近年は，刑務所出所者などの自立に必要な仕事と居場所の確保に向けた具体的な取組みなど実効性のある多様な施策が急ピッチで導入されつつある。裁判員裁判の施行や検察における諸改革の実行，矯正や更生保護にかかわる立法や多機関の連携による処遇の枠組みの導入などにより，刑事司法全体に，犯罪者の立ち直りと再犯防止に向けた強固な意識が芽生え，成長しつつあることは，誠に歓迎すべきことと思う。

とはいえ，犯罪者の処遇に関する各機関は，一旦罪を犯した者が再び刑事司法の入り口に戻ってくることのないようするためにより効果的なシステムは他にないものか，今後もなお模索し続けなければならない。ただ，それについては，各関係機関が，それぞれの機関の役割や機能について相互に良く知り，理解し合うことおよびそれを前提として協働することが必ずしも容易ではないという点がネックとなる。これまで，刑事司法は複数の関係機関が関与する一連のプロセスでありながら，中には，他の領域，とくに直接犯罪者に対する処遇を担う矯正・保護についての関心と理解が必ずしも十分とはいえない面があったことは否定できず，それ故，関係諸機関相互の間に，矯正・保護処遇の可能性と限界について十分かつ適正な理解が共有されてこなかったように思われる。

しかし，法曹三者の立場と（いずれも短期間ではあったが）矯正・保護の領域に身を置いた私自身の経験からいえば，未経験の分野についてよく知り，これを理解することは決して容易なことではない。これは実感である。しかも，とりわけ今日，犯罪者処遇の現場は次々と繰り出される新規の施策により日進月歩の状況にあるから，外から他分野・他機関の実像・実情を的確に捉え，理解することは並大抵のことではないと思われる。

そのような情況下において編まれた本書は，保護観察等に関する制度を概説した第Ⅰ部，近年の施策やその背景を分析・解説した第Ⅱ部，さらに第一線の保護観察官の事例研究結果を論述した第Ⅲ部から成り，これによって保護観察の現時点での実像を明らかにしている。施設内処遇と社会内処遇の連携により再犯防止の効果を最大化することを目的とする刑の一部の執行猶予制度の施行を間近に控え，とりわけ法曹三者において保護観察の実像をより深く正しく理解する必要に迫られている今，本書の発刊は誠に時宜にかなうものといえる。

日本の保護観察は，保護司制度が保護観察対象者に対する日常的で継続的な見守りとケアを可能にしており，これは他国の追随を許さない。そしてこの保護司制度を基盤としつつ，専門的なプログラムや他機関と連携した実際的な社会復帰支援策が講じられているのがわが国の保護観察制度である。保護観察処遇は，刑務所出所者などの本人と環境に働きかけてその社会適応性を高めることにより再犯防止を図るものであり，再犯に近づくリスク要因をいかに克服できるか，そのようなリスクは避け難くとも更生に近づく可能性をいかに高められるかが処遇のポイントとされる。このように理解したとき，保護観察に付されるべき対象者については，「その制度に適した者」という一定の範囲があるということができ，これを明確に意識した上で対象者の適正な選択がなされることが重要であると考える。本書の第Ⅲ部では，事例と処遇がリアルに描かれており，保護観察官としての率直な振り返りを通して，読者は社会内処遇の可能性と限界について理解する手がかりが得られるであろう。もとより，これは現時点での可能性と限界であるというに止まり，その限界を克服していくための制度の見直しや実施体制の整備などにつき不断の努力が必要であることはいうまでもない。

近時は，犯罪者処遇の効果を示すため，データで論証することが一層求められる傾向にあるように思われるが，一方で本書のように事例による語りの方式でこれを示すことも同等に重要であると考える。その地道な労作として本書が多くの方々に読まれることを期待し，本書を広く推薦する次第である。

2016年２月

前最高裁判所判事・弁護士　**横田 尤孝**

はしがき

刑務所出所者等の社会復帰を地域から支えようとして民間の力で始まった更生保護は，戦後まもなく犯罪者予防更生法等を柱に本格的な保護観察制度として整備され，さらに2007年の更生保護法制定前後から第二の制度改革の時機を迎えた。現在はその改革の途上にあり，効果的な再犯防止と改善更生を目指して，積極的な指導や生活再建のための支援などのさまざまな取組が急ピッチの展開を見せている。

一方，治安情勢を俯瞰すれば，平成期の犯罪急増の時代から脱して初犯者と累犯者のいずれも減少傾向にある。刑務所出所者においても例外ではなく，犯罪対策閣僚会議が設定した刑務所２年以内再入所率はほぼ順調なペースで低下してきた。しかし，犯罪の減少ペースは，累犯者の場合の方が初犯者の場合に比べると鈍く，全体の中で累犯者が占める割合が刑事司法の各段階で高まる結果となっており，再犯防止対策の一層の充実強化が大きな課題となっている。刑事司法はまさにその中心的な担い手であるが，他の社会政策等のシステムや市民と協働する方向をさらに充実させるアプローチが顕著になってきている。そこで重要な役割を担うことを期待されているのが更生保護である。

このような中，2016年６月までに刑の一部執行猶予制度が施行され，その対象となった者のうち，初入者には裁量的，薬物事犯の累犯者には必要的に，それぞれ保護観察が付されることになる。同制度は，施設内処遇と社会内処遇の接合による再犯防止の実現を目的とし，とくに薬物事犯者への有効な対応策となることが期待されているが，その対象となるべき者は，制度の目的に沿ってふさわしい者が適正に選択される必要があることはいうまでもない。同じことは現在の保護観察付執行猶予の場合にも当てはまるであろう。しかし，関係者の間でも，保護観察の処遇・実施体制の実状やその効果などに対する理解にばらつきがあることなどを背景に，保護観察の本来の持ち味を発揮して再犯防止効果をあげることが難しい事案も存在するというのが現場感覚である。

そこで，本書では，まずは保護観察の実情，期待できる効果と限界などについて，関係者において少しでも共通理解が得られるよう，できるだけ多くの事例を取り上げ，保護観察のリアルな状況を追体験してもらえるよう工夫を試みている。

本書は3つの部からなる。第Ⅰ部では，保護観察の実情をより正確に理解していただくために，現行の保護観察付執行猶予を中心に，保護観察の目的・構造・実務の流れや最近の取組を概観し，保護観察の適合性の考え方を整理した上で（第1章），その選定の在り方について，刑の一部執行猶予制度との関係で検討を加える（第2章）。また，適合性を評価するために参照すべき処遇効果の考え方と日本における現状の検証結果を俯瞰する（第3章）一方，世界における犯罪者処遇論の展開過程を整理し，その視点から日本の現状を検討していく（第4章）。

第Ⅱ部は，保護観察付執行猶予について統計の観点から明らかになっていることを概観した上で（第5章），第一に，再入所率等が高く効果的な再犯防止対策が求められている薬物事犯者について，薬物依存からの回復に向けた保護観察処遇の構造（第6章），薬物問題の医学的・薬学的観点（第7章），ダルクの現状と変化，社会福祉モデルの視点等（第8章）をわかりやすく解説する。第二に，保護観察の積極的処遇に位置づけられる専門的処遇プログラムを取り上げ，行動の変化と動機づけの観点から，保護観察の機能と限界について論じ（第9章），第三に住居・就労・福祉的支援を取り上げ，最近の取組の概観と社会政策との関係性を明らかにする（第10章）。

第Ⅲ部では，保護観察処遇の実情についての理解に役立ち，実際例との類似事例として参照も可能となるよう，現役の保護観察官が，保護観察付執行猶予や仮釈放における保護観察処遇事例のうち，原則として更生事例と再犯事例の各1事例以上を紹介する。同時に，更生促進要因と再犯リスク要因，さらにそれらにターゲットを絞った働きかけの内容について意識した考察を行っている。そこで取り上げた事例は，薬物事犯者に対する集団処遇（第11章）・ダルクや医療との連携（第12章）・薬物処遇重点実施更生保護施設（第13章）における事例，性犯罪者（第14章），窃盗事犯者（第15章），若年者（第16章），知的障害者（第17章）に対する処遇事例である。

本書の企画は，法律文化社編集部の掛川直之さんから，保護観察の等身大の姿をできる限りリアルに紹介する本をまとめてほしいとお話をいただいたことから始まった。新たな法制度，多様な社会復帰施策の相次ぐ導入・進展などに伴い，更生保護の露出はここ10年のうちに格段に増え，とりわけ法曹，医療，福祉，労働分野などの関係者の間では更生保護への関心がかつてないほどに高まってきている。しかし，オープンな社会環境の中で個々の問題性などに即して指導・援助する保護観察の実像は部外者から一見とらえにくく，必ずしも正確な理解が得られていない現状を憂えての発案である。保護観察の実情をできる限り伝える意義は，刑の一部の執行猶予制度が始まろうとする今，一層大きくなってきており，お話をお受けすることとした。しかし，専門書の刊行は初めての経験であり，その点ではこの分野で内外の事情に通じておられる小長井教授に共編者として力をお借りすることができたことは望外の幸せであった。小長井教授の大所高所から微細な部分に至るまでのきめ細かなご助言がなければ，最終ゴールまでたどりつけなかったであろう。また，多くの保護観察官らに分担執筆を快諾いただき，多忙な業務の傍ら第一線から現場の空気を文字に乗せて届けてくれた。その真摯な考察に触れ編者としても学ぶ機会を得た思いである。そして，前述の掛川直之さんは編集のプロとして本の建付けから校正に至るまで丁寧かつスピーディな仕事ぶりでわれわれを支えてくださると同時に，自身の研究活動から得られた知見を惜しげなく披露してわれわれを内容面から叱咤激励をしていただいた。心から感謝の言葉を申し上げたい。

2016年2月

今福 章二

目　次

第Ⅲ部 事例で見る保護観察処遇

第Ⅰ部　保護観察総論

第 **1** 章

保護観察とは

今福 章二

1　はじめに

保護観察は，犯罪をした者が再び犯罪を繰り返さず改善更生できるように，その者が生活する地域社会において指導し，家庭，就労，交友などそれぞれに適切な居場所を確保できるよう，地域社会の力を動員して援助する制度である。刑事政策においては，特別予防の観点を重視して選択されるアプローチのひとつである。

保護観察には５つの種別があるが，そのうち保護観察処分少年と少年院からの仮退院者に対する保護観察は，いずれも少年法に基づき家庭裁判所が決定した保護処分の執行として，少年の健全な育成を期して実施される。これに対し，刑事施設からの仮釈放者と保護観察付執行猶予者に対する保護観察は，いずれも刑事裁判所の処分を基礎とし，成人が主に対象となる。ほかに婦人補導院からの仮退院者に対する保護観察があるが近年実績はほとんどない。これらは，保護観察の期間や遵守事項違反に対する措置の在り方などの面ではそれぞれ大きく異なるが[1)]，保護観察の処遇方法等では共通点が多い。

保護観察の開始人員が全体として減少傾向にある中で，保護観察付執行猶予者の場合は横ばいであり，保護観察期間が他の種別よりも相対的に長いため，年末現在の係属人員に占めるその割合は近年増えつつある（詳細は第５章参照）。また，現在の保護観察付執行猶予は，言渡し刑期の全部の執行を猶予する，いわゆる全部猶予を前提としているが，2016（平成28）年から刑の一部の執行猶予制度が始まると，保護観察付一部猶予対象者がここに加わることになる。この保護観察付一部猶予は，実刑相当事案に付されるものであること，社会内処遇の前に刑事施設内での刑の執行・処遇が実施されること，猶予期間の前に遵守事項に違反した場合の執行猶予取消しの法律上の要件が仮釈放の場合と同じであることなど，その性質は保護観察付全部猶予とは異なるものの，裁判の段階で社会内処遇が選択される点，保護観察期間が猶予期間と同一とされ１年以上５年以下の長期間となる点などは保護観察付全部猶予と同じであり，一部猶予制度が始まると，これら対象者の年末係属人員は相当数に上ることになる。[2)]

そこで，本章では，まず保護観察の目的・構造等を整理し，保護観察付全部猶予制度の成り立ちと発展の過程，現行の保護観察付執行猶予者に対する保護観察実務を踏まえた上で，保護観察の効用と限界に照らし保護観察にふさわしい者の選択の在り方について検討を加えたい。

なお，文中意見に及ぶ部分は，あくまでも筆者の私見である。

2　保護観察の目的

■保護観察の使命と理念

保護観察の使命について，「更生保護のあり方を考える有識者会議」(以下「有識者会議」という) の最終報告書において，更生保護は「犯罪や非行をした人たちが，一人の国民として尊重され，差別されることなく，地域社会で他の住民たちと共に生き，他者の人権を侵害する過ちを二度と繰り返さずに生き抜く意欲を持ち続けられるような成熟した社会，真に安全・安心が確保された社会」を目指すべきであると提言されている (報告書31頁〔2006年〕)。すなわち，共生社会，ソーシャルインクルージョンを前提とした安全・安心な社会の実現が更生保護 (保護観察) の使命であると理解することができる。

また，①適切な働きかけによって人は変われるという人間観に立つこと (更生可能性，改善更生モデル) と，②人は地域に支えられた存在であり，更生保護は地域に根ざした働きかけであること (地域基盤処遇モデル) の２点を更生保護の基本的理念とする考え方が現制度の基底をなしているが，これが戦前の免囚保護事業の時代から綿々と続いてきたところに日本の制度のひとつの特徴があるといえよう。

■保護観察の目的

更生保護法は，更生保護の目的に，「改善更生」に加えて，犯罪者予防更生法にはなかった「再犯防止」を併記することとした（更生法1条）。「その人が改善更生すれば再犯には至らず，逆に，その人が再犯に至ってしまえば改善更生の道は遠くなり，改善更生と再犯防止は，正に不即不離の関係」（上記有識者会議報告）にあるとされるが，刑務所出所者等の社会復帰過程の最終段階にあって，これまで更生保護の「福祉的・援護的関わりによる立ち直り支援」と改善更生の側面を強調して語られることが多かったが，同時に再犯のおそれがなく実社会の健全な一員として復帰した状態を「更生」としてそれを目指すよう促すことも等しく更生保護の目的とされてきたのであるから，このような改善更生と再犯防止を不即不離とする考え方には違和感はない。犯罪防止を旨とする刑事政策の中に更生保護制度が一貫して位置づけられてきたことも踏まえると，更生保護の目的に再犯防止が含まれることは当然と考えられる。

しかし，さらに一歩進めて，新たに「再犯防止」が明記されたことは，保護観察に求められる主たる役割を「再犯リスク管理」とする考え方を鮮明にしたものと捉えることもできる。ただし，「再犯防止」一辺倒ではなく，「改善更生」との良き緊張関係が維持され，「再犯防止」と「改善更生」が，いわば相互に手段と効果の関係に立ち，あるいは一方が他方の制約原理になる中で，最善の処遇が選択されることが求められると解すべきであろう。たとえば，改善更生を目的とせず再犯防止のみを目的とする方法があるとすれば（改善更生を助ける手段を伴わない電子監視等），それは更生保護の目的から外れよう。逆に再犯防止の目的を無視して改善更生のみを目的とすることも不適当であり，たとえば，再犯に至る前に，それに先立つ遵守事項違反が認められる段階で，時期を逸することなく適切な措置を選択することが求められる。また，再犯防止と改善更生の目的の達成に必要な範囲内であれば，同意を前提とせずに，遵守事項で義務づけてそのために必要な措置をとることが可能となる（専門的処遇プログラムや居住指定等[3]）ほか，監督モデルの一層の強化も求められることとなる。

3　保護観察の基本的前提と処遇構造

■保護観察の基本的前提

保護観察は地域を基盤とする処遇を主眼とする社会内処遇であり，刑務所等における施設内処遇と対比されるが，それが成り立つためにはいくつかの前提がある。

⑴保護観察は更生の意欲と自発性を前提とする枠組みである

保護観察は，遵守事項と生活行動指針を守って生活しようとする本人の自発性に依拠して，犯罪をした者を社会の中で通常の生活を営ませながら，処遇を行うものである。この遵守事項と生活行動指針のいずれも，本来その遵守に努めようとする意思が少しでもなければ保護観察の実施はその実効性を欠くといわざるを得ない。社会内処遇の基本構造は「遵守事項の威嚇（心理的規制）によって処遇の場を確保し（あるいは処遇の根拠を与え），その枠組みの中で処遇を実施するというもの[4)]」であり，その枠組みから外れ，教育的働きかけが実施できない場合は，もはや保護観察の前提を欠くことになる。

もちろん，保護観察の方法として行う指導監督はこのような遵守事項を遵守するように指示等を行うのであり，始めからこのような指導監督がなくても遵守した行動がとれる者であるならば保護観察に付する必要性は乏しい。他方，自棄的になって更生の意欲が乏しく，遵守する意思が一見見えにくい場合でも，保護観察の枠組みの中で，辛抱強く支持的な関係性を継続し，自己効力感を回復し，日常的な指導と就労面等での実際面での支援を受けることによって，いささかなりとも自分の将来を展望しそれに責任を負う姿勢へと変化することが期待できる場合もある。このように独力で遵守することは難しくても，指導等を受け入れつつ，自らの努力で自立しようとする態度が見いだせる場合は，保護観察にふさわしい対象者と考えることができよう。しかし，反社会的集団との関係が強固であったり，プログラムの受講をそもそも頑なに拒否している場合など，この点に期待が持てない場合は，社会の中で再犯をしないことを期待できる相当な根拠が欠けることとなり，保護観察の社会内処遇としての性格を考えると，保護観察にふさわしくないものと考えられる。

⑵保護観察は日常的な接触が確保できることが必要である

保護観察は対象者が一定の住居に居住し，保護観察官や保護司の求めに応じて面接を受け，面接の中で自らの生活状況を進んで報告すべきことを前提とし，これに対して保護観察官や保護司が指導や援助を行うものである。したがって，これらの前提を欠く場合は，保護観察の実施はその実効性を欠くといわざるを得ない。住居のない対象者には，主に民間が設置する更生保護施設が宿泊保護を行い，早期の就労自立を目指して処遇が行われるが，たとえば，集団生活を忌避し気ままな生活を捨てたくないため，施設への入所を嫌うような対象者の場合は，保護観察によって改善更生の効果を上げることは難しい。また，更生保護施設は，2～4ヵ月程度で退所する一時的な居場所（中間施設）であり，施設を退所した後の居住先が確保できないと見込まれる者については，安易な受入れはできない。地域住民との関係で一定の罪名（性犯罪，放火など）の者は受け入れられないといった施設側の事情も社会内処遇である以上無視できない。

■保護観察処遇の機能と構造

犯罪者処遇は，複雑な有機体である人間への働きかけである以上，そこで処遇者ができることは，対象者が自助の責任を自覚する確率を少しでも高め，目指すべき更生という結果の生起確率を高めるよう，適切な処遇方法を選択し，実行することといえる[5)]。このような保護観察処遇は，更生保護制度改革以降の方向性を踏まえて整理すると，次のような三相構造として理解できる（図表1-1参照）。

⑴第一相：保護司による伴走型の生活指導・見守り

保護観察は常勤の処遇専門家である保護観察官[6)]と地域住民の中から選ばれたボランティアである保護司[7)]とがペアとなる協働態勢で実施することが基本であり，そこで保護司は，保護観察官の作成した実施計画に基づき，対象者と日常的に接触し，その状況を見守り，生活相談や指導助言を継続していく。このように保護司がマンツーマンで対象者にかかわり，日常的な生活指導を行う点が保護観察処遇の基本にある。立ち直りには，対象者の意欲を喚起し，これを持続できるよう伴走型でかかわる人の存在が重要であるが，保護司はその役割を担い，ときには本人が避けがたい誘惑や挫折を乗り越えられるよう辛抱強く支え，ときには消極的な本人に同行し一歩前に踏み出すことを助けている。保護司に親身にかかわってもらう体験は対象者にとっては新鮮であり，やがて心に響き，これに応える努力に向かうことも多い。また，自分のことを良く知った上でじっくり話を聞いてくれる体験は本音の弱音を吐けない孤独な対象者にとって更生のきっかけとなる。一貫して人は変われることを宗としながらかかわる保護司から，よくなったところを認めてもらえたり，今後に生かせる強みに光を当ててもらう体験（ストレングスアプローチ）などを通じ，他人への信頼感を取り戻し，自己肯定感や責任感も生まれる。保護司の自宅に招じ入れられ家族のように受け入れてもらう体験から，自分を無視しないがしろにする社会を敵視する見方も変わり，社会とつながるきっかけが生まれる。

他人を理解するためには，自己の経験のアナロジーでは足りず，組織化された知識の助を必要とすることなどから，かつて「保護司中心から保護観察官中心への切り替えが必要[8)]」といわれた時期もあるが，近年は評価が一転してきた。すなわち，前述したような保護司の人生経験に裏打ちされた民間人ならではのかかわりによる処遇は，第4章で詳述される新しい犯罪学理論であるデシスタンスの考え方に適い，しかも変わることへの動機づけを支え続ける役割を果たすことにより，立ち直りに重要な効果をあげていると考えられるようになってきている。

しかし，保護司は民間のボランティアであり，たとえば粗暴犯や放火犯で保護司への危害が具体的に懸念される場合や，重度の障害・疾病が認められる場合などの処遇困難な対象者については，保護司に担当を依頼することは難しい。また，このような信頼関係に基づくかかわりが基本であり，それを抜きにした単なる行動監視の役割を保護司に期待するのは趣旨に反することにも留意が必要であろう。

⑵第二相：RNRモデルに基づく再犯リスク管理とストレングスアプローチを融合させた処遇

保護観察処遇は，犯罪者の再犯リスク（とくに，修正可能な信念，価値観，認知，態度，行動傾向等の内的要因や家族・居住・職場関係等の環境的要因）を的確に捉え，犯罪者の能力等に応じた介入を行うリスク・ニーズ・応答性モデル（RNRモデル）を参照して構築されており，これを基に認知行動療法などの治療的介入を特別遵守事項に義務づけて実施するなど積極的な処遇が行われている。後述する段階別処遇，類型別処遇，特定暴力事犯者処遇などの考え方はこのRNRモデルに沿ったものである。ただし，現在，本格的な社会内処遇のアセスメントツールが存在しないため限界があり，今後さらに発展させる必要がある。

図表１−１　保護観察（更生保護）の構造

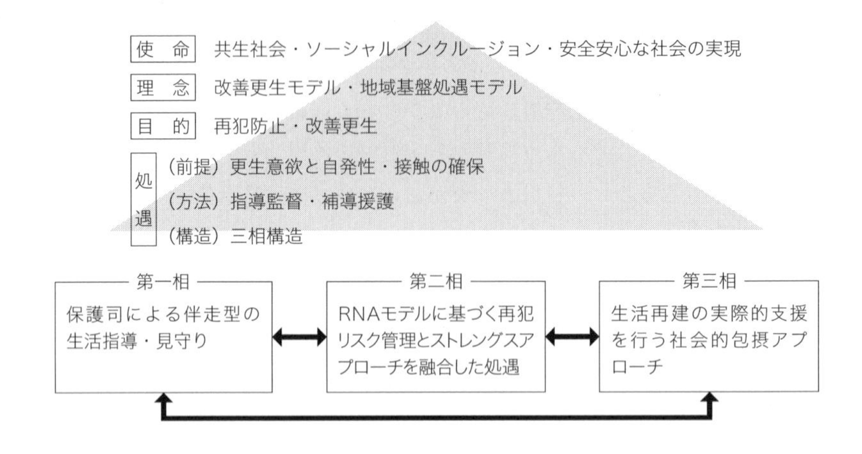

そこでは，保護観察官を再犯リスク管理の担い手として位置づける考え方がより鮮明になる。ただし，ここでいう再犯リスク管理は，単に監督面の強化を意味するものではなく，前述したようなリスク・ニーズの的確な把握とそれに対する適切な応答としての処遇により再犯のリスクを最小化していく（リスクマネジメント）と同時に，対象者の長所に着目し，良い面を広げ，対象者がいわば自分の人生の主人公になれるよう支援していくかかわり（ストレングスモデル）の両面を融合させた形態により実現されるものとして理解する必要がある。

⑶第三相：生活再建の実際的支援を行う社会的包摂アプローチ

刑務所出所者等を社会的に排除された者と捉え，生活自立支援と就労支援等の面から犯罪者を援助して社会に再統合する社会的包摂アプローチが保護観察処遇のベースにある。更生保護法による再犯防止目的の明記が社会復帰支援の伝統を傷つけることを危惧する論調がかつてあったが，孤立の解消や生活基盤の確保のための実際的な支援の取組は更生保護制度改革以降一気に進展し現在も進行中である。とくに対象者の多様な生活再建ニーズに対応するため，多機関がそれぞれ異なる役割を果たす具体的な連携の枠組みが福祉や就労支援等の分野で開発されてきており，そこで保護観察官は，コーディネート機能や社会資源開発・開拓機能を充実させる必要に迫られている。

4　保護観察付執行猶予制度の成立と発展

■戦前における執行猶予制度の導入

成人に対する保護観察付執行猶予制度が導入されたのは戦後になってからである。戦前においては，1905（明治38）年制定の「刑の執行猶予に関する法律」（同年法70号）により１年以下の重・軽禁錮刑に執行猶予が認められた（条件付特赦主義を採用）のを皮切りに，次いで1907（明治40）年制定の現行刑法において２年以下の懲役・禁錮の刑の言渡しを受けた者に執行猶予が認められた（条件付有罪判決主義を採用）。1947（昭和22）年の同法改正では対象刑の上限が３年以下に改められるなど執行猶予の適用範囲が拡大されたが，いずれも執行猶予に保護観察が伴わないいわゆる単純執行猶予制度であった。

他方，1922（大正11）年制定の旧少年法は，少年で刑の執行猶予の言渡しを受けた者に対して少年保護司の観察に付す規定を設け，少年についてのみ保護観察付執行猶予制度が実現した。1936（昭和11）年には，思想犯保護観察法が制定され，治安維持法違反の罪を犯し執行猶予となった者に対し保護観察審査会の決議によって保護観察に付する制度が導入されたが，これはきわめて特殊な制度であった。また，1939（昭和14）年の司法保護事業法によって，成人の執行猶予者に対する観察保護が実施されたが，これは民間篤志家による司法保護委員によって行われる任意措置であって保護観察とは異なるものであった。

■戦後における成人の保護観察付執行猶予制度の成立

戦後になると，増加する犯罪対策として，成人の保護観察付執行猶予制度の導入が企図されたが，1949（昭和24）年制定の犯罪者予防更生法では，成人の執行猶予者を保護観察に付することは従来よりも本人に不利益を与えるものであるとして，保護観察付執行猶予を18歳未満の少年に限定して認めるに止まった。しかし，その後，1953（昭和28）年の刑法等の一部改正により，再度目の執行猶予が認められると同時にこれに対し必要的に保護観察が付されることとなった。さらに1954（昭和29）年の同改正により，初度目の執行猶予者に対する裁量的な保護観察が導入されるとともに，これらの者に対しては，犯罪者予防更生法に比べてより緩やかな保護観察の枠組みを基本とする執行猶予者保護観察法が新たに制定され，ここに成人の保護観察付執行猶予制度が整備されることとなった。

成人の保護観察付執行猶予制度の一連の導入過程を見ると，1953年改正では，「従来の下では自由刑を免れ得ない者又は自由刑を相当とする者の中にも，これに適当な補導援護・指導監督を加えるならば，自由社会においても更生し得る者があるから，保護観察に付する条件の下に執行猶予の範囲を拡大する目的」があったとされる。ここで新たに対象とされた再度目猶予者は，本来的には実刑相当といえる事案が想定されるため，犯罪者予防更生法に基づく保護観察を実施することによって対応することとされたが，これに対し，1954年改正では，「従来の単純執行猶予ではその再犯の増加を防止し得ないので，これに保護観察を付することができるようにする目的」があったとされ，従来の単純執行猶予者であり本来的には実刑相当ではない者の事案を想定し，犯罪者予防更生法に比べて規制強度の緩和された新法（執行猶予者保護観察法）が準備されることになった[9]。

■執行猶予者保護観察法の改正と更生保護法への統合

執行猶予者保護観察法の下では，特別遵守事項はなく一般遵守事項を遵守させるために必要と認められる具体的な事項を指示できるに止まり（観察法7条），転居や一定期間の旅行も届出制とされるなど，犯罪者予防更生法と比べより踏み込んだ保護観察の実施は困難であったが，これが2006（平成18）年に議員立法によって一部改正され，特別遵守事項の設定が可能となり，転居・旅行も許可制に改められ，犯罪者予防更生法と同等となった。

その後同法は，2007（平成19）年に従来の犯罪者予防更生法と統合されて更生保護法となった。2004－2005（平成16-17）年にかけて相次いで発生した保護観察対象者等による重大な再犯事件をきっかけに，更生保護の崇高な理念とは乖離した実態が白日の下となり，保護観察に対する社会的信頼が大きく揺らいだことから一連の更生保護制度改革[10]が始まったが，更生保護法の制定はその中心に位置づけられるものである。そのきっかけになった重大再犯事件には，交際中の女性を事実上監禁して暴力を振るうなどして保護観察付執行猶予中であった者が同様の連続監禁の再犯をした事例が含まれていた。

更生保護制度改革は，実効性の高い官民協働や強靭な保護観察を実現することなどを目的として，①指導監督面の強化（段階別処遇，専門的処遇プログラム，自立更生促進センター，所在不明者対策など），②社会復帰支援のシステム化と充実（司法と福祉の連携，多様な就労支援策，更生保護施設の機能強化と自立準備ホーム等による住居支援策など），③実施体制の充実強化（保護観察所組織改編，更生保護サポートセンターなど）の３つの大きな柱からなり，保護観察付執行猶予者に対する保護観察の在り方にも大きな影響を与えた。

その後も，犯罪の約６割が犯罪者全体の約３割を占める再犯者によって行われ（平成19年版犯罪白書），検挙人員等に占める再犯者の比率が年々上昇する中で，再犯防止が国家的な重要課題と認識されるようになり，「再犯防止に向けた総合対策」（2012〔平成24〕年犯罪対策閣僚会議決定），「世界一安全な日本」創造戦略（犯罪の繰り返しを食い止める再犯防止対策の推進）（2013〔平成25〕年閣議決定），「宣言：犯罪に戻らない・戻さない――立ち直りをみんなで支える明るい社会へ」（2014〔平成26〕年犯罪対策閣僚会議決定）を受けて，再犯防止の取組が加速化・多様化しながら，現在に至っている。

5　保護観察付執行猶予者の保護観察実務

ここでは，裁判所における言渡しから保護観察所において保護観察処遇を開始し終了するまでの実務を順を追って概観したい。

■言渡しから保護観察への円滑な移行

裁判所において保護観察付執行猶予の言渡しがなされると，保護観察に円滑につなげるため，本人に対し裁判官からの説示（保護観察の趣旨や遵守事項を遵守しなかった場合の取消しなど）と裁判所書記官からの補足的説明（保護観察所への出頭や住居設定の必要性など）がなされるほか，裁判所から保護観察所に対し保護観察言渡連絡票が送付され，判決内容，執行を猶予した情状，住居や犯罪歴等や特別遵守事項に関する意見の見込みなどの参考情報が伝えられる。保護観察の開始は判決確定日からであるが，確定前に保護観察所へ出頭した場合は保護観察官において面接し，本人の同意を得て住居，就業その他の生活環境の調整[11]を行ったり（更生法83条），本人からの申出に基づき食事費や旅費の給与，更生保護施設や自立準備ホームへ宿泊保護の委託などの更生緊急保護[12]を実施する（更生法85条1項4号ほか）。同時に，原則として住居の届出や確定後に再出頭することを求める。ただし，言渡し直後から所在不明となる事例など開始後の比較的早期に保護観察から意図的に離脱する対象者も一部存在するのが現状であり，対象者の言渡し段階での見極めの問題も視野に入れた検討が求められる。

保護観察所の長は，裁判所から示された特別遵守事項に関する意見に基づき，特別遵守事項を定めることとなる（更生法52条5項）。同時に，検察官からも必要に応じて処遇上の参考情報が得られる。しかし，いわゆる判決前調査がないため，再犯のリスクや更生を促進する要因を行動科学的な観点から多角的に掘り下げた情報が十分得られない中で，保護観察を開始せざるを得ないのが実情である。

■保護観察開始時のアセスメントと処遇方針の作成

保護観察対象者の生育歴や抱えている問題は一人ひとり異なるため，個々の問題の背景や行動の特質をよく理解した上で，それぞれにふさわしい問題点の解決や解消を図る必要がある。また，彼らの潜在的能力や社会資源を十分に活用して個別的に援助し，犯罪をせずに生活できる力を養い環境を整備することが求められる。保護観察は，これらを踏まえつつ，対象者の立ち直ろうとする意欲やその者との信頼関係を大切にしながら，最もふさわしい方法により，必要かつ相当な限度で実施する，個別処遇の考え方を原則として行われる（更生法3条）。

そこで，保護観察事件が係属すると，保護観察官は，対象者や家族らと面接し，関係記録を精査の上，対象者や家族らの問題を整理して，心理学や社会学等の人間関係諸科学の知見を基に，再犯を誘発する要因，更生を阻害しまたは促進する要因などを総合的に明らかにし，改善更生のための道筋について仮説を立てる（アセスメント）。さらにこれに基づき，「保護観察の実施計画」を対象者ごとに作成し，当該対象者の問題を解決するために必要な処遇の目標，指導監督および補導援護の方法，とるべき措置の内容を定め，これに従って処遇を開始する。もちろん，その後の処遇の展開過程の要所要所でアセスメントを繰り返し，随時処遇方針の見直しを図っていくこととなる。

⑴段階別処遇

実施計画の作成にあたっては，処遇の難易に応じて保護観察対象者を４つの処遇段階（S, A, B, C）に振り分けが行われ，これに基づき，問題性の深い者にはより重点的に保護観察を行う段階別処遇が実施される。S段階は，社会の耳目を集めた事件でとくに指定した対象者等について保護観察官による直接担当など特別な態勢で濃密な処遇が実施される。このS段階を除く他の事件については，再犯に結びつく行動を起こす可能性等を考慮して，A, B, Cの各段階のいずれかに編入し，たとえば，処遇が著しく困難とされたA段階の場合は，担当保護司による毎月３回程度の面接に加え保護観察官による少なくとも３月に１回の往訪の実施，生活実態の速やかな把握ときめ細かな指示等を行うこととされる。各処遇段階への編入は，再犯可能性だけでなく，改善更生の進度や補導援護の必要性も含めた総合的な評価に拠るが，とくに再犯リスクの高い者にはより濃密な指導監督の機会を確保する必要があるとのリスク原則に沿ったものである。当初の編入後，保護観察の実施過程において，生活状況等に応じて処遇を強化または緩和するために処遇段階を変更し，措置を的確に行うことなど処遇のメリハリをつけることとしている。

⑵類型別処遇

個別処遇を原則としつつ，これを補完する形で，問題性その他の特性を犯罪の態様等によって類型化して把握し，各類型ごとに共通する問題性や特性に焦点を当て，これに対応する処遇方針を参照して実施計画を策定することとされている（類型別処遇）。この類型の区分を保護観察付執行猶予者の場合に多いものから並べると（重複あり。以下数字は2014年末現在），無職等対象者（18.9%），覚せい剤事犯対象者（13.3%），精神障害等対象者（12.4%），性犯罪等対象者（11.8%），問題飲酒対象者（11.5%）が多く，これに続く，高齢（65歳以上）対象者（6.3%），ギャンブル等依存対象者（5.5%），家庭内暴力対象者（児童虐待とDVを含む。3.4%）とともにすべての割合が増加傾向にあるのに対し，暴力団関係対象者（1.3%），シンナー等乱用対象者（0.4%），暴走族対象者（0.2%）は少なくいずれも減少傾向にある。これを仮釈放者（かっこ内は仮釈放者の場合の割合）と比較すると，精神障害等対象者（7.4%），性犯罪等対象者（5.9%），家庭内暴力対象者（0.8%）の割合は保護観察付執行猶予者の方が多く，反対に，無職等対象者（33.9%），覚せい剤事犯対象者（29.6%），ギャンブル等依存対象者（11.0%）の割合は仮釈放者の方が多いという特徴が見られる。

上記の覚せい剤事犯，精神障害等，問題飲酒，家庭内暴力などの類型に該当する者等は，同時に暴力的犯罪を繰り返していた者である場合，処遇上とくに注意を要する者として特定暴力対象者と認定し，保護観察官による処遇強化を図っている。

また，類型ごとに該当する保護観察対象者の特性や標準的な処遇の在り方等がマニュアルに具体的に示されている。しかし，これらは後述する専門的処遇プログラムのように体系化されたものではなく，要件に合致した者に対し一律に実施するものでもない。類型は，多様な保護観察対象者の存在を所与の前提とした上で，より効果的・効率的な処遇を実施するために設けられた，個別処遇において参考にする指針であって，保護観察への適合性を示すリストではない。後述する保護観察への適合性は，類型への該当性とは別に個別に検討されなければならないことに留意が必要である。

なお，類型別処遇は2003（平成15）年に導入されて以来，その後の犯罪・非行情勢や処遇理論等の変化が十分反映されていないとの指摘もあり，対応するアセスメントツールの開発も含め，さまざまな観点から見直しを行う時期に来ていると考えられる。

■遵守事項と生活行動指針の設定

保護観察に付されている者は，その期間中，再犯をせず改善更生が図られるよう，特定の事項を遵守することが求められる。これを遵守事項といい，一般遵守事項と特別遵守事項がある。いずれであってもこれを遵守しなかったときは，執行猶予が取り消され，矯正施設に収容されることがある。

一般遵守事項は，すべての対象者が共通して守らなければならない事項である。それは，健全な生活態度の保持義務，保護観察官や保護司の面接を受ける義務，生活状況の報告義務，住居届出とそこでの居住義務，転居や7日以上の旅行の場合に保護観察所長の許可を得る義務など（更生法50条），保護観察の実施の基礎を形作る内容からなる。

特別遵守事項は，個々の対象者ごとにとくに必要と認められる範囲内において設定される。「酒を一切飲まないこと」，「共犯者との交際を絶ち，一切接触しないこと」，「被害者等に一切接触しないこと」，「覚せい剤事犯者処遇プログラムを受けること」などがその例である。ただし，特別遵守事項に仮に違反した場合には執行猶予の取消しがなされうることから，特別遵守事項は，具体的なものであること，法律で定められた類型に該当するものであること，改善更生を図るために欠かすことができない個別の必要性が認められる範囲内であることが必要である（更生法51条2項）。したがって，努力目標のようなものは設定することはできない。また，福祉サービスを受けることなど，本来本人の自発性と提供する側との合意に基づくべき性格の事項は設定できないこととされている。

一方，努力目標のような事項であって，改善更生のために重要な意義がある場合は，個々の対象者ごとに生活行動指針が定められる（「浪費をせず，地道で堅実な生活に努めること」，「真面目に働き，家族の扶養に努めること」など）。これに違反しても不良措置をとることはできない点が特別遵守事項と異なるが，対象者はこれを守る努力義務があることから（更生法56条），これを処遇に効果的に活用することが求められる。

■指導監督と補導援護

保護観察は，指導監督と補導援護の2つの方法を有機的，効果的に組み合わせて実施される（更生法49条1項）。

指導監督とは，①面接等の方法により，保護観察対象者との接触を保ち，その行状を把握すること，②保護観察対象者が遵守事項を守り，生活行動指針に即して生活・行動するよう必要な指示その他の措置をとること，③特定の犯罪的傾向を改善するための専門的処遇を実施することであり（更生法57条），保護観察の権力的側面にあたる。

他方，補導援護とは，保護観察対象者が自立した生活を営むことができるようにするため，その自助の責任を踏まえつつ実施されるもので，①適切な住居等を得たり，そこに帰住するよう助けること，②医療，職業補導，就職，教養訓練等を得るよう助けること，③生活環境の改善等を行うことであり（更生法58条），保護観察の福祉的側面にあたる。なお，保護観察対象者が適切な医療，食事，住居等を得ることができないため，改善更生を妨げられるおそれがある場合には，その自助の責任と自覚を損なわないように配慮しつつ，保護観察所の長から更生保護施設を営む者やその他の適当な者に委託するなどして応急の救護を行うことも可能である（更生法61条２項，62条３項）。

■保護司の担当指名と保護観察官の直接担当

保護観察を開始するにあたっては，保護司を担当指名し保護観察官と保護司のペアで保護観察を実施するか（保護観察官と保護司の協働態勢），保護司を担当指名せず保護観察官のみで保護観察を実施するか（保護観察官の直接担当事件）を選択する（ただし，保護観察の実施途中で，協働態勢から直接担当へ，逆に直接担当から協働態勢に変更することもある）。

通常は協働態勢が選択されるが（保護司の担当が難しく保護観察官の直接担当が優先的に考慮されるべき場合については前記３参照[13]），この場合は，主に保護司と対象者の日常的な接触のための利便性や，保護司と対象者とのマッチングを考慮して担当者を選定する。とくに，保護司が信頼関係に基づく対話を通じて対象者の考え方や行動に変化をもたらすためには両者のマッチングが重要となる。

保護観察官と保護司の協働態勢で保護観察を実施する場合，保護観察官が作成した実施計画に従い，保護司は，保護司の自宅での面接（来訪）と対象者の自宅での面接（往訪）を組み合わせて，日常的に対象者と接触して状況を見守り，生活相談や指導助言を行う。

このうち来訪[14]は対象者の自覚を高める利点があるのに対し，往訪は家族との関係も含めて対象者の生活状況がよりよく把握でき，同時に家族と話し合いを行えるなどの利点があるといわれる。このような面接の機会は，処遇困難度が最も低い対象者の場合でも少なくとも月２回を確保することが基本とされているが，状況によってはより頻繁になることもある。最近はSNSの発達等により対象者の動きが見えにくかったり，対象者の家族の協力が得にくくなり，また，さまざまな言い訳により事前の連絡もなく面接の約束をすっぽかす対象者も少なくなく，接触や生活状況の把握が難しくなってきている。

他方，保護観察官は，割り振られた地区内の事件を担当すること（地区担当制）が通常であるが，近年は事案に応じて複数の保護観察官が役割分担する柔軟な形態も増えてきている。保護司から毎月定期に，あるいは親子関係に争いが生じたり，急に仕事をやめたりするなど生活上の大きな変化が生じた場合などでは随時報告を受け，その情報を基に，担当保護司とも協議しつつ，対象者を保護観察所へ出頭させたり，即座に対象者の自宅等に赴いて面接指導を行うなどの介入を行う。これに加えて，対象者の問題性や再犯リスクを踏まえ，保護観察官による面接を定期的に行う方針で臨む事例もある。また，後述する専門的処遇プログラムなどの専門性の高い指導は，保護司による日常的な生活指導に加えて，保護観察官が直接実施しており，近年その役割は益々大きくなってきている。その他，効果的な再犯防止のため，後述するように警察等と連携する場面や，住居，就労や福祉などの対象者の多様なニーズにきめ細かく対応するため多くの関係機関と協働する場面も増えているが，これらのコーディネートの役割は保護観察官が担っている。なお，遵守事項違反が認められた場合の引致や仮釈放取消しの申出など不良措置の実施はもっぱら保護観察官が行う。

■保護観察処遇Ⅰ——対象者の特性に応じた指導等の実施

(1)専門的処遇プログラムによる積極的な処遇

現在，成人の犯罪者のうち，①性犯罪など性的欲求に基づいて犯罪をした者（性犯罪だけでなく，性的動機に基づく住居侵入罪等も対象となる），②覚せい剤の自己使用・単純所持者，③暴力犯罪をした者（粗暴犯の前歴があるなどこれを繰り返す傾向にある者等に限られる），④飲酒運転をした者（飲酒に起因する犯罪一般ではなく，あくまでもアルコールの影響による危険運転致死傷や酒酔い運転等の飲酒運転事犯に限られる）に対して，特別遵守事項で義務づけた上で，専門的処遇プログラムが実施されている。なお，覚せい剤事犯者処遇プログラムには，簡易薬物検出検査の定期的な実施も含まれる。

これらの専門的処遇プログラムの実施にあたっては，矯正施設での改善指導の受講状況に関する情報を引き継ぎこれを参照する工夫がなされるほか，保護観察の日常的な指導にも生かされ，実生活の中で実践できるように助言が続けられる。

さらに，2015（平成27）年６月から，改正更生保護法に基づき，特別遵守事項の類型に社会貢献活動が追加された。これまで専ら少年を対象として社会参加活動が実施されてきたが，公共の場所での清掃活動や福祉施設での介護補助活動といった地域社会の利益の増進に寄与する社会的活動に限定して，保護観察付執行猶予者を含む成人対象者にも対象を拡大して実施されることになったものである。活動に参加して地域住民などから感謝される体験を通し，肯定的な自己評価のきっかけをつかみ，自分の人生への責任感をもつことにもつながることが期待される。

これらは特別遵守事項で義務づけて実施する例であるが，この他にも，指導の強化を図る観点から，プログラムの内容を通常の指導に取り入れて実施したり，生活行動指針に設定して実施する場合もある。また，簡易薬物検出検査を断薬意思の維持強化を目的として対象者の同意を得て継続実施する例も多い。

⑵多（他）機関と連携した総合的・統合的な処遇

薬物事犯者の社会復帰支援に関して，2012（平成24）年度から，ダルク等に対して薬物依存回復訓練を委託できる運用が始まり，その他，精神保健福祉センター，医療機関などとの地域連携の枠組みが順次広げられ2015年には「薬物依存のある刑務所出所者等の支援に関する地域連携ガイドライン」が法務省と厚生労働省の共同で作成・発出された。また，2016（平成28）年に改正更生保護法が施行されると，外部の医療・福祉等関係機関（精神保健福祉センター，ダルクや更生保護施設等）が提供する，規制薬物等の依存の改善に資する医療や専門的な援助を受けるよう，対象者に指示等することが可能となるなど，多機関連携処遇のシステム化が進められることとなる[15)]。

また，高齢または障害により自立が困難な受刑者等の社会復帰を促進するため，2009（平成21）年度から司法と福祉の連携の取組が開始され，対象となった者の約７割以上が出所後福祉サービス等につながるなどの実績を上げている。矯正施設，保護観察所，厚生労働省により新たに各都道府県に設置されることとなった地域生活定着支援センターが連携をして，社会福祉施設への入所などの福祉サービスにつなげるための特別調整を実施するものであり，出所後直ちに福祉施設等に帰住できない者については，福祉的支援に対応できる指定更生保護施設（全国57施設）で一時的な受入れも行っている（第6・10・13・17章参照）。

⑶再被害防止や被害者に配慮した指導

2001（平成13）年に，刑事・矯正・保護の連携による犯罪被害者等に対する受刑者の出所情報通知制度や，警察の再被害防止制度に情報提供の形で協力する仕組みが整えられた。また，2007（平成19）年より，被害者に配慮した処遇を行う観点から，被害者を死亡等させた事件により保護観察に付された者に対するしょく罪指導プログラムや，被害者等から申出があった場合に被害者等の心情をその置かれた状況や対象者の生活・行動に関する意見などと共に対象者に伝達し，自ら犯した犯罪等による被害の実情等を直視させ，反省・悔悟の情を深めさせる取組（犯罪被害者等施策における心情等伝達制度）も行われている。

さらに，2012（平成24）年11月に発生した逗子ストーカー殺人事件をきっかけに，2013（平成25）年から，ストーカー行為等に係る保護観察付執行猶予者について，警察との情報共有の枠組みが設けられている。

■保護観察処遇Ⅱ――生活基盤を確保するための調整と支援

⑴就労支援

仕事に就いていない者は，仕事に就いている者と比べて再犯率が顕著に高く，また，就労による居場所を得ることは更生のための鍵のひとつとなる。そこで，2006（平成18）年度から法務省（保護観察所，矯正施設）と厚生労働省（公共職業安定所）が連携してトライアル雇用制度や身元保証制度が開始され，その後も，更生保護就労支援事業（2011〔平成23〕年度），職場定着協力者謝金制度（2013〔平成25〕年度）が導入された。2015（平成27）年度には「刑務所出所者等就労奨励金支給制度」が始まり，国，地方自治体，経済界や社会的企業など民間各層が連帯して支える動きも活発化しており，協力雇用主の下での就労とその定着の促進が図られ，保護観察対象者のうち無職者の割合も減少傾向にある[16)]（就労支援の詳細は第10・15章参照）。

⑵住居支援

更生保護施設は，刑務所出所者全体の17.6％（2013〔平成25〕年）を受け入れるなど，刑事政策上きわめて重要な役割を果たしてきたが，戦後一時期は170を越えた施設数も，高度経済成長期に多くが廃止に追い込まれ，1990（平成2）年以来長らく101施設で推移していたが，2009（平成21）年以降に社会福祉法人等の新規参入があり，現在は103施設（収容定員2349人，2015〔平成27〕年1月1日現在）となっている。この間，高齢・障害者を受け入れる更生保護施設の指定（2009〔平成21〕年度から57施設），少年や暴力事犯者などの自立困難者の受入れ強化（2012〔平成24〕年度），薬物処遇重点実施施設の指定（2013〔平成25〕年度から。2015〔平成27〕年度15施設）がなされ，専門スタッフの配置等により，対象者のニーズに応じた処遇の充実とその受入れ機能の強化が図られている。

他方，行き場のない刑務所出所者等は多数に上ることから，さらに多様な帰住先を確保するため，2011（平成23）年度から，自立準備ホームの仕組みが開始された。登録数は332（2015〔平成27〕年3月末現在）に達し現在も増加しているが，犯罪者処遇の専門施設ではないため，一般に再犯リスクの高い者の受入れは難しいといった課題がある（第10・13章参照）。

■仮解除・執行猶予の取消し

保護観察付執行猶予の保護観察期間は，執行猶予期間の満了する日までであるが，概ね1年の保護観察期間を経過し，保護観察成績が良好である者については，期間途中であっても，保護観察所長の申出を受けた地方更生保護委員会の決定により，保護観察を仮に解除することができる。この場合，指導監督等の規定は一部適用されなくなるが，その後行状が不安定化し指導監督等を行う必要が生じたときは，仮解除の取消しの措置が採られ，保護観察が再開される（更生法81条）。しかし，2014（平成26）年末時点で仮解除中の者は242人（保護観察付執行猶予者全体の2.3%）でありきわめて限定的な運用となっている。

一方，執行猶予の取消しについては，再犯または余罪についての実刑と余罪に係る実刑前科の発覚が必要的取消事由とされ，再犯で罰金に処せられたときと（保護観察が付された場合）遵守事項を遵守せずその情状が重いときが裁量的取消事由（刑法26条の2）とされている。2014（平成26）年中に執行猶予が終了した者3384人中，執行猶予の取消しにより保護観察が終了した者は846人であり，その内訳を見ると，保護観察中の再犯で実刑が確定した者は760人（89.8%）であったのに対し，保護観察中の遵守事項違反によるものは74人（8.7%），保護観察前の余罪について禁錮以上の実刑が確定したことによる者12人（1.4%）であった（平成26年版保護統計年報）。この74人には，保護観察中に再犯があり同期間中に確定しなかった者も含まれるので，再犯を伴わない違反による執行猶予取消しはさらに少ないが，これは，仮釈放取消しの場合にはない「その情状が重いとき」の要件が付加されていることによる影響と考えられる（統計の詳細は第5章参照）。また，執行猶予が取り消されると数年間の取消刑期が執行されることとなるため，再犯を伴わない遵守事項違反に対する執行猶予取消しがきわめて限定的な運用になっているとも考えられ，これらのことから，比較的軽微な遵守事項違反に対して有効な指導監督措置を取り得なくなっているとの課題がある。前述したとおり仮解除の運用も限定的であり，現行の保護観察付執行猶予はきわめてメリハリが効きにくく対象者側の動機づけも維持しにくい制度となっていることが，保護観察期間中の再犯の相対的な多さ（保護観察期間中の再犯により新たな刑事処分〔確定〕を受けた者の終了者に占める割合である再処分率は，近年減少傾向にあるものの，27.4%〔2013年〕となっている）に影響していると思われる。

6　保護観察の適合性

これまで述べた保護観察の構造的理解と実務の現状を踏まえ，保護観察付執行猶予を前提に保護観察の適合性について考えてみたい。

■保護観察の適合性の考え方

執行猶予には，①刑の宣告による感銘力と善行不保持には取消しがあるという威嚇により自発的な改善と再犯防止を促進する効果，および②自由刑の弊害を回避するという効果が期待されている。保護観察付執行猶予は，犯情等から執行猶予が相当であると考えられる者のうち，なお本人の自助努力のみによっては再犯防止と改善更生が期待できない場合に，保護観察という公的作用による指導監督等の措置をとることによって，改善更生を促進し再犯防止を図る固有の意義を有していると考えられる[17]。

そこで問題になるのは，保護観察によって改善更生を図ることが必要であり，かつこれを期待できる場合とはどのようなものであるかという点である。

その判断にあたっては，第一に，本人が再犯に結びつくリスク要因をもっており，かつ，その再犯リスクが自助努力のみによっては改善・抑止できず，保護観察による介入を必要とするものであることが重要である（必要性）。認知や行動面の偏り，薬物に対する依存などはそのような再犯リスクの例となりうる。

第二に，処遇を実施する保護観察所の体制（保護観察官や保護司の人員や処遇能力，予算など）や地域の医療・福祉・雇用・住居等の地域の受け皿やサービスの配置状況等に照らし，保護観察を実施すべき優先度が高いと考えられるものであることも重要である（必要性）。もちろん，再犯リスクがそれほど高くない場合や，長期間の指導監督までの必要はなく他に代替する方法が存在する場合にも，「念のため」に保護観察を付すことは選択肢としては考えうる。しかし，更生保護官署を含む地域の人的物的資源は有限であり，これらを広く保護観察とした場合，全体として広く浅い指導監督・補導援護になって保護観察の機能を低下させるおそれがあることを考慮すると，これをできる限り避け，保護観察という積極的な処遇を行うべき優先順位の高い対象に資源を集中することが望ましい[18]。

第三に，対象者の有する問題性につき保護観察の介入による改善更生の期待可能性が認められる必要がある（必要性）。たとえば，保護観察所で実施されている専門的処遇プログラムの対象となりうる事案などは，保護観察の効果がより期待できよう。もちろん，プログラムの効果の度合いは，プログラムが想定している処遇の焦点と対象者の問題性との関係，焦点となる問題性の軽減の対象者の改善更生にとっての重要性，対象者の受講能力や受講に対する一定の構えなどの条件によって左右されることにも留意が必要である。なお，保護観察の介入は，前述したとおり第一相から第三相までの全体的なアプローチを視野に入れて検討すべきであり，単に専門的処遇プログラムの有無で判断すべきではない。他方，たとえば，薬物使用に関連して重篤な精神疾患を有しその症状が顕著な場合は，プログラムを実施することは困難である。過去の保護観察中にプログラムを受講したが受講態度が不真面目であって，その事情の改善が認められない場合なども，保護観察によりその改善を図ることは難しいと考えられる。

最後に，当該対象者に対し必要と考えられる処遇が実施可能であることが必須である（相当性）。たとえば，対象者が住居不定で定住する意思がない場合は，所在不明となって保護観察を実施できない場合も多く，所在不明に至らなくても，住居を転々として指導や助言が十分に行えず，指導監督による実効性は期待できないため，保護観察にはふさわしくない。また，精神疾患等のため当初から入院治療を優先すべき場合には，有効な保護観察を実施することは困難である。

ところで，一般に，再犯リスクが高いなど保護観察の必要性が高いほど，処遇が困難で保護観察の相当性が低くなるという関係が見られるので，保護観察の相当性を過度に評価し過ぎると，結局，再犯防止の必要性が高い者が対象から外れ社会的要請に応えたことにならないとの批判がありうる。この点で，保護観察の有用性が高いと評価されれば保護観察の実施可能性などの評価水準が下がるとの相関的思考や，再犯のおそれの重さの評価は単なる再犯確率ではなく法益侵害の質や程度の評価を加味する必要があるとの指摘があるが[19]，このような視点は，以上に述べた諸要素の総合的な評価の中で考慮されるものと考える。また，処遇の困難度は処遇体制側の実力と相関関係があり，処遇力を高める努力を怠って相手を処遇困難な対象者と安易に決め付けることはあってはならず[20]，実施体制の整備や専門性の向上などにより処遇の対象となる者の範囲をさらに広げる努力が求められる。

■再犯リスク等のアセスメント

前述したRNRモデルによると，（保護観察が実施可能であることを前提に）再犯リスクが高い方が処遇効果は大きいとされており，再犯リスクや処遇可能性等を正確に把握するために科学的なアセスメントによるサポートが求められる。

本人のこのような再犯リスク等のアセスメントは，たとえば，本人の生育歴，生活歴，問題行動歴，家庭環境，就学・就労状況，居住環境などについて広く情報を収集し，これを生物―心理―社会の各側面からアセスメントし，犯罪発生の機序，再犯リスク，更生の意欲・態度，更生の具体的・現実的な可能性，依存の程度，更生を阻害する要因，必要な指導・援助の内容，実際の保護観察の実施側や地域の社会資源等の処遇力の把握とそれに基づく処遇の可能性などを十分踏まえた上で，初めてなしうるものである。行為責任の大小から当然に導かれるものではないことに留意が必要であろう。

この点で，70万人初犯者・再犯者混合犯歴（全期間）を対象にした法務総合研究所研究部報告[21]が，保護観察付執行猶予を取り消された者の方が実刑を受けた者よりも，刑執行終了後の再犯率が悪くなっているというデータを基に，再犯危険性の見極めを十分行った上で，実刑にしなくとも更生する可能性が高い者を的確に選択していくことが重要と指摘しているが，保護観察付執行猶予制度の運用においてやや軽視されてきた感のある特別予防の観点を今後より重視する方向で改善するためには，海外で広く制度化されている判決前調査の導入が将来的な課題となると思われる。

7　おわりに

保護観察にふさわしい者とそうでない者の見極めは難しい課題であるが，まずは，保護観察の実情を踏まえた，その効用と限界を正確に理解することが重要である。

かつて有識者会議が，保護観察付執行猶予者の中に「実刑に処することも考えられる事案であるが，保護観察による指導監督・補導援護があれば，社会内での更生が期待できるとされた者と，もともと実刑に処することは到底考えにくい事案であるが，定住や就労の支援等保護観察の社会福祉的な側面に期待するなどして保護観察付執行猶予に付された者の二通りの存在が混在しており，そのことが，執行猶予者保護観察制度のあり方に困難な面を与えている」と指摘（同報告書17頁）した状況は現在も変わらない。この困難さに対応するため，更生保護制度改革以降さまざまな専門的処遇や社会復帰施策が実践に移され，ここでいう２通りのいずれの対象者についても対応しうるよう処遇の充実が図られてきた。他方，保護観察の特別予防効果に着目して言渡しをしようとする流れがある中で，その特別予防効果が見込まれる者について適切に把握し選別する仕組みが未だ存在しないため，結果的に保護観察へのミスマッチという問題が顕在化しているように思われる。

保護観察にふさわしい者の選別は，本文で述べたように，再犯リスクの存在と，それに見合う保護観察処遇の優先度・期待可能性・実施可能性の有無・程度を行動科学の観点も踏まえて総合的に分析するとともに，これを実施する側の担当力（処遇力）との関係を十分に考慮して検討することによって初めて可能になるが，判決前調査がない現状でいかにこの観点を具体化できるかが依然として重要な課題であろう。そもそも言渡しの当初から所在不明となり保護観察を実施できないような事例は論外であるが，そのような事例以外であってもこのような点についての理解が広がり定着することが期待される。

1）少年保護観察の実情等については，今福章二「少年保護観察の現状と課題」家庭の法と裁判3号（2015年）32頁以下参照。

2）一部猶予制度と保護観察を含む量刑判断のあり方については，本書第2章のほか，小池信太郎「刑の一部執行猶予と量刑判断に関する覚書——施行を1年後に控えて」慶應法学33号（2015年）に詳しい。また，今福章二「保護観察の実情と対象者像の検討——刑の一部執行猶予制度施行を目前に控えて」法律のひろば69巻2号（2016年）53頁以下参照。

3）川出敏裕「更生保護改革への期待——更生保護法制定の意義と今後の課題」犯罪と非行154号（2007年）。

4）蛯原正敏「犯罪学から見た更生保護」更生保護50年史編集委員会編『更生保護の課題と展望——更生保護制度施行50周年記念論文集』（法務省保護局，1999年）。

5）久保貴「保護観察処遇技法の現状と課題」更生保護50年史編集委員会編・前掲注4）。

6）保護観察官は，保護観察所に配置された常勤の国家公務員であり，全国に約1000人おり，行動科学その他更生保護に関する専門的知識に基づき，保護観察，生活環境の調整や更生緊急保護などの多様な事務に従事している。

7）保護司は，社会奉仕の精神をもって，地域社会の浄化をはかり，個人及び公共の福祉に寄与することを使命とし，犯罪をした者らの改善更生を助け，犯罪予防のための世論啓発の活動に従事する（保護司法1条ほか）。非常勤の国家公務員であるが，給与は支給されず，活動費用の全部又は一部の実費のみが支給される。人格及び行動についての社会的信望及び職務の遂行に必要な熱意と時間的余裕を有しており，生活が安定していて，健康で活動力を有する者のうちから，法務大臣が委嘱し，保護区に配属される。任期は2年であり，再任が可能である（再任時の年齢は76歳未満）。法律上の定数は全国を通じて5万2500人を超えないものとされているが，実際の数は4万7833人であり（2015〔平成27〕年10月1日現在），近年減少傾向にある。地域社会のつながりの希薄化をはじめ社会情勢が変化し，対象者の問題も複雑化して保護司の活動が困難なものになってきたことなどが影響していると考えられ，その適任者の確保が課題となっている。

8）平野龍一「プロベイションの諸問題」同『犯罪者処遇法の諸問題』（有斐閣，1963年）45頁。

9）山田憲児「保護観察付刑執行猶予の取消し等に関する研究」法務研究報告書第75集第2号（1988年）。

10）更生保護制度改革の実際については，本書第10章のほか，今福章二「社会内処遇の時代に向けた基礎構造改革——2000年以降の更生保護法令と実務」犯罪と非行179号（2015年）186頁以下参照。

11）生活環境の調整は，釈放後の住居や就業先等の帰住環境を調査し，社会復帰のための調整を図るものであり，適当な釈放後の住居がない場合の更生保護施設等への受入れ調整，高齢または障害によりとくに自立困難と認められる場合の地域生活定着支援センター等と連携した福祉的支援の調整等がなされる。

12) 更生緊急保護は，満期出所者や起訴猶予者，保護観察付執行猶予の言渡し確定前の者や単純執行猶予者などの申出に基づき，親族又は公共の衛生福祉機関等からの援助等を受けられないかそれのみでは改善更生できないと認められる場合に，釈放後原則として6月を超えない範囲内において改善更生に必要な限度で行う，保護観察所長の措置である。

13) このほかに，保護観察官の処遇能力の向上のためにあえて保護観察官の直接担当とするケースもある。

14) 自宅では来訪に支障を来すことも増えてきたことなどから，更生保護サポートセンターとよばれる保護司活動の拠点となる事務所において面接を行うケースも増えてきた。

15) 一部猶予制度下の薬物事犯者に対する保護観察について，押切久遠・赤木寛隆「更生保護における薬物事犯者施策の概要」法律のひろば68巻8号（2015年）29頁以下，松本勝編『更生保護入門〔第4版〕』（成文堂，2015年）第14章190頁以下〔染田惠執筆部分〕・第16章〔今福章二執筆部分〕262頁以下参照。

16) 杉山弘晃「刑務所出所者等の就労支援について――協力雇用主の下での就労の拡大に向けて」犯罪と非行180号（2015年）89頁以下参照。

17) 保護観察付執行猶予については，その期間中の再犯について再度目執行猶予が認められない（刑法25条2項ただし書き）ことの不利益性やその威嚇効果を重く見る立場があったが，近年は，更生保護現場におけるプログラムの導入や裁判員裁判を背景として，その再犯防止等の効果に着目する流れがあるといわれる（川出敏裕ほか「執行猶予の現状と課題」論究ジュリスト14号（2015年）4頁以下〔芦澤政治氏発言ほか〕。

18) 保護観察の適合性の評価において処遇の実施者側の実情を踏まえるべきことについて，本書第2章のほか樋口亮介「日本の執行猶予の量刑基準――系譜・比較法的知見を踏まえて」論究ジュリスト14号（2015年）101頁以下，および松本編・前掲注15）第16章244頁以下〔今福章二執筆部分〕参照。

19) 小池・前掲注2）278頁，同「刑の執行猶予の判断――全部執行猶予の現状と一部執行猶予の展望」法律時報87巻7号（2015年）38頁以下。

20) 岩井敬介『社会内処遇論考』（日本更生保護協会，1992年）191頁以下。

21) 染田惠ほか「再犯防止に関する総合的研究」法務総合研究所研究部報告42号（2009年）120頁。本書第5章参照。

第2章

刑の一部執行猶予と保護観察

新井 吐夢

1 はじめに

本章では，まず，今般の刑法改正等により導入される刑の一部の執行猶予制度の内容について，制度導入の経緯も含めて簡潔に説明した上で，本書の中心テーマのひとつでもある，一部執行猶予の間保護観察に付すことが望ましい者の選定の在り方等について，刑法による一部執行猶予の場合を中心に，検討を加える。なお，本章中意見にわたる部分は筆者の個人的見解[1)]である。

2 刑の一部の執行猶予制度

■導入の経緯

刑の一部の執行猶予制度の導入を内容とする法改正等は，2013（平成25）年の通常国会において，刑法の一部改正法（平成25年法律第49号）および薬物事犯者を対象とする単行法である「薬物使用等の罪を犯した者に対する刑の一部の執行猶予に関する法律」（平成25年法律第50号。以下「薬物法」という）として成立したものである。

この制度導入に向けた本格的な検討は，2006（平成18）年，当時問題となっていた刑事施設の過剰収容等を解消するとともに再犯防止・社会復帰促進のための処遇等の在り方についての法制審議会への諮問にさかのぼることができる。もっとも，過剰収容問題が沈静化するのに伴い，その後の問題意識の重点は，再犯防止・社会復帰促進のためのより実効性ある処遇メニューの導入に置かれることとなった。

検討の過程で，必要的仮釈放制度，仮釈放についての考試期間主義，分割刑制度など，いくつかの候補が俎上に上ったが[2)]，わが国において受け入れやすいとして，大方のコンセンサスを得て導入が答申されたのが，刑の一部執行猶予制度であった。[3] 同制度について，条文化等の作業を経た上で，第179回臨時国会（2011〔平成23〕年）において内閣提出法律案として国会に提出され，衆議院解散に伴う廃案・再提出等を経て，第183回通常国会（2013〔平成25〕年）で成立した。同制度の施行期日は，公布の日から３年を超えない範囲内において政令で定める日とされており，2016（平成28）年６月中には施行される見込みである。

■制度の概要

(1)基本的内容

刑の一部の執行猶予の基本的な内容は，刑の言渡しの際，言渡し刑期のうち一部（実刑部分）は実際に服役させ，服役後残りの部分（猶予部分）につき一定期間その執行を猶予し，その猶予期間が無事に経過すれば猶予部分の執行がなくなるとともに刑期が実刑部分の期間に減軽されるが，当該期間内に再犯等に及べば執行猶予が取り消され（保護観察付の場合，遵守事項違反も執行猶予取消事由となる），猶予部分の刑も実際に執行される，というものである。

再犯防止のためには，刑事施設における処遇に引き続き十分な期間社会内処遇を施すことが望ましいことはいうまでもない。しかし，施設内処遇に引き続く社会内処遇を施す制度として現在設けられている仮釈放制度（刑法28条）は，仮釈放の期間中保護観察に必要的に付されるものの（更生保護法40条），その期間が仮釈放時点の残刑期間に限定される（残刑期間主義）という本質的な限界がある。刑の一部執行猶予制度の下では，残刑期間という制約がなくなり，社会内処遇が可能な猶予期間を１年以上５年以下の範囲内で設定できる。これにより，更生保護官署も，これまで以上に施設内処遇との連携を意識した手厚い社会内処遇を構想することが可能となる。[4]

(2)言渡しの要件

刑の一部の執行猶予は，刑法による一部執行猶予と薬物法による一部執行猶予とに大別される。

(i)刑法による一部執行猶予

刑法による一部執行猶予を言い渡すための要件は，刑法27条の２第１項によると，おおむね以下のとおりである。

①言渡し刑期

3年以下の懲役又は禁錮に処する場合であること

②前科に係る要件

前に禁錮以上の刑に処せられたことがないか，あってもその刑の全部の執行を猶予され，又は言渡しの時において最終の禁錮以上の刑執行終了から5年を経過した者（いわゆる初入者等）であること

③実質的要件

犯情の軽重及び犯人の境遇その他の情状を考慮して，再び犯罪をすることを防ぐために必要であり，かつ，相当であると認められること

前記③の「再び犯罪をすることを防ぐために必要であり，かつ，相当」とは，刑事責任の観点から「相当」であるとともに，特別予防の観点からも「必要」かつ「相当」である場合である。刑事責任の観点からの相当性の評価は，主として罪刑の均衡によりなされ，特別予防の観点からの必要性および相当性の評価は，更生のために社会内処遇を施すことが必要であると認められるか否か，それにより更生が期待できるか否かなどによりなされる。着目すべきは，「再び犯罪をすることを防ぐために」という，特別予防の観点が要件に明示されていることであり，これにより，特別予防の観点からの必要性および相当性が一部執行猶予を言い渡すための必要条件であることが明らかにされている。

言渡しの対象となる罪名の限定はない。なお，薬物法の対象罪名である薬物使用等の罪を犯した者であっても，前記②の前科に係る要件を満たす初入者等である限り，薬物法ではなく，刑法による一部執行猶予の適用が専ら問題となる（薬物法3条参照）。

猶予期間は，最短1年から最長5年の間で言渡しの際に定められる。猶予期間中の保護観察は裁量的であり，その要否を個別に吟味することとされている。したがって，刑法による一部執行猶予には，保護観察が付されない単純一部執行猶予と，保護観察が付される保護観察付一部執行猶予とがあることになる。保護観察を付するか否かの判断基準は規定上明示されていない。

(ii)薬物法による一部執行猶予

薬物法3条で読み替えられる刑法27条の2第1項によると，薬物法による一部執行猶予を言い渡すための要件は，刑法による一部執行猶予の要件のうち前

記②を満たさないこと（いわゆる累入者であること）に加え，おおむね以下のとおりである。

①対象罪名

薬物使用等の罪を犯した者であること（他の罪と併せて処断される場合を含む）

②言渡し刑期

３年以下の懲役又は禁錮に処せられる場合であること

③実質的要件

犯情の軽重及び犯人の境遇その他の情状を考慮して，刑事施設における処遇に引き続き社会内において規制薬物等に対する依存の改善に資する処遇を実施することが，再び犯罪をすることを防ぐために必要であり，かつ，相当であると認められること

猶予期間については，刑法と同じ１年から５年の間で言渡しの際に定められる。保護観察については，社会内において規制薬物に対する依存を改善する処遇のニーズを有することが薬物法による一部執行猶予の適用の要件となっていることから，刑法と異なり，必要的に付される。

⑶執行猶予の取消し（不良措置）

一部執行猶予においても，猶予の期間中に再犯に及んで禁錮以上の刑に処せられた場合等には，執行猶予が必要的に取り消され，猶予部分も執行されることとなることは，全部執行猶予の場合と基本的に相違ない（刑法27条の５，薬物法５条２項）。

また，保護観察付一部執行猶予については，猶予期間中の再犯等に加えて，保護観察中の遵守事項（更生保護法50条，51条）の違反についても，裁量的な執行猶予取消事由とされている（刑法27条の５第２号）。その手続は，保護観察所の長が検察官に申し出て，これにより検察官が取消しを裁判所に請求することにより発動される（刑事訴訟法349条）。

これらの点は，現行の保護観察付（全部）執行猶予と基本的に同じであるが，保護観察付一部執行猶予については，執行猶予取消の実体的要件である遵守事項違反につき，全部猶予の場合のように「その情状が重いとき」（同法26条の２第２号）という限定要件が付されていないことに留意する必要がある。これにより，実体的な取消しの要件は仮釈放者の遵守事項違反による仮釈放の取消し

（同法29条１項第４号）と同一ということになるが，仮釈放取消の手続[5]を定める更生保護法の委任省令は，仮釈放取消の手続を発動する基準につき，「仮釈放者が遵守事項を遵守しなかった場合において，当該遵守事項を遵守しなかったことの情状，保護観察の実施状況等を考慮し，その改善更生のために保護観察を継続することが相当であると認められる特別の事情がないとき」（犯罪をした者及び非行のある少年に対する社会内における処遇に関する規則91条）としている。

保護観察付一部執行猶予の対象者は，一部にせよ実刑相当とされた者であり，犯罪傾向が相応に進んでいる者も多いと思われる。そうすると，保護観察の実効性を担保するためには，執行猶予取消の手続の発動についても，前記のような仮釈放取消の手続と同レベルの毅然さが求められると思われる。その方向で省令等も整備されることが望ましい。

3　刑法による一部執行猶予の期間中保護観察に付すべき者の選別

■基本的視点

前述のとおり，初入者等を対象とする刑法による一部執行猶予については，保護観察が裁量的とされている。そこで，刑法による一部執行猶予については，保護観察に付すか否かの判断の在り方が実務上重要な問題となる。この点については，社会内処遇の有用性に着目し，とにかく刑法による一部執行猶予には幅広く保護観察に付することが望ましいとの考え方もありうるが，一部執行猶予とされる者の大部分に保護観察を付すべきであると単純に考えることについては，保護観察所を中心とした更生保護官署の実情等を踏まえた慎重な検討を要すると思われる。

ここで，保護観察に付するか否かの判断に際して等閑視されてはならないと思われるのが，保護観察を実施する更生保護官署が活用可能な人的物的資源は有限であるということである。仮に，専ら刑事責任の観点からは一部執行猶予が相当とされる可能性のある者が幅広く一部執行猶予とされた上で，その大部分に保護観察が付されるようなイメージの運用が常態化すれば[6]，現在の更生保護官署の人的・物的キャパシティをはるかに超えて保護観察対象者が激増するおそれがきわめて高い。このようにキャパシティの限界を超えて保護観察が付されるようなことがあれば，全体として個々の対象者に対する処遇の希薄化を余儀なくされるなどして，かえって再犯防止という一部執行猶予制度の制度趣旨に反する事態となることも懸念される[7]。

もともと，犯罪によって刑罰に処せられる者については，その改善更生のために何らの処遇をも必要としないと断言できるケースはごく稀であると考えられる。それにもかかわらず刑法による一部執行猶予につき保護観察が裁量的となっている以上，その裁量行使に当たっては，保護観察による改善更生を図ることについて，優先度のより高い者ほど積極的に保護観察を付していく方向性が望ましいことは，おそらく異論がないものと思われる。

以上を踏まえ，刑の一部執行猶予制度の下における保護観察を適切に運用し，国全体としての再犯防止を図る観点からは，保護観察を付するのに真にふさわしいと考えられる事案に保護観察付一部執行猶予が適用されることが，是非とも望まれる。もとより，保護観察に付するか否かは量刑判断の一環として判断される以上，そこでは，裁判実務における量刑判断の基本的な考え方が踏襲されることになる。その判断の中で，保護観察制度の内容および更生保護官署の実情等に照らし，施設内処遇に続けて最長５年という比較的長期間の保護観察に付して指導監督と補導援護による保護観察処遇を実施することが改善更生と再犯防止に実質的に貢献可能であると認められる者を，重点的に保護観察付一部執行猶予の対象者として選別することが，有限な社会資源の選択と集中により，再犯防止という政策目的をよりよく実現することにつながると考えられる。

■一部執行猶予の期間中保護観察に付するのにふさわしいと考えられる類型

一部執行猶予の下における保護観察の対象として真にふさわしい者を選別する場合，それに当てはまる者が具体的にどのような者かが問題となる。

この点，更生保護官署は，多くの者の保護観察処遇を通じ，改善更生のために保護観察処遇が必要であり，かつ，その効果が期待できるのはどのような場合なのか，その逆に，保護観察処遇の効果が期待できないのはどのような場合なのかなどについて，一定の知見や経験を有している。これらをもとに，更生保護官署のツールとして実施可能な処遇メニューが備えられているか否かといった観点や，一定の指導ないし支援の必要性が認められるとしても仮釈放による比較的短期の社会内処遇や更生緊急保護（更生保護法85条等）等の専ら支援的な措置で足りるか否かといった観点[8]をも考慮しつつ，長期の保護観察が再犯防止に実質的に貢献可能である事案とそうでない事案とをできるだけ類型化するよう試みることは，刑法による保護観察付一部執行猶予を適用すべき場面のイメージを作ることの一助となろう。

以下では，このような観点から，一部執行猶予の下において保護観察が真に効果を発揮し得ると思われる類型をいくつか示すこととする[9]。

⑴専門的処遇プログラムの対象事案

長期の保護観察が真にふさわしい場合に当たる事案として考えられるのは，薬物法の対象犯罪でもある薬物使用等の罪，飲酒運転，性犯罪，粗暴犯を繰り返している事案など，保護観察の処遇メニューとして専門的処遇プログラムが確立しているような事案[10]である。

これらのプログラムは，あらかじめ作成されたワークブックを教材とし，保護観察官との面接（対象者を複数としたグループワークを用いる場合もある）を通じて対象者に犯罪行動に結びつく思考傾向（認知の歪み）等を認識させるとともに，それを変容させることによって再犯防止を目指すものという点で，共通の手法をとっている。そして，専門的処遇プログラムの対象となりうる事案は，いわゆる犯罪行為に至るまでの認知の歪みが犯罪の背景にあると認められるものである。このような認知の歪みは，一般には自発的な更生に委ねるのみでは改善が困難であると考えられる一方，前記のような認知行動療法をベースとした専門的処遇プログラムによる長期の介入が効果を挙げることが見込まれ，再犯防止に貢献することが期待できる。このような認識は，薬物の誘惑のある社会内で専門的な処遇を受けつつその誘惑を克服する経験を重ねることが再犯防止のために不可欠であるとの薬物法制定の趣旨ともなっている。

⑵人格未成熟で可塑性のある若年者

若年者が素行不良者の影響下において付和雷同的に犯罪に及んだと認められるような事案は，人格未成熟が背景にあることが多い。このような人格形成途上で可塑性のある者については，少年事件を中心に保護観察処遇が長年実績を挙げてきたところであり，とりわけ，民間性，地域性という特色を有する保護司の親身かつ粘り強い指導が効果を発揮することが期待できる場面といえる。このような若年者につき一部執行猶予とする場合には，その猶予の期間中保護観察に付することで，保護観察官および保護司による長期の指導監督により，人格の成熟が促進され，改善更生が期待できる場合があると考えられる。

⑶長期かつ強力な就労指導等を必要とする財産犯

窃盗などを中心とした財産犯については，件数が多いことはもとより再犯率も高く，現在は存在しない窃盗向けの専門的処遇プログラムを開発した上で，幅広く保護観察付一部執行猶予で処遇することを期待する向きもあるものと思われる。しかし，生活困窮等が動機であることの多い財産犯について，「認知の歪み」に焦点を当てる認知行動療法をベースとしたアプローチが広く有効とは直ちには考えにくく，そうすると，近い将来に，財産犯を広く対象とする専門的処遇プログラムを整備することは難しいように思われる。

もちろん，保護観察処遇は認知行動療法的アプローチに限定されるものではない。たとえば，就労意欲や能力を高めるために保護観察官による長期かつ強力な就労指導が必要と認められる場合であれば，保護観察が再犯防止のために真に貢献可能であると認められる場合もあろう。刑務所出所者等が就労の機会を得ることによる再犯防止の効果は統計によっても示されているが，刑務所出所者等の中には，生活態度や就労観，対人関係の築き方に問題があり，これらの問題が安定的な就労にとっての障害になっている者が少なくない。前科等を承知の上で刑務所出所者等の立ち直りのためにその者を雇用する「協力雇用主」に対する物心両面の支援等の施策を効果的に活用しながら，保護観察官および保護司において就労による自立した健全な生活に向けた指導監督を長期かつ強力に加えることが，再犯防止に寄与すると考えられる場面は，相応に存在するものと思われる。

他方で，このような長期にわたる保護観察処遇のニーズが不鮮明であるにもかかわらず，広く保護観察を付することは，財産犯のボリュームの大きさにかんがみると，更生保護官署のキャパシティを圧迫する一方で，全体としての再犯の減少には必ずしも寄与しないのではないかとの懸念が否定できない[11]。

■保護観察を実施する前提条件を欠くと認められる場合

仮に，ここまでで指摘したような類型に該当するなど，改善更生を図るために長期間の保護観察処遇を加える余地を一見肯定しうる場合であったとしても，保護観察の枠組みに服する意思がないなど処遇が実施できる可能性がなく，あるいは保護観察の効果がそもそも期待できない者については，保護観察を実施する前提条件を欠くと考えられる。保護観察は，対象者に社会内で普通の生活を営ませながら，保護観察官および保護司が定期的に対象者と接触し指導監督を加えることにより，犯罪に結びつくような本人の問題性の変容を図ることを中心的な内容としており，それがうまく機能するためには，処遇に対する一定の協力的態度等がどうしても要求されるからである。

以下に示す類型は，いずれもそのような保護観察処遇が機能を発揮するために不可欠の前提条件を欠いているものであって，これらに該当することが明らかな者は，仮に保護観察に付したとしても，保護観察処遇の体をなさず，その労力にもかかわらず再犯防止の効果が発揮できない可能性が高い。

⑴保護観察官や保護司の働きかけに対する意味のある応答が期待できない者

保護観察の基本的な処遇方法は，保護観察官または保護司による面接指導等により，対象者の内面に働きかけてその自発的な改善更生を促すことにある。そのような処遇が効果を挙げる前提として，もとより反省悔悟の情が深まっていることまでは要しないものの，他者の指導を受け入れて，自省を深め，善良な社会の一員となるべくその行動を変容させる意欲について，少なくともその喚起可能性があることが必要である。

そうすると，認知症，薬物による精神病その他の精神障害，あるいは知的障害等により，そもそも言語によるコミュニケーションが困難であるような場合には，保護観察官等の働きかけを理解し，それにより内省を深め，改善更生に至るというプロセスが機能しないことから，保護観察処遇が効果を挙げることは困難である。

また，言語によるコミュニケーションに障害がない場合であっても，否認を含む不合理な弁解に固執するなど，およそ他人の指導や働きかけを受け入れるような態度を示さず，あるいは自己の内面の問題性に目を向ける自省的思考を頑なに拒むような者についても，保護観察処遇の通常のプロセスが機能しにくく，処遇効果が期待できない[12]。これらの態度は，多くの場合，根深いパーソナリティ要因が背景にあることが多いと思われるが，当然ながら，パーソナリティそれ自体を保護観察処遇で変容させることは，保護観察という制度の射程を超えていると思われる。

専門的処遇プログラムについても同様の理があてはまる。プログラムが効果を挙げるためには，一定程度のコミュニケーション能力を前提として，自己の歪んだ認知とそれに基づく行動のプロセスを直視する能力，そして歪んだ認知とそれに伴う行動を是正しようという意思とを対象者が有していることが不可欠である。精神障害，知的障害やパーソナリティ要因等により，これらのいずれかが欠けるのであれば，専門的処遇プログラムの効果はそもそも期待できない。そして，プログラムの受講に拒否的である場合，自己の「認知の歪み」を見つめ直し，それを修正する意欲がないことを示しており，それは自省的態度や更生の意欲の欠如の表れにほかならない。そうすると，専門的処遇プログラムの効果が期待できないことはもとより，それ以外の保護観察処遇を受け入れる素地もなく，保護観察処遇全般の効果も期待できない。

⑵暴力団への帰属意思を捨てないなど，反社会的な価値観が固着している者

暴力団のようにその本質において反社会的性格を有する集団に帰属し，判決時に至ってもその離脱が確定的なものでない場合，そのこと自体が根深い反社会的価値観の徴表といわざるを得ず，多くの場合，保護観察の枠組に服して改善更生の意欲をもつことも保護観察官や保護司の指導を聞き入れることも期待できない。いわば，⑴の保護観察へ応答が期待できないことを外形的行動で示しているものということができる。

そして，暴力団関係者に対する保護観察では暴力団関係者との接触禁止が特別遵守事項として設定されることから，暴力団等に帰属すること自体が特別遵守事項違反を構成することとなり，多くの場合，保護観察開始早々に不良措置の発動に至ることともなりうる。

⑶住居不定で定住自体を忌避するような者

いわゆるホームレス生活が長い者の中には，気ままな生活に強いこだわりを有し，住居を定めることを忌避する者が少なくない。このような，住居不定で定住する意思がない場合，そのほとんどは釈放後に所在不明となり，保護観察

官や保護司が接触することもできず，そうすると保護観察を実施することは不可能である。一定の住居を定めることは，社会内で生活を営ませながら保護観察官等の定期的な接触により改善更生を図るという保護観察処遇の基本的な前提条件である。一定の住居に居住しないことは処遇の前提が崩れることを意味し，処遇効果を挙げることは困難となる。一定の住居に居住することを一般遵守事項とし（更生保護法50条３号および４号），その違反に対して不良措置をもって臨むこととしているのは，このような実情を踏まえている。

不良措置の発動要件が保護観察付一部執行猶予と同じである（遵守事項違反の「情状が重いとき」という限定要件がない）仮釈放者の所在不明等については，一般に，仮釈放の取消しという厳しい態度で臨んでおり，保護観察付一部執行猶予者についても，同様の態度で臨むこととなるものと考えられる。

⑷在留資格のない外国人であって，釈放後直ちに退去強制が見込まれる者

このような者は，保護観察官または保護司の直接の接触により保護観察を実施する可能性が存在しないか，きわめて乏しく，保護観察処遇が効果を上げる余地もないことは明らかである。このような者を一部執行猶予における保護観察に付することは，本制度の運用としてふさわしいものとは思われない。

これらの⑴から⑷までに挙げたような，保護観察の前提条件を欠くと認められる者を保護観察に付したとしても，処遇効果が期待できないため，再犯防止を図ることができず，早晩遵守事項を遵守しないなど保護観察の枠組みから逸脱して不良措置（遵守事項違反による執行猶予取消し）につながり，そのために関係機関（保護観察所，検察庁および裁判所）が多大な労力を費やすことになる。現状では，不良措置の対象者の多くは任意の出頭を期待し難いため，前段階として保護観察所の長が引致状の発付を求めるとともにその執行等を行うことが多いが（更生保護法63条２項参照），その際には，保護観察所の保護観察官全員でチームを組んで対応することが通例である。したがって，不良措置を余儀なくされるような事態が頻発すれば，通常の保護観察業務全般が機能不全となるおそれが高い。

4　薬物法の対象者について

薬物法により一部執行猶予とされる者については，保護観察が必要的とされている（薬物法4条1項）。しかし，だからといって保護観察による改善更生の期待可能性を見極めることが不要であるわけではなく，むしろ保護観察が必要的とされている以上，前記3で述べたところの，保護観察が再犯防止に実質的に貢献可能であることや，保護観察処遇の前提条件が具備されているといったことは，薬物法により一部執行猶予とする必要性と相当性（同法3条による読替後の刑法27条の2第1項）に包含されていると理解するのが相当である。

そして，薬物法による刑の一部の執行猶予における保護観察についても，付することの当否についての実質的な考え方は，基本的には刑法による一部執行猶予のそれと違いはないということができる。もっとも，薬物法に関しては，規制薬物に対する依存が認められることがその適用の要件となっていることから，保護観察の必要性が否定されることはまれであろう。他方，保護観察の前提条件に関しては，問題がある事案が少なくないと思われる。たとえば，暴力団関係者や薬物密売人との関係を断ち切る意思が乏しく，反社会的な人格傾向も矯正困難なまでに進んでいる者や，薬物に対する依存の程度が著しく，場合によっては覚せい剤精神病に至り，平素のコミュニケーションにも困難をきたしている者など，保護観察処遇に対する応答性が芳しくない者も少なくないと考えられる。そのような中で，保護観察による改善更生が期待できる者を適切に選別することが課題となる。

具体的には，薬物事犯にまま見られるものとして，

①暴力団への所属歴があったり，薬物の密売に関与していたことがうかがわれる場合

②過去に保護観察を受けていて，保護観察官等の指導監督に対する違反歴がある場合

③多数の薬物前科を有する場合

④多数の異種前科を有するなど，薬物以外の犯罪性の進度が深く多岐にわたっていると認められる場合[13]

⑤覚せい剤精神病等による入院歴があったり，覚せい剤に起因すると思われる幻覚・幻聴等が認められる場合

などを，改善更生の可能性を慎重に見極めるべき場面を示す兆表とすることが考えられる。もとより，これらの事情があるから一律に保護観察による改善更生が期待不能とされるわけではないであろうが，過度に楽観的な評価をすることは，保護観察制度の運用を困難にするおそれがある。

なお，②に関連して，薬物法の運用において重要な問題となりうるのが，同種前科で保護観察付一部執行猶予となりながら再犯に至り，薬物法の適用が問題となる者の取扱いである。このような者も，薬物法上，一部執行猶予の可能性があることは確かだが，基本的に，保護観察付一部執行猶予となりながら再犯に至ることは，その者について保護観察の処遇効果が期待し難いことの端的な兆表である。そうすると，刑法によるものか薬物法によるものかを問わず，保護観察付一部猶予者に付された経歴のある者が同種再犯に至った場合については，再度の保護観察付一部猶予の効果に期待すべき特段の事情がない限り[14]，薬物法による一部執行猶予とせず，全部実刑とすることが相当と思われる。

5　刑事捜査公判の運営の在り方

特別予防の観点を要件に初めて明示した一部執行猶予制度については，刑事捜査・公判に携わる裁判実務の当事者（裁判官，検察官，弁護人）にあっても，処遇当局との間で，国家全体としての再犯防止という政策目的を共有した上で，その目的実現に資する刑事捜査・公判の在り方について，今後さまざまな模索がされることが期待される。

まず，個別事件における保護観察に付することの当否の判断は，できるだけ客観的な資料を活用した評価がなされることが望まれる。たとえば，一部執行猶予とされる者の多くは再犯者と思われるところ，前回の刑事処分後に改善更生のためにいかなる努力をし，なぜそれが挫折して再犯に至ったのか，対処すべき再犯のリスク要因は何か，それに対する実効的な保護観察処遇のメニューは存在するかなどを，できるだけ関連する事実を丹念に収集，検討し，保護観察による改善更生の必要性とその可能性を慎重に見極めることが望ましい。

近時，「検察の理念」の策定[15]やそれを踏まえた保護観察に対する関心の高まりを反映し，再犯防止の観点から検察官が積極的に執行猶予に保護観察を付するべきである旨の論告をする例がみられるようになっている[16]。このような取組をさらに一歩進め，保護観察付一部執行猶予の当否が問題となる事案にあっては，保護観察の当否について，検察官や弁護人といった訴訟当事者が積極的に主張立証を展開することが期待される。公判を主宰する裁判所にあっても，必要に応じて，保護観察の当否について訴訟当事者に主張立証を促すなどの積極的な訴訟指揮が期待される。

また，そのような訴訟活動について，保護観察所も可能な限り積極的に協力すべきである。過去に保護観察に付されていたことのある者であれば，保護観察の実施状況等について，刑事訴訟法197条２項の照会がなされることが想定されるが，回答内容の充実に努めるなどして積極的に協力すべきである。それにとどまらず，保護観察の当否の評価に必要不可欠な保護観察処遇の実情についての情報や保護観察所に蓄積されている専門的な知見や経験を，刑事捜査・公判において上手に活用できるような方策が強く望まれる[17]。この点は，これまで更生保護官署の取組が手薄であったところでもあり，保護観察処遇の実情等について，さまざまな機会を活用し，裁判実務に携わる関係各位に向け，より積極的かつ率直な情報発信を図っていくことが今後ますます重要になると思われる[18]。

そして，刑事公判審理の集大成ともいえる判決書のうち，量刑の理由についても，理由提示機能を超えて，保護観察処遇をより充実したものとする機能が期待されるように思われる。すなわち，保護観察の前提となる社会復帰後の帰住先や処遇を実施する上で必要不可欠な事項（たとえば，保護観察所が実施する専門的処遇プログラムを受けること，引受人等の事業所で就労すること，被害者への慰謝の措置を継続することなど）など，被告人の改善更生に資すると判断される処遇の在り方等について，それが量刑の理由として具体的に明記される取扱いが確立されることが望ましい。そうすることにより，更生保護官署は，刑執行開始から間もなく開始される生活環境の調整（更生保護法82条）にとってもきわめて有益な情報が早期に得られ，より適切な社会内処遇の態勢が整うことにつながるし，保護観察対象者に対する判決の説得力，感銘力も高まり，更生の意欲がより喚起されて処遇効果が一層増進されることが期待される。

6　おわりに

判決時点で，釈放されるまでに保護観察が機能するための前提条件（適切な住居の確保等）が整う見込みが判然としないまま，見切り発車的に保護観察付一部執行猶予を付するような判断は，釈放時点で住居不定という，更生保護官署にとってきわめて困難な事態をもたらすリスクを高める[19)]。そうすると，保護観察処遇の必要性が確実に肯定できるとともに，釈放時点で保護観察の前提条件が整うと判決時点である程度自信をもって見通せる事案に絞って保護観察付一部執行猶予とし，そうでない場合は全部実刑として生活環境の調整等により社会内処遇の前提条件が整った時点での仮釈放に委ねるといった形で，両制度を上手に使い分けるという考え方が必要である。新たな処遇メニューである一部執行猶予制度を十分活用すべきことは当然であるし，同制度がより一層活用されるよう，処遇内容のさらなる充実強化等に向けた努力を更生保護官署が続けていくことが必要なのはいうまでもない。その上で，制度の滑り出し当初は，この制度にあまりに過大な負荷をかけることなく，確実に再犯防止の効果を期待できると考えられる事案に集中的に保護観察付一部執行猶予を適用することとするなど，いわばこの制度を「小さく産んで大きく育てる」というくらいの慎重な運用スタンスが，当面は望ましいように思われる。

1）　筆者は，現在東京地方検察庁検事であるが，本章は，主として筆者が法務省保護局に局付として勤務し，その立場で一部執行猶予制度の運用体制の整備等に関与した経験をもとに執筆したものである。

2）　検討の経緯について，東山太郎「刑の一部執行猶予制度導入の経緯と法整備の概要」法律のひろば66巻11号14・15頁も参照。

3）　これに加えて，保護観察の特別遵守事項に社会貢献活動の実施を加える更生保護法の改正が答申された。社会貢献活動の意義等については，本書第１章参照。

4）　太田達也『刑の一部執行猶予——犯罪者の改善更生と再犯防止』（慶應義塾大学出版会，2014年）8・9頁は，いわゆる満期釈放の解消も一部執行猶予制度の導入の意義であるとする。しかし，満期釈放となる場合の多くは生活環境の調整を経ても住居確保の見込みが立たないなど，仮釈放による保護観察に移行する前提を欠くときであることを考えると，これらの問題が解消しない者を保護観察付一部執行猶予とすることは問題が大きい。したがって，満期釈放者を保護観察に移行することを刑の一部執行猶予制度導入の狙いであると理解するのは，相当でないように思われる。

5） 法律に規定されている手続としては，遵守事項違反による仮釈放の取消は，保護観察所の長の申出により，地方委員会が決定をもってすることとされている（更生保護法75条1項，2項）。

6） この点につき，一部執行猶予は保護観察に付するのを原則としつつ，保護観察の必要性がないのであれば（単純一部執行猶予ではなく）むしろ全部実刑とするといったイメージを示すものとして，太田・前掲注4）43頁および小池信太郎「刑の執行猶予の判断——全部執行猶予の現状と一部執行猶予の展望」法律時報87巻7号45頁。これらの見解は，保護観察の必要性が一部執行猶予の必要性にほぼ近いものと捉えていると考えられる。

7） もちろん，更生保護官署のキャパシティの問題だけでなく，最長5年という比較的長期の保護観察が対象者に相応の負担を強いることになることも考慮する必要がある。保護観察付一部執行猶予については，いわゆる再犯だけでなく，純粋な遵守事項違反（たとえば専門的処遇プログラムの不受講，所在不明等）も取消事由となり，しかも現行の保護観察付全部猶予のように違反の「情状が重いとき」という限定要件がなく，より広く執行猶予の取消しが認容される可能性がある。このような不利益性が刑事責任の観点から許容しうるか否かという点にも留意する必要があると思われる。

8） 小池・前掲注6）44頁は，一部執行猶予の必要性の考慮要素として，「被告人の犯罪傾向の具体的内容及びその程度並びに現行制度上の処遇メニューに鑑み，仮釈放では困難な長期の社会内処遇期間を確保することで可能となる処遇方法が想定できるか，その処遇方法はどの程度有用か」を挙げ，具体的な処遇メニューとして専門的処遇プログラムを挙げる。

9） 第11章以下では，第一線における処遇経験が豊富な保護観察官を中心とした執筆陣が，保護観察が奏功した事案と不奏功に終わった事案について，その概要と成功・失敗の要因を具体的に考察している。個別の事案において保護観察付一部執行猶予とすることの当否を判断する際には，類似の事案が紹介されているパートを読んで，当面する事案との共通点と相違点を比較分析することが，適切な判断の一助となろう。

しかし，それだけでは適切な見極めには限界があることも事実であり，個別の事件においては，知見・経験ともに豊富な保護観察官の見立てが何らかの形で刑事捜査・公判にインプットされるよう，運用上の工夫が必要ではないかと思われる。後記注17）参照。

10） 専門的処遇プログラムについては，当該プログラムの特性等を踏まえた一定の適用要件が保護局長通達によって定められており，たとえば，罪名が傷害だからといって常に暴力防止プログラムの適用対象となるわけではないことに留意する必要がある。

11） この点に関連して，都市化，高齢化といった社会構造等の変化を踏まえ再犯防止のための取組の在り方が論じられている高齢者あるいは障害者について，司法と福祉との連携という問題意識の下，保護観察付一部執行猶予の活用を想定する向きもある。しかし，専ら福祉サービスへのつなぎによって生活が安定し，再犯防止が期待できるような場合については，あえて長期間の保護観察に付さずとも，いわゆる特別調整により福祉サービスにつなぐことで足りることが考えられる。そのような者を仮に一部執行猶予にする場合には，単純一部執行猶予が相当である場合もあると考えられる。事案によっては，検察官段階で保護観察所と釈放後の措置等につき協議の上，起訴猶予処分として，釈放後に保護観察所の更生緊急保護により福祉サービス等につなぐための支援をすることで対応するということも考えられよう。

12） この点に関連して，いわゆる窃盗癖（クレプトマニア）が背景にある万引き事案については，内省が期待できないという本文の場合とはむしろ逆に，罪悪感は深いにもかかわらず強い衝動にかられて万引きに及ぶのであって，保護観察官等の指導により内省を深めさせることが再犯防止にほとんど結びつかないうらみがある。精神医学的・心理療法的アプローチについても，決定打となるようなものはない。したがって，現状では，窃盗癖について，保護観察処遇の効果はきわめて限定的であるといわざるを得ない。第15章も参照。

13) 薬物法の適用対象となるための前科は薬物使用等の罪に限られないが，薬物以外を含む再犯防止のための必要性および相当性が一部執行猶予適用の要件とされており（薬物法3条），規制薬物への依存を改善できたとしても他の犯罪の再犯防止を期し難いと認められる場合は，薬物法による一部執行猶予の相当性を欠くことになると思われる。

14) 特段の事情に該当しうる場合として，たとえば，執行猶予期間満了後相当期間経過後に，偶発的な規制薬物の再使用が検挙されたと認められるような場合であって，それまでの断薬の実績および本人の更生意欲が顕著であるとともに，服役後にその更生をサポートする社会資源が整っていることが明らかであるときなどが考えられる。

15) 2011（平成23）年に策定された「検察の理念」は，その前文において「あたかも常に有罪そのものを目的とし，より重い処分の実現自体を成果とみなすかのごとき姿勢となってはならない。我々が目指すのは，事案の真相に見合った，国民の良識にかなう，相応の処分，相応の科刑の実現である。」と，8項において「……矯正，保護その他の関係機関とも連携し，犯罪の防止や罪を犯した者の更生等の刑事政策の目的に寄与する。」としている。

16) 古宮久枝「再犯防止等の刑事政策の目的に向けた検察の取組」法律のひろば66巻11号（2013年）46頁。

17) 林眞琴「検察官の求刑と刑事政策」罪と罰52巻3号（2015年）4頁。

また，伊藤栄二「刑の一部の執行猶予制度の導入と検察の課題」『川端博先生古希記念論文集（上巻）』（成文堂，2014年）908頁は，検察官が一部執行猶予の当否を判断するに当たって，保護観察を実効的に実施する基盤である帰住先の確保の見込みを見極めるため，保護観察所との調整が必要であるとする。当然，保護観察所も，このような検察官による調整の求めに積極的に協力すべきである。その際，帰住策の確保等が困難である場合には，保護観察所がその旨を検察官に率直に伝達することが必要である。

なお，釈放前の更生緊急保護の事前調整によって培われた検察官と保護観察官の連携態勢を応用し，個別の被告人につき，保護観察が必要であり，それによる改善更生が期待できるか否かを保護観察官が評価して検察官に伝達する取組を保護サイドから提案するものとして，松本勝編著『更生保護入門〔第4版〕』（成文堂，2015年）258頁〔今福章二執筆〕。

18) 片岡弘「保護観察付執行猶予の運用について」罪と罰52巻1号（2014年）。裁判所サイドからの指摘として，瀬川晃ほか「特別座談会　刑の一部執行猶予をめぐって」論究ジュリスト8号（2014年）186頁〔高橋康明発言〕。

19) 片岡・前掲注18）4頁。

第3章

保護観察の処遇効果

岡田 和也

1 はじめに

近年，行政が行う施策に対して，その効果検証が求められることが多い。予算と人員を割いて行政サービスを実施している以上，費用対効果に照らして検証することは必要不可欠な過程であろう。

保護観察処遇においては，これまで一施策に関する処遇効果（たとえば，性犯罪者処遇プログラム）を論じることが主であり，保護観察処遇全体をテーマにしたものは少ないように思われる。

本章では，保護観察の処遇効果について，先行研究や各種統計データをもとに，主として成人保護観察対象者（仮釈放者および保護観察付執行猶予者）を中心に述べていく。

2 保護観察の処遇効果とは何か

■ 処遇効果

何をもって「処遇効果」があったとするかはさまざまな見方があろう。たとえば，無職状態が続き生活困窮により窃盗を犯し，保護観察付執行猶予となった者が，就労支援により仕事を得ることができた場合，ひとまず就労支援という処遇の効果があったといえよう。ところがその対象者が，仕事によって得た給料で覚せい剤を購入して自己使用の罪で逮捕され，刑の執行猶予が取り消された場合，保護観察による処遇効果があったとはいい難い。

更生保護の目的が「犯罪をした者及び非行のある少年に対し，社会内において適切な処遇を行うことにより，再び犯罪をすることを防ぎ，又はその非行をなく」すこと（更生保護法１条）にあることを考えれば，保護観察の処遇効果とは，第一義的には「再犯・再非行の防止」といえよう。

行政における施策は，PDCAサイクル[1]の考え方のもと，インプット（施策の実施，予算・人員といった資源の投入）に対する，アウトプット（施策の外形的効果），アウトカム（効果の内容的価値），インパクト（社会全体に与える影響）という評価過程をたどり，それぞれの評価では，目標や達成度を指標（その多くは数値）で示すことが求められる。

これを保護観察処遇に当てはめると，次のとおりである。以下，主としてアウトカムを処遇効果とするが，一部アウトプットもそれとみなして論じる。

【インプット】　保護観察処遇の実施，人員・予算の投入等
【アウトプット】　指標例：無職率の低下，住居確保できた人員等
【アウトカム】　再犯防止
【インパクト】　わが国の治安維持（安全・安心の国作り）等

■処遇効果の検証方法

それでは，保護観察の処遇効果は，どのように検証すればよいのだろうか。その代表的手法として，①事例研究，②公的統計をもとにした分析，③調査研究がある（①については，本書第Ⅲ部第11～17章を参照）。

処遇効果の検証に当たっては，それぞれの手法のメリット・デメリット[2]を把握した上で，これら手法を組み合わせて分析することが必要であろう。

■処遇効果およびその検証を論じる際の諸問題

保護観察の処遇効果およびその検証を論じるに当たっては，いくつかの問題点がある。第一は，良好措置が取られない場合であっても，再犯・再非行がなければ（たとえ無職や所在不明の状態でも），処遇効果があったといってよいのかという点である。

第二は，「再犯・再非行がないこと」をどの時点で結論づけるか，いい換えれば，追跡する期間の点である。保護観察期間中に再犯・再非行がなく，無事に期間満了または良好措置で保護観察が終了したものの，その後に再犯・再非行があった場合は，「処遇効果がなかった」と認定すべきか[3]。

第三は，再犯・再非行の範囲の点である。保護観察期間中に，再犯・再非行があっても，それが軽微なものであった場合は，少年については不処分や審判不開始決定，成人については起訴猶予や罰金にとどまり，引き続き保護観察が継続される場合が多い。この場合でも「処遇効果がなかった」と認定すべきか，また，再犯・再非行はなかったものの，遵守事項違反により取消しとなった場合も，「処遇効果がなかった」と認定すべきか。

最後に，保護観察は，保護処分または刑事処分のひとつ，刑事政策の一環として位置づけられており，保護観察を受けるグループと受けないグループがランダムに存在するわけではないので，保護観察の真の処遇効果を分析するには，どうしても限界があるという点である[4]。

■処遇効果を示す統計的指標

再犯・再非行に関して，よく「再犯率」という言葉を耳にするが，現在，法務省の公的統計では，再犯率という用語は使用されていない。これに近いものとして，再処分率，取消率，取消・再処分率，再入率という4つの指標が用いられている[5]。

このうち再処分率，取消率および取消・再処分率を比較したのが図表3-1である。とくに仮釈放者については，保護観察期間中の再犯（刑事裁判については確定したものに限る）に限定される再処分率と，再犯を伴わない遵守事項違反のみによる仮釈放取消しを含む取消率では，大きな開きがあることがわかる。

■わが国における処遇効果の検証に関する歴史

わが国における保護観察の処遇効果については，法務総合研究所を中心に調査研究が行われており，分類処遇制（現在の段階別処遇の前身ともいえる制度）が実施された1970年代には，保護観察対象者の再犯予測に関するいくつかの研究が行われた[6]。

その後，処遇効果の検証という観点では目立ったものはなかったが，2000（平成12）年以降，法務総合研究所において，外国人保護観察対象者や暴力組織に関係している保護観察付執行猶予者の成り行きに関する研究，保護観察対象者全般における予後の予測力を検証する研究等が行われた。また，更生保護施設入所者を対象とした追跡調査の視点からの調査研究[7]も行われた。

近年は，世界的潮流として実証的根拠に基づいた（evidence-based）犯罪者処遇が求められ，また更生保護制度改革が進められたことも相まって，まずは学術学会において関心がもたれて「処遇効果の検証」がテーマのひとつに取り上げられることもあった[8]。この動向は法務本省においても同様で，法務省保護局において性犯罪者処遇プログラムと再犯の有無との関連についての調査結果が公表された[9]。

図表３－１　再処分率，取消率，取消・再処分率の比較
（2013年）

区　分	仮釈放者	保護観察付執行猶予者
再処分率	0.4	27.4
取 消 率	4.4	23.3
取消・再処分率	4.6	29.3

出典：平成26年版犯罪白書154頁による

3　そもそも保護観察に効果があるのか

保護観察の処遇効果に関する調査研究は，欧米先進国を中心に数多く実施されているが，国によって文化的・社会的背景，保護観察制度が異なっており，単純にわが国と比較することはできない。そこで，国内の調査研究，統計データをもとに，はじめに，保護観察自体に効果があるのかについて見ていく。

■仮釈放者に対する保護観察の効果

図表３－２は，2009（平成21）年出所受刑者について，出所年を含む５年間における累積再入率（各年の年末までに再入所した者の累積人員の比率をいう）を見たものである。満期釈放者では，出所１年以内に約１割の者が再入所しているが，仮釈放者では，保護観察中の者が含まれていることもあり，1.5%にとどまっている。その後，年を経るに連れて両者の差が拡大していることが見て取れる。

警察庁と科学警察研究所（2010年）は，子ども対象・暴力的性犯罪による出所受刑者について，再検挙の有無を最長５年間追跡調査した[10]。その結果，満期釈放者と仮釈放者とを比較すると，①出所から５年後時点の推定再検挙率は，仮釈放者が18.4%であるのに対し，満期釈放者では29.0%であったこと，②とく

図表３－２　出所受刑者の累積再入率

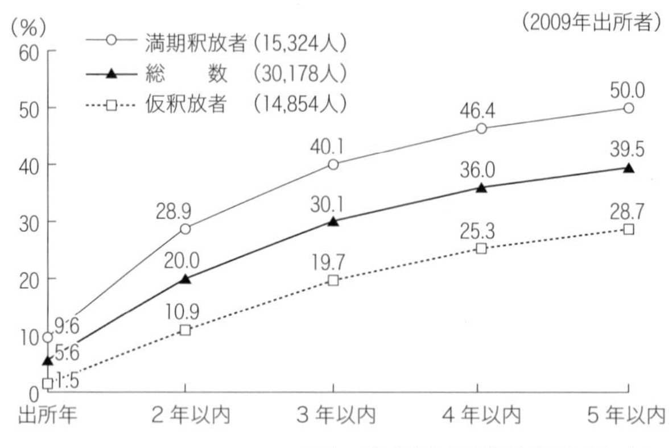

出典：平成26年版犯罪白書149頁による

に出所後間もない時期には両者に大きな差が認められ，仮釈放者と比べて満期釈放者における再検挙の可能性は約5.5倍高い水準にあること，③仮釈放者の再検挙の可能性は，仮釈放期間中には，満期釈放者や仮釈放期間終了者と比べて約65％低い状態に保たれるが，仮釈放期間が終了するとその可能性は，それ以前よりも約３倍高くなることなどが明らかになった。

仮釈放者と満期釈放者は，そもそも異集団との見方もできるが，これらデータを見ると，仮釈放者に対する保護観察は，その期間中はとくに効果が高く，期間終了後も，一定の再犯抑止効果があるといってよいであろう[11]。

■保護観察付執行猶予者に対する保護観察の効果

保護観察付執行猶予者における保護観察の処遇効果については，保護観察が付かない執行猶予者（単純執行猶予者）と比較すればよいが，保護観察付執行猶予者と単純執行猶予者の差異は，仮釈放者と満期釈放者以上に大きい。

参考のデータであるが，窃盗により有罪判決を受けた者について，その裁判確定から約２年間に何らかの再犯を起こして再び有罪判決を受けて裁判が確定した者の割合を調査したところ，罰金処分者が28.5％，単純執行猶予者が22.4％，保護観察付執行猶予者が35.9％であった（平成26年版犯罪白書による）。罰金処分者よりも単純執行猶予者の方が低いのは，正式裁判による感銘力が少なからず影響しているものと予想される。保護観察付執行猶予者も同様に裁判官の面前で更生を誓い，また保護観察を受けていたにもかかわらず，３人に１人以上が約２年以内に再犯している。保護観察付執行猶予者の中には，再犯リスクが高い者や，そもそも更生意欲が欠如していたり，その意欲が継続できなかったりする者が相当数含まれていることがうかがえよう。

4　どのようなタイプの対象者に処遇効果があるのか

次に，保護観察対象者の属性，生活環境等の要因に焦点を当てて，保護観察対象者のタイプ別に処遇効果を検討するため，上記２でも紹介した法務総合研究所が2000（平成12）年以降に実施した３つの調査研究の結果概要を紹介する（なお，これらは，多変量解析等統計学のノウハウを駆使した専門的なものであるため，統計学の知識に依存する部分は捨象して記述する。また，このうち２つは，暴力組織関係者や外国人といった特殊な類型であることに留意されたい）。

■保護観察対象者全般における成り行きに関連する要因[12)]

この研究では，以下の要因が組み合わさると，成り行きが不良（再犯，身柄拘束，所在不明，保護観察上の指導・措置）となる確率が高かった。

【仮釈放者】

①前回の保護観察の成績不良
②保護観察開始時に，更生保護施設に居住又は知人・雇主と同居
③親族等と同居していたものの，対象者が同居を嫌っているまたは対象者との同居を嫌っている者あり
④本件刑期が短い
⑤本件直前に，飲酒が原因の生活破壊・粗暴行為あり
⑥再犯期間が短い

【保護観察付執行猶予者】

①前回の保護観察の成績不良
②本件直前に居住問題あり（住居不定，家出，頻繁な外泊）
③保護観察開始時に，更生保護施設に居住又は知人・雇主と同居

④本件刑期が短い

⑤本件又は前科・前歴に窃盗あり

■暴力組織保護観察付執行猶予者の成り行きに関連する要因[13)]

この研究では，以下の要因が組み合わさると，成り行きが「執行猶予取消し」となる確率が高かった。

①無職
②教育程度が高校中退以下
③配偶者なし又は内縁関係
④暴力組織に自発的加入（交際）
⑤本人と暴力組織との関係が強い
⑥犯罪・非行を反復
⑦接触困難な状況が大いにあり
⑧本件犯罪は暴力組織と関連なし

■外国人保護観察対象者（成人）の成り行きに関連する要因[14)]

この研究では，以下の要因が組み合わさると，成り行きが不良（終了事由が取消し，再犯あり）となる確率が高かった。

【終了事由が取消しの場合】

①無職
②生活実態の把握に関する問題あり

【再犯ありの場合】

①交友関係・不良集団に関する問題あり
②日本人の友人あり
③就労・収入に関する問題あり
④開始時年齢が低い
⑤生活実態の把握に関する問題あり
⑥無職

■若干の考察

以上の調査研究から，保護観察対象者の成り行きに関連する要因を整理すると，以下のとおりとなる。

【静的再犯危険要因】

保護観察対象者が有する固定的な要因（リスクと呼ばれる）

○本件犯罪（刑期，罪名）

○犯罪歴等（罪名，回数，再犯期間，前回の保護観察の状況）

○対象者の属性（年齢，教育程度，婚姻歴）

○過去の生活環境（交友，住居，飲酒による問題行動）

【動的再犯危険要因】

その後の保護観察処遇において可変的な要因（ニードと呼ばれる）

○個人的要因（人格，認知）

○環境的要因（住居，就労・収入，交友）

実務上では，①まず静的再犯危険要因を調査し，これらに多数該当する者を抽出し（対象者の絞り込み），②その者に対し，動的再犯危険要因を特定し（処遇対象の絞り込み），認知行動療法等有効な処遇手法を用いてこれら危険要因に働き掛け，③対象者と処遇手法との適合性を評価し，最も効果的な手法を組み合わせて処遇を行うことにより，再犯減少効果を最大化するという流れになる。

なお，前述の調査研究においては，接触状況，生活実態把握に関する要因が抽出されているが，これらは，処遇過程において変容可能な面もあるが，その対象者のきわめて固定的・偏向的な人格特性および認知による場合も多く，静的再犯危険要因と動的再犯危険要因の双方にまたがる要因と考えられる。

5　どのような処遇に効果があるのか

前述の動的再犯危険要因は，保護観察処遇の中で改善可能なものである。ここでは，動的再犯危険要因に働き掛ける処遇手法として，専門的処遇プログラム，簡易薬物検出検査，就労支援を取り上げ，これらの効果を見ていく（これら施策の詳細は，第Ⅱ部第6～10章を参照）。

■専門的処遇プログラム

わが国における専門的処遇プログラムは，犯罪者処遇に効果があるとされる認知行動療法を基盤にしている。性犯罪者処遇プログラムの効果について法務省保護局は，受講群（コア・プログラムに限る）と非受講群（本プログラム導入以前の者）の2群に分けて再犯の有無を最長4年間追跡調査して，推定再犯率を算出した[15)]。その結果，非受講群と比較して受講群の方が，①全再犯の推定再犯率が，仮釈放者で7.4ポイント（以下，ptという），保護観察付執行猶予者で13.6pt低かった。②同様に性犯罪に係る推定再犯率も，仮釈放者で6.1pt，保護観察付執行猶予者で15.4pt低かった。③罪名別に見ると，強姦では有意差が認められず，強制わいせつで9.1pt，その他罪名で12.5pt低いという結果となり，プログラムが，性犯罪の再犯だけでなくすべての犯罪に対する再犯防止に一定の効果を上げていることがうかがえた。

なお，性犯罪者処遇プログラム以外については現在のところ，効果検証に関する結果は公表されていない。

■簡易薬物検出検査

簡易薬物検出検査の前身である簡易尿検査は，いくつかの保護観察所における試行を経て，2004（平成16）年4月から全国で実施されるようになった。この施策に関する効果検証の結果として，①主要罪名が覚せい剤取締法違反である仮釈放者のうち，保護観察終了時の成績が「良好」である者[16)]の割合は，施行前の2003（平成15）年には41.8%であったが，2006（平成18）年には48.4%に上昇した。②検査実施者と未実施者で仮釈放取消率を比較すると，2005（平成17）年保護観察終了者は，実施者4.1%・未実施者7.4%であったが，2006（平成18）年保護観察終了者では，実施者3.6%・未実施者7.3%となり，未実施者ではほとんど変化していなかったが，実施者では取消率の低下が認められた[17)]。

以上の調査結果から，簡易薬物検出検査は，保護観察処遇のツールとして，その効果が認められるといえよう。

■就労支援

就労支援の直接的な効果に関する調査研究は見当たらないが，多くの先行研究において，就労と再犯との間には大きな関連を認めている[18)]。ここでは，就労支援の結果としての有職状態と再犯との関連に関する統計データを紹介する。

2013（平成25）年保護観察終了者について，有職者と無職者とで終了事由を比較すると，仮釈放者では，仮釈放取消しであった者は有職者2.0%・無職者9.5%であり，保護観察付執行猶予者では，執行猶予の取消しであった者は有職者12.8%・無職者39.4%であり，取消しの割合は無職者の方が顕著に高いという結果であった（平成26年版犯罪白書による）。

以上の統計データから，就労支援によって無職状態が解消された対象者については，再犯抑止効果が働くことが推測されよう。

6　処遇効果をもたらす保護観察実施体制は何か

処遇に投入できる人的，財政的資源が多ければ，それだけ効果がもたらされるのではないかと予想される。教育学の分野ではわが国においても，学級規模と教育効果との関連についての調査研究が盛んに行われている。

保護観察官の事件負担量が対象者の成り行きにどのように関連するかについては，とくに米国において1950年代以降実験的研究が行われていたが，単に事件負担量を減らせばよいわけではなく，対象者の再犯危険性を考慮した事件配分が重要であるとの結果が多かった[19]。わが国においては伊福部舜児[20]が，単純に保護観察官一人当たりの事件負担量の軽減が取消率の低下にどの程度寄与するかの推計値を算出しており，事件負担量を120件から50件に軽減するに伴い取消率は，保護観察処分少年で5.1％，少年院仮退院者で4.8％，仮釈放者で3.7％，保護観察付執行猶予者で3.9％，それぞれ低下すると試算している。最近の調査では，1985（昭和60）年から2008（平成20）年までの保護観察開始人員と再処分率との間の相関係数を算出したところ，保護観察処分少年および少年院仮退院者ではやや強い相関が，保護観察付執行猶予者では中程度の相関が認められた[21]。

現実には，投入できる資源には限度があり，理想どおりには進まない。いかに効率的に資源配分するかという工夫が必要となろう。

7　おわりに

本章で述べた保護観察の処遇効果に関する内容をすべて模式的に図示したのが図表３－３である。静的再犯危険要因に多数該当する者は，それだけ多くの動的再犯危険要因を有する場合が多く，保護観察処遇だけでは処遇効果が期待できない。適切な施設内処遇の期間を経て，ある程度危険要因が除去または軽減された上で保護観察処遇に移行することで，最大限の効果がもたらされよう。

図表３－３　保護観察の処遇効果に関する模式図

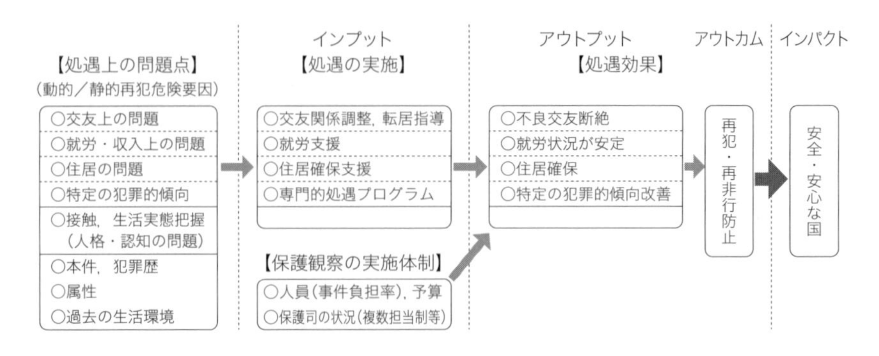

■今後の課題

最後に，保護観察の処遇効果をめぐる今後の課題を述べる。

⑴処遇効果の検証に関する調査研究を実施すること

わが国における保護観察の処遇効果の検証に関する調査研究は，十分とはいい難い。更生保護の現場では，保護観察官としての長年の処遇経験に裏打ちされた「勘」をもとに，再犯・再非行リスクをとらえる傾向が強かったのかもしれないが，欧米諸国で使用されているリスクアセスメントツールと実務家による再非行予測を対比したところ，前者は再非行予測に寄与したが，後者はその妥当性が認められなかったとの調査結果もある。[22)]

保護観察官によるケースの見立て（直感や勘によるものを含む）を否定するものではないが，再犯・再非行にあまり関連がない要因を過大評価することにより，実際には非常に重要な要因を過小評価し，結果として再犯・再非行を見逃してしまうことも起こり得よう。リスクアセスメントツールをはじめとした処遇効果に関する検証結果と実務家による見立て双方の効用と限界を認識しつつ，バランスよく使用することが重要であろう。

⑵実証的根拠に基づいた処遇を実施すること

認知行動療法を基盤とする処遇プログラム全体は，犯罪者処遇において相応の効果が認められているが，その要素を見てみると，現状で十分であるのかという検証は着手されていない。たとえば処遇プログラムを構成する要素のうち，対人問題解決，怒りの統制はその効果を高めるが，行動修正，被害者の心情理解は効果を低めるとの研究結果も出されている[23]。このような処遇効果の検証結果をベースに，専門的処遇プログラムをはじめとして処遇施策の内容を改変していく英断も必要であろう。

⑶保護観察終了後にも効果が持続する処遇を目指すこと

保護観察の処遇効果がどの程度持続するのかというのは難しい問題である。警察庁と科学警察研究所の調査結果[24]は，保護観察が終了した途端に，緊張の糸が切れたり，たがが外れたりする者が少なからず存在することを物語っていよう。かといって，いたずらに保護観察期間を長くすることは，自助の責任の観点からも望ましくない。

最近の更生保護官署に求められる役割や期待は大きく，「保護観察期間が終了したから，後は対象者の自己責任だ。」とはいってはいられない。保護観察処遇の中で，その期間中だけでなく，その先も見通した処遇，たとえば保護観察処遇から地域支援への移行を見据えた処遇が求められよう。

これに関連して，法務省の部局を超えた横断的調査研究を実施することが不可欠であり，情報連携データベースの早期の構築が待たれるところである。

1） Plan（計画）→Do（実行）→Check（検証，評価）→Action（改善の実施）の4手順を繰り返すことで，施策を改善し，より高次の目標達成に近づけていく業務プロセスをいう。

2） 事例研究は，1つの事例の中に膨大な情報が盛り込まれているが，他の事例に対する汎用性の問題を有している。公的統計をもとにした分析は，全国すべての対象者データについて，経年分析が可能であるが，一方で，新規施策の導入等外的要因によりトレンドの変化を受けやすいことに留意する必要がある。調査研究は，注目したい処遇の効果を直接的に分析できるが，サンプリングエラーの影響を受けやすい点がある。

3） もっとも，保護観察期間を終了した者は，更生緊急保護の申出を行った者を除き，保護観察所の手を離れるため，その後を追跡することは困難である。しかしながら，現在法務省における再犯防止対策は，保護観察終了後における再犯防止も求められており，たとえば「再犯防止に向けた総合対策」（2012〔平成24〕年7月，犯罪対策閣僚会議策定）においては，2021年までの10年間で，「2年以内再入率20％以上減少」の数値目標が掲げられている。つまり，仮釈放者においては，保護観察期間が無事過ぎればよいではなく，少なくとも，刑事施設出所後2年間，再犯防止の効果を持続させることが求められているといえよう。

4） これを実証するためには，処遇を行うグループ（処遇群）と行わないグループ（対照群）とにランダムに振り分け，成り行きを比較する手法が一般的であるが，多分に実験的要素が強いため，実務上そして倫理上，更生保護官署において実施するのは相当の困難を伴う。これを解決する方法として，その処遇を実施する時期のみを変え，いずれのグループにおいても同一の処遇を担保する方法がある。なお過去には，保護観察官による直接処遇，保護司による処遇＋保護観察官による積極的関与，保護司のみによる処遇のグループに分けて，その成り行きを比較した実験的調査研究が行われた（岩井敬介・泉信彌・杉原紗千子「保護観察官の直接処遇に関する研究」法務総合研究所研究部紀要17号〔1974年〕287-304頁）。

5） 詳細は，冨田寛・岡田和也・守谷哲毅「窃盗事犯者と再犯――平成26年版犯罪白書から」罪と罰52巻1号（2014年）48-73頁を参照。

6） たとえば，岩井敬介・杉原紗千子・黒田修生「保護観察少年の更生期待尺度に関する研究」法務総合研究所研究部紀要18号（1975年）233-261頁，同「保護観察少年の更生期待尺度に関する研究――追報告」法務総合研究所研究部紀要19号（1976年）161-180頁。

7） 今福章二『更生保護施設における処遇に関する研究（法務研究報告書第89集第3号）』（法務総合研究所，2002年）。

8） 岡田和也「処遇効果の検証――社会内処遇における現状（日本犯罪心理学会第46回大会ミニシンポジウム）」（2008年）。

9） 法務省保護局「保護観察所における性犯罪者処遇プログラム受講者の再犯等に関する分析結果について」2012（平成24）年12月25日付け報道発表資料，勝田聡・羽間京子「保護観察所における性犯罪者処遇のあり方について――再犯リスクの分析を踏まえて」犯罪と非行176号（2013年）215-227頁。

10） 警察庁生活安全局・科学警察研究所犯罪行動科学部「『子ども対象・暴力的性犯罪の出所者』の再犯等に関する分析」（2010年）。

11） 再入率は仮釈放率と連動している。仮釈放率を限りなくゼロにすれば，仮釈放者の再入率はゼロに近づき，一方で満期釈放者の再入率は現在の数値よりも相当上昇するであろう。逆に，仮釈放率を限りなく100％にすれば，その逆の現象が生じる。

12） 西川正和ほか「保護観察対象者の分類の基準に関する研究」法務総合研究所研究部報告30号（2006年）。

13） 細木邦子ほか「暴力組織関係保護観察付き執行猶予者に関する研究」法務総合研究所研究部報告14号（2001年）。

14） 染田惠ほか「外国人保護観察対象者に係る処遇上の問題点と対応策」法務総合研究所研究部報告17号（2002年）。

15） 前掲注9）参照。

16） 旧法下では，保護観察対象者に対して，「良好」，「普通」，「不良」の3段階で，毎月成績評定を行っていた。

17） 生駒貴弘「簡易尿検査を活用した保護観察処遇の実施状況について」犯罪と非行148号（2006年）69-81頁。

18） 先行研究のレビューは，岡田和也「更生保護における就労支援――犯罪者・非行少年の就労状況を中心として」矯正講座27号（2006年）59-90頁を参照。

19） 詳細なレビューは，井上義隆「保護観察の処遇効果に関する文献研究」法務総合研究所研究部紀要19号（1976年）207-232頁を参照。

20） 伊福部舜児「更生保護の今日的問題」犯罪と非行80号（1989年）48-65頁。

21） 岡田和也「保護観察対象者等の実情と更生保護の運用」浜井浩一編著『刑事司法統計入門――日本の犯罪者処遇を読み解く』（日本評論社，2010年）。

22） 高橋哲・森丈弓「臨床家の再非行予測はリスクアセスメントツールに増分に寄与するか？」犯罪心理学研究51巻特別号（2013年）50-51頁。

23） Lipsey, M.W., Landenberger, N.A., & Wilson, S.J., 2007, Effects of Cognitive-Behavioral Programs for Criminal Offenders. Campbell Systematic Reviews 2007: 6.

24） 前掲注10）参照。

第4章

世界の保護観察の動向

小長井 賀與

1　はじめに

保護観察[1)]は社会内での犯罪者処遇なので，その内容は基盤社会のあり方に大きく規定される。そのため世界各地の保護観察はさまざまであり，この小稿で世界の動向を書き尽くせるはずがない。元より筆者にその力量もない。それでも，筆者がこの10年間に学び見聞してきた諸外国の保護観察は，形式も内容も大筋はかなり似ていると思えた。アングロサクソン諸国，北欧諸国，オランダの保護観察はほぼ似た構造をもつ。フランスの保護観察も，イギリス（イングランドおよびウェールズ）の制度との共通部分が少なくない。先進国では人々の社会生活は類似し，刑事政策の目的が再犯抑止と社会防衛であれば，保護観察の目的も枠組みも自ずと似てくるのだろう。そして，アジアや東欧の保護観察後発国も，主にアングロサクソン諸国をモデルにして制度を整えてきたので，保護観察の構造は似ている。

日本の保護観察も一見英米の制度と似ている。第二次世界大戦後に創設された現行の更生保護制度は，戦前の少年保護司や司法保護団体の諸制度を取り込みながらも[2)]，英米の制度をモデルにして作られた。さらに，現在の基本法である更生保護法は再犯予防を制度の最も重要な目的と位置づけたから，その点は世界の動向と符合する。しかし，制度の根底にある理念は同じとはいえない。日本社会の成り立ちや諸条件は英米とは随分と異なるから，厳密にいえば，やはり日本独自の制度である。保護司制度は日本の独自性の中核にある。そこには，日本の地域社会の特徴や国民性が反映されている。とはいえ，保護観察における非政府組織との連携や民間人の参入は近年の世界の潮流であり，世界が日本に近づいてきたといえなくもない。

本章では，諸外国における保護観察の成り立ちと大まかな動向を示し，それを手掛かりに日本の保護観察制度の独自性と普遍性を考えてみたい。[3]

2　保護観察の起源

保護観察は，1841年に米国ボストンの靴屋オーガスタス（John Augustus）が，警察裁判所（Police Court）から常習飲酒者を引き取ってその更生を支援したことに始まるといわれている。以後彼が積み重ねた成果を元に，1878年にはマサチューセッツ州で世界初の保護観察法「An Act Relative to Placing on Probation Persons Accused or Convicted of Crimes and Misdemeanors in the County of Suffolk」[4]が制定された。[5] イギリスでも，1876年にイギリス国教会の牧師が警察裁判所で裁かれる酩酊犯罪者の生活の窮状に同情して，同人の福利を支援したのが現行制度の萌芽となり，1907年に犯罪者保護観察法「Probation Offenders Act, 1907」が制定された。[6] このように，保護観察は篤志家による軽犯罪者に対する更生支援から始まり，その営みが良好な結果を納め，[7] 後に国の刑事政策として制度化された。

英米では，保護観察は拘禁刑の宣告猶予と組み合わさった代替処分として始まった。裁判所が被告人の性格，前歴，年齢，健康，精神状態，犯罪の内容，犯行時の状況を総合して斟酌し，拘禁刑を科すよりも本人の更生を促進すると判断した場合に保護観察に付した。保護観察とは，「善行を保持し，何時でも裁判所の召喚に応じる」という条件付きで保釈された者に対する，指導監督と更生支援を内容とする処分であった。保釈時の誓約事項（Conditions of Recognizance）について，イギリスの1907年犯罪者保護観察法第２条２項は，上述の条件に加えて，次の条件を付することができると定めている（筆者試訳）。

(a)こそ泥（thieves）や不良者との交友や望ましくない場所への出入りをしないこと

(b)犯罪が泥酔または飲酒の影響下で行われた場合には，酩酊を慎むこと

(c)正直で勤勉な生活を送ること

また，同法第４条には，職員である保護観察官の職務として次のことが規定されている（筆者試訳）。この規定から，当時の保護観察処遇の内容が窺える。

(a)命令の中で定められた頻度または保護観察官が適切と考える頻度で，対象

者を訪問するか対象者から報告を受け,

(b)対象者の誓約事項の遵守状況を観て,

(c)対象者の行動を裁判所に報告し,

(d)対象者の良き理解者となり,必要な場合には就労を支援して,その社会復帰を助ける。

一方,ベルギーやフランスでも,1890年前後に保護観察が制度化されていった。[8] 大陸法系の諸国では拘禁刑の宣告猶予ではなく,執行猶予として始まった。しかし,現在では保護観察の形態は単純ではない。たとえば,イギリスでは独立刑の社会内命令(Community Order)が主要な社会内での刑罰であるが,拘禁刑の指導監督付執行猶予も並置し,米国では,宣告猶予刑としての保護観察を中心に拘禁刑の保護観察付執行猶予も並置している。また,フランスでは,拘禁刑の保護観察付執行猶予を中心に独立刑としての保護観察も並置している。[9]

すなわち,保護観察は,拘禁刑に次いで重い刑と位置づけられているのが原則であるが,相対的に軽微な罪が対象となることもあり,また,遵守事項違反に対して必ずしも拘禁刑を科されるわけでないので,[10] 制度発足当時の「拘禁刑を留保することで善行保持の心理規制を与える」という保護観察の構造は必ずしも基本モデルとはいえなくなっている。そうだとしても,指導監督と生活面での支援で更生できる犯罪者がいることを想定した制度であり,根底には人間の復元力への信頼感が窺える。ただし,その信頼に適合する者かどうかの選別も,判決前調査によって厳しく行われてきた。

3　保護観察の現在の構造

保護観察は,時代状況の影響を受けて時とともに変化してきた。そこで,現在の保護観察の構造を考えるに当たって,まず,現代の保護観察が置かれている時代状況について考えてみたい。

■保護観察を巡る現代の時代状況とその影響

世界の保護観察を牽引してきたのは,欧米やオセアニア諸国である。今,それらの国々は共通して次のような事態に直面している。

⑴全般的な犯罪発生率は暫減または横ばい状態にある一方で，数自体はそう多くなくても，凶悪犯罪やテロが時と場所を選ばず発生する危険が国内に蔓延している。

⑵おしなべて多民族国家である。国内に文化的，宗教的背景の異なる多様な人種の人々が住んでおり，概して少数民族出身者は社会経済的に不遇である。また，経済が停滞する中で，少数民族出身者が主要民族出身の最下層に居る人々の雇用を脅かす事態も生じている。国内の経済格差が広がるのに福祉予算が削減される中で，社会経済的な弱者の生活は益々困難なものとなっている。それが当事者のストレスや不満につながり，いろんなレベルで逸脱行為や紛争が生じ易い状況にある。

⑶国は緊縮財政下にあり，可能な限り刑事政策の予算を抑える必要がある。

この三点が，犯罪者処遇のあり方に大きく影響している。すなわち，治安の維持が難しい時代にあって，刑事政策にかける予算を節約しながら，種々の施策を講じて最大の犯罪抑止効果を上げなければならない課題を負っているのである。ここから，次のような事態が生じている。

⑴犯罪者を刑務所に拘禁するのは必要不可欠な場合に限定して，経費が少なくて済む社会内処遇をなるべく多く利用する必要がある。

⑵そのために，犯罪者を事案の重大性と再犯リスクによって，「危険な犯罪者」とその他の犯罪者に分類し，前者に対しては厳罰化を行う一方で，後者に対しては代替処分・保護観察・刑務所からの早期釈放を多用し，さらに，非政府組織に対し連携や処遇委託を行って，限られた予算を有効に活用し，犯罪抑止効果の最大化に努めている。

⑶その結果，拘禁刑の代替として保護観察が使われる場合が増えてきたので，必然的に保護観察における刑罰的要素の比重が高まってきた。同時に，保護観察官には法の執行官的な役割も期待されるようになった。

⑷保護観察の最も重要な目的は再犯抑止と社会防衛とされるようになった。依然として，犯罪者の改善更生も保護観察の目的であるが，相対的に優先度が下がっている。

⑸犯罪者の大半は，社会経済的に不遇な状態にいる。とくに少数民族出身者，精神障害者，学校早期離脱者は社会の周縁に居て，失業あるいは不

安定な就労状態に陥り困難な生活を送っている。そこで，彼らの再犯を防止するには，行動を統制するだけでなく，福祉的・教育的な支援をして社会に再統合することが必要となる。

(6)上記(3)の厳罰化と(5)の福祉的・教育的支援の充実強化というベクトルの異なる施策が，同時に行われている。後者は刑事司法だけで到底賄えるものでなく，刑事政策・社会政策・地域福祉との連携，多機関（国，自治体，営利企業，社会的企業，NGO）協働に依らなければ実現できない。こうして，刑事政策は社会に開かれたものとなり，（制度の創生期からの役割期待であった）保護観察官のソーシャルワーカーとしての職務は一層重要になった。社会から排除された犯罪者を放置することは社会防衛上危険なことであり，また，再犯により再び刑事司法の対象となる前に社会政策で手当てしておいた方が，結局は国家の経費削減になるからである。

■保護観察の目的

以上のような特徴を反映して，刑事政策において保護観察を含め社会内処遇の比重が増している。そして保護観察制度の目的では，「犯罪からの公衆保護」が前面に出されるようになった。凶悪犯罪やテロの脅威から社会を防衛することを最優先すべきとの社会の要請を受けてのことと思われる。たとえば，イギリスでは保護観察の目的として次のものを，次の順位で規定している[11)]。

(a)公衆保護，(b)再犯予防，(c)刑罰の適正な執行，(d)犯罪者に被害者や社会に与えた害を認識させること，(e)犯罪者の改善更生

しかし，犯罪者の改善更生が目的の中で後退したとはいえ，英米での創生期の保護観察官職務における「Befriend, advice, assist」という理念が，完全に失われてはいるわけではない。前述のとおり，どの国でも国内の経済的格差が広がる中で，社会防衛上犯罪者の更生支援の必要性が一層増しているからである。

2015年7月に米国で開催された第2回世界保護観察会議の最終日での基調講演において，マックネイル（Fergus McNeil）は北米での保護観察の呼称である「Community Corrections」の内包を次のように説明した[12)]（筆者試訳）。

「保護観察の目的は，対象者の犯罪からの離脱と市民としての社会参加を促進させることである。地域社会は犯罪者の変容と立ち直りを支援するのに適し

た環境，文脈を提供する。しかし，保護観察は無条件に良いものではない。拘禁刑と同様に保護観察を用いることには謙抑的であるべきで，罪と均衡させなければならない。指導監督なしの刑罰よりは重い，拘禁刑の代替処分であることを認識し，濫用の安全弁として対象者の人権を保障しなければならない。」

保護観察は対人援助だという素朴な見方を改め，犯罪者の権利の制約を伴う刑罰の一種であることを再認識し，犯罪者の再犯抑止と社会参加に向けて有効で実体的な支援をすべきだという趣旨であろう。

■保護観察の枠組み

前述のとおり，近年，多くの国で保護観察の形態が収れんしてきている。

欧州評議会は2010年に「欧州保護観察ルール European Probation Rules」[13]を定め，その中で17条の基本的方針を規定した。以下は，その趣旨を要約したものである（筆者による要約と試訳）。これらの方針は，保護観察の目指すべき方向性として，現在多く国で共有されているといってよかろう。このうちのいくつかの概念は，本章のテーマでもある。

> （信頼関係を基盤に実施される指導監督，援助による）再犯減少・犯罪者の社会的包摂・社会防衛といった保護観察の目的，対象者の人権保障，犯罪被害者への配慮，保護観察処遇の個別化，保護観察での介入の程度と罪との均衡，保護観察処遇に対する対象者のインホームドコンセントと主体的関与，保護観察機関の社会的責任，保護観察機関への社会的認知・業務の社会的期待との調和・適切な資源の投入，専門家からの助言と支援，公私の関係機関や自治体との連携，専門的・倫理的基準を満たした業務遂行，業務の透明性・公平性と不服申立て制度，業務に対する政府による定期的監査と独立機関による評価制度，実証研究の成果に基づく処遇の有効性の向上，業務に対する社会からの認知を高めるための広報活動

■保護観察の内容

日本では，裁判所は保護観察に付することだけを決定し，保護観察の内容，すなわち遵守事項は行政官である保護観察所長に委ねられている。こういう形

態を採る国は世界ではまれで，多くは，裁判において裁判官が量刑を宣告する際に，保護観察の遵守事項を命令として言い渡す。フランスでは，刑罰が宣告された後に，多くの場合，言渡裁判官とは別の刑罰適用裁判官が保護観察の内容を個別のニーズに合わせて修正している。また多くの国で，拘禁刑の仮釈放も，司法官が大きく関与する独立の委員会が遵守事項とともに決定している。

このように司法が保護観察の内容を決めているからこそ，多くの国で司法から独立した機関が判決前調査を実施していると思う。判決前調査は，調査者が法曹とは違う視点からの情報や見立てを提供することで裁判官を補佐し，司法の判断をよりバランスを取れたものにする仕組みであるといえる。

前述のとおり，保護観察の目的が多様となり，対象者のニーズも複雑化しているので，種々のプログラムが備えられてきた。そして，個々の犯罪者の問題性を解消・軽減してその再犯を抑止するために，裁判官が遵守事項の幾つかを組み合わせて特別仕様の処遇内容を定め（＝処遇の個別化），命令の形で言い渡すというのが現在の標準的な形である。命令が個別化され，それが有効に機能するためには，各犯罪者の抱える問題特性を正確に把握することが前提となるので，判決前調査は適正な量刑の必須の要件となる。また，言い渡される遵守事項の質と量は，当該の罪の重さ（害の重大性と犯罪の有責性）およびその犯罪者の再犯リスクと均衡すべきとされている[14)]。たとえば，イギリスの社会内刑罰の遵守事項には次の13種類のものがあり，その組合せによって量刑が調整される[15)]。

遵守事項の種類：無償労働，特定活動，プログラム受講，禁止行為，外出禁止，特定地域からの排除，居住指定，精神治療，薬物更生，アルコール治療，指導監督，センター出頭（25歳以下の者のみ），渡航禁止

■犯罪者処遇の標準的なモデル

前述のような時代状況から帰結する保護観察の特徴を反映して，現在の標準的な保護観察は３つの要素から構成されている。

１つ目が再犯リスク管理で，２つ目は犯罪者の更生への動機づけや人間的な成長・発展を助けるためのケースワーク，３つ目は犯罪者の社会参加を促進するためのソーシャルワークである。犯罪者処遇の構造について，イギリス犯罪

図表4－1　保護観察処遇の構成要素

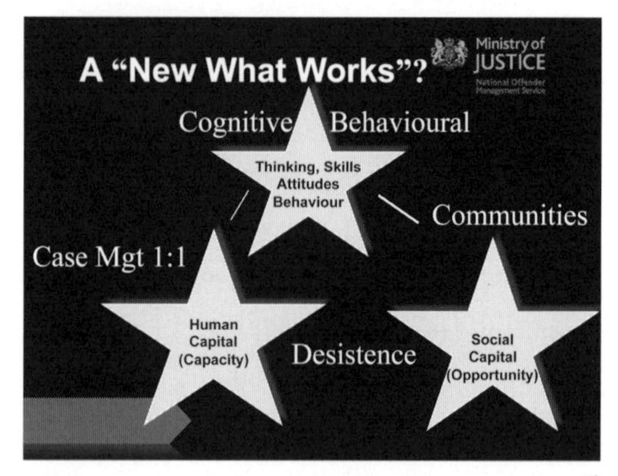

出典 : Steve Pittes, 2011[16)]

者管理庁は図表4－1にまとめている。

図中の上の星が再犯リスク管理の主要な方法である認知行動療法による処遇プログラムであり，左下の星が犯罪者の人的資本（Human Capital）の発達を助けるためのケースワークであり，右下の星が社会資源や社会関係資本（Social Capital）を用いた犯罪者の社会参加を促進するためのソーシャルワークである。

上の図は，現在の標準的な犯罪者処遇の構造を明確に示している。タイトルの"New What Works?"は「新・有効な犯罪者処遇法か」という程の意味である。上図の元である"What Works"は現在の世界の保護観察の鍵概念であり，この25年間保護観察はこの概念を巡って変遷してきた。次節で説明したい。

4　保護観察処遇の変遷

前述のとおり，現在の保護観察は1）再犯リスク管理，2）犯罪者の人間的成長を助けるためのケースワーク，3）犯罪者の社会参加を促進するためのソーシャルワークの三要素からなる。うち，再犯リスク管理が処遇の中核をなす。これが現在の世界の保護観察の基本構造である。本節ではここに至るまでの経緯を振り返ってみたい。[17)]

■1950, 1960年代における「医学モデル」

保護観察が制度化されて以降，環境が改善されれば更生するという犯罪者観の元に，対人援助の方策として保護観察が実施されていった。さらに，20世紀における精神医学の進歩[18]の影響もあって，犯罪者の精神内面に適切な介入をすれば犯罪者の犯罪傾向が改善されるという気運が刑事司法関係者の間に醸成された。このような考え方を「医学モデル（Medical Model）」，あるいは「改善更生モデル（Rehabilitation Model）」という。1950，1960年代を通じて，アングロサクソン諸国を中心に多くの国で犯罪者処遇の原理として信奉された。

このモデルは，犯罪者を何らかの問題性（＝病理）をもつ患者にたとえ，その問題性を突き止め，それを改善するための働きかけをすれば再犯を抑止できるという信念に基づく。そして，拘禁刑あるいは保護観察の中でカウンセリングや精神療法などの治療的処遇を，犯罪者の反応を見ながら種々試みた。抱える問題特性も改善更生の進み方も個人によって異なるから，この医学モデルは個別化処遇が基本である。拘禁刑では仮釈放制度と組み合わせられることが多く，処遇効果が上がったと評価されれば，宣告刑よりも早く釈放するという措置が採られた。

しかし，介入のあり方や評価の仕方に絶対的な基準があるわけでなく，処遇の恣意性や不安定性，評価の主観性，仮釈放制度運用の不透明性などの理由で，医学モデルに対する懐疑が生じるようになった。とくに米国では1960年代から犯罪が増加し，犯罪者処遇の効果に対する批判が高まった。

■1970年における「Nothing Works」論と正義モデル

「医学モデル」への懐疑が深まる中，米国のマーティンソン（Robert Martinson）が過去に米国の犯罪者処遇で実施された231の治療的改善更生プログラム（教育，職業訓練，個人およびグループへのカウンセリング，矯正施設内の環境の改善，医学療法，社会内処遇の活用，社会内での精神療法，社会内での集中的指導監督など）の効果検証を行い，1974年に論文上で改善更生プログラムは再犯抑止に何ら寄与していない（＝Nothing Works）と結論づけた[19]。この研究は医学モデルへの反証となり，法執行の公平性の観点からも批判を受け，医学モデルは米国の刑事政策で影響力を失った。

こうして，1970年代中盤以降は医学モデルに代わって「正義モデル（Justice Model）」が台頭してきた。このモデルは適正手続きに依って事実認定を厳密に行い，公正な裁判で裁定された罰を粛々と執行することこそが正義に叶うとする。そして，処遇の有効性を支える客観的な根拠（Evidence）のない方法で犯罪者の人格や行動の変容を図ることに正当性はないと考える。その主張の前提には，犯罪者は環境に翻弄される弱者ではなく，物事の善悪を判断し自らの意思に基づいて行動できる合理的な存在，あるいは犯罪によって生じる費用と便益を比較考量して，自分の利得のために犯罪を行うという人間観があり，犯罪者は行為の悪質さと責任非難の大きさに比例する量刑をもって罰せられるべきだという立場を採る。

正義モデルでは司法の決定を粛々と執行するのが犯罪者処遇のあるべき姿であるとするから，宣告された量刑を受刑者の「改善の度合い」に応じて行政が事後に変更する「仮釈放制度」は是認されない。実際，それまで米国の連邦犯罪（Federal Crime）に対する刑は司法が宣告する不定期刑と行政機関が決定する仮釈放がセットになって執行されていたのが，1984年量刑改正法（Sentencing Reform Act of 1984）によって量刑ガイドライン（Sentencing Guideline）が導入され，拘禁刑が宣告される場合，裁判所はガイドラインに沿って導き出された定期刑とその後の指導監督付きの仮釈放期間を宣告するようになった[20]。

正義モデルでは，期待される保護観察官像は対人援助のケースワーカーあるいはソーシャルワーカーではなく，法の執行官である。

正義モデルは1970年代中盤以降刑事政策の基本的な潮流を形成し，現在も犯罪者処遇の基調となっている。ただし，正義モデルは司法統治の原理として説得力をもつとしても，犯罪者処遇の現場では常に妥当なわけではない。生身の犯罪者の多くは社会的弱者であり，知的能力の制約をもち，生育過程で社会化に必要な保護や教育を受けていない。合理的な判断力を習得するには不適切な，不遇な境遇に生きてきた者が多い。また，正義の理屈のみによって犯罪者を再社会化できないことを，処遇の実務家は長年経験してきた。さらに，マーティンソンによる検証手続きにも欠陥があることが後に指摘され[21]，1990年代には正義モデルとは異なるパラダイムのRNRモデルが出現した。

■1990年代の「What Works」論

1980年代終盤から，アングロサクソン諸国で再犯リスクに関する実証研究が盛んに行われてきた。カナダの犯罪心理学者達が牽引した。

アンドリューズ（Donald Arthur Andrews），ボンタ（James Bonta）らは，犯罪者の処遇プログラムの再犯抑止効果に関する実証研究のメタアナリシス[22]を行い，1990年に「What Works」論[23]を発表した。これは上記マーティンソンの「Nothing Works」論に対抗するもので，「すべての改善更生プログラムに効果がないわけでなく，処遇効果の挙がる者に有効であることが証明された介入を正しい方法で行えば，再犯を抑止できる」ことを検証し，改善更生プログラムの有効性を主張した。

カナダの犯罪心理学者達によって提唱された「RNRモデル（Risk, Needs, Responsivity Model）」は，現在，世界で広範に採用されている犯罪者処遇の基礎理論であり，犯罪抑止に有効な介入のあり方，すなわち再犯リスク管理の基本的な枠組みを提供している。また，学習理論と情報処理理論を背景とする認知行動療法と結び付き，再犯リスク管理のひとつの方法である認知行動処遇プログラム（Cognitive Behavior Treatment, CBT）に結実した。CBTは，日本も含め多くの国の処遇現場で実施されている。RNRモデルの概略は，後述したい。

■2000年代以降の混成モデル――RNRモデル，Desistance研究，Good Livesモデルおよび再統合施策

RNRモデルは精緻な統計的手法に基づいて導かれた理論であるが，短期間（通常は2～3年間，長くてもせいぜい5年間）の再犯可能性に照準を当てて理論を構成している。再犯リスクになっている要因を突き止めて，それを可能な限り取り除こうとする手法である。かつての「医学モデル」が科学主義によって極限にまで洗練されたものといえるが，2000年代に入るとその揺り戻しが生じた。折しも，各国で厳罰化が進められ刑罰として拘禁刑が多用されたが，一向に再犯率が下がらず，身柄拘束による無害化とは異なる処遇方法が模索されていた時期であった。

現代の犯罪者処遇は，RNRモデルによる再犯リスク管理を基盤に置きつつも，それがDesistance（立ち直り）研究やGood Lives（善い人生）モデルの知見に

よって補足され，社会政策や地域福祉と連携した犯罪者の社会への再統合施策によって補強されて，三本柱からなる処遇構造を取っている。先に図示した（本書64頁）とおりである[24]。

なお，これらの3つの施策は決して相互に対立するものでない。そもそもパラダイムが異なる施策なので，対立しようがない。常習犯罪者は欲求充足の機序の中に犯罪を組み込んで固着させているので，（更生の意欲があっても）再犯リスクを抱えているが，人間として成長する可能性をもつ。さらに，往々にして社会経済的な面では弱者である。このように多面性をもつ犯罪者の再犯を防ぐためには，異なる領域の施策を同時に実施する必要がある。

5　保護観察処遇の主要概念

次に，現代の標準的な保護観察処遇を支える主要概念を概説してみたい。

■RNRモデル

RNRモデル[25]は，次のような手法で構築された。犯罪者のサンプルを大量に集め，更生群と再犯群に分けて，再犯群に共通する因子を多変量解析によって抽出して再犯リスク因子を突き止める。さらに，同趣旨の量的調査を膨大に集めて条件を統制して分析し（＝メタアナリシス），再犯リスク因子を精緻に確定していく。こうして抽出された再犯リスク因子のうち，アンドリューズとボンタが再犯リスクの主要8因子とするのは次のものである[26]。

1）反社会的行動歴（いろんな状況での数多の多様な反社会的行動への，人生の早期からの継続的な関与）

2）反社会的人格パターン（冒険的・享楽的指向，自己統制の弱さ，攻撃傾向）

3）反社会的認知（犯罪を是認する態度・価値・信念，怒り・憤慨・反抗的な認知あるいは情緒，犯罪者としての自己像）

4）反社会的交友関係

5）家族・婚姻関係（ケアおよび見守りのある親密な関係の欠如や不安定さ）

6）学校・職業状況（業績と満足感の低さ）

7）余暇・娯楽状況（向社会的な活動への関与と満足感の低さ）

8)物質乱用（アルコールand/or他の薬物の乱用）

これらのうち，1)の反社会的行動歴だけがさかのぼって修正できないものであり，静的再犯リスク因子（Stable risk factor）といわれる。具体的には人生の早期からの有罪宣告歴，薬物使用歴である。他方，その他の再犯リスク因子は，事後の働きかけによって修正可能であることから動的再犯リスク因子（Dynamic risk factor）とされ，犯因性ニーズ（＝Criminologic Needs）とよばれる。

上記の8つの再犯リスク因子が保険数理の手法によって処理されて，再犯リスクのレベルを評価する物差し（＝Offenders risk assessment instrument）が作られている。この物差し（＝アセスメントツール）を用いて，各犯罪者の再犯リスクレベルを評価する（assess）ことになる。こうして測られる再犯リスク評価を基礎に，アンドリューズらは次の3つの処遇原則（Principle）を導いている。[27)]

1)リスク（Risk）原則――個々の犯罪者の再犯リスクレベルに合わせて，当人に対する処遇密度を定める。

2)ニード（Need）原則――各人の犯因性ニーズに的を絞って介入する。

3)応答性（Responsivity）原則――犯罪者の学習効果を最大化するために，認知行動療法のテクニックを用いるほか，各人の生物的特徴（年齢，ジェンダー，人種など），社会的特徴（文化的・民族的背景など），心理的特徴（パーソナリティ，情緒，認知的能力など）に見合った働きかけをする。

このような介入のあり方が，各原則の頭文字を取ってRNRモデルといわれる。認知行動療法に依る処遇プログラムは，動的再犯リスク因子である犯因性ニーズに焦点を当て，反社会的認知を修正し，向社会的行動を習得させ，さらに，自ら再犯リスクを管理できるようになることを目標に構成されている。

なお，RNRモデルでは前述の8因子を主要な犯因性ニーズとした。その一方で，犯罪者の精神内面の事柄である自尊心の低さ，漠然とした精神的不快感（不安，抑うつ感情，疎外感），重い精神疾患，目的意識の不足，被害体験，公的処罰に対する恐れは，犯罪行動にほとんど関係なしとした。[28)]

さらに，カナダのハンソン（R. Karl Hanson）らは急性再犯リスク因子（Acute Risk factors）があることを検証した。[29)] これは，犯行の数時間から数日前に出現する「飲酒，潜在的被害者への突然の接近，社会的な支援の崩壊」など犯罪者の精神の安定を揺るがす状況因子であり，保護観察では対象者がこのような状況に陥っていないか確認することで再犯リスクを減ずるべきとした。

■RNAモデルの応用

リスク原則は，本来処遇内容を決める手がかりにされるべき事項であるが，現実には量刑の根拠にもされている。前述のとおり裁判で言い渡される保護観察の遵守事項の量と質は罪の重さに均衡するだけでなく，再犯リスクにも応えるべきものとされているので，再犯リスクはまず量刑の段階で評価されて，量刑の基礎資料として用いられている。また，イギリスやカナダで規定されている「危険な犯罪者（Dangerous Offender）[30]」を選定する根拠にもされている。

さらに，リスク原則は，地域社会における犯罪者の行動監視のためのネットワークでも，介入の目安を示すものとして活用されている。再犯リスク管理のための地域社会内の公的ネットワークの洗練した例として，イギリスの「MAPPA（= Multiple-agency Public Protection Arrangement，社会を保護するための多機関協定）」がよく知られている。MAPPAの責任機関は保護観察所，警察，刑務所であるが，協力組織として福祉，住宅，保健・医療，教育，職業紹介，職業訓練等の機関がある。法定の多機関連携組織で，定期的に会合をもち，直近の再犯リスクレベルを含め犯罪者情報を共有して，再犯リスクを低減させるために現実に協働している。ただし，再犯リスク低減のための方策は行動監視・統制に限らず，物心に渡る支援も含む。このネットワークでは，犯罪者情報のデータベース化と関係機関間の情報共有が必須の前提である。

■Desistance（立ち直り）研究

前述のとおり，RNRモデルでは人間の精神内面の要素は主要な犯因性ニーズではないとされたが，これこそが人間性の真髄であり，更生の促進要因だと唱えるのがDesistance研究である。同研究では，これらの主観的要素が再犯リスク因子とならなかったのは設定した再犯期間が短過ぎるからだとし，再犯期間を長く取り，改めて再犯リスク因子や再犯保護因子，さらには更生促進要因を検証する研究を行った[31]。その結果，将来への希望や夢，楽観的な態度，自己効力感，他者との安定した関係性，安定した職など，人間の主観的な要素や関係性が長期間の犯罪抑止や更生に効いていることを検証した。

たとえば，ドイツのローゼル（Friedrich Lösel）は，犯罪者の立ち直りに有効な働きかけには次の要素が含まれていることを明らかにした。[32)]

①少なくとも一人以上の信頼できる人との安定した情緒的関係
②社会的な場面での受容とスーパービジョン
③ニーズに見合った社会的支援
④建設的な方法で課題に対処することを促す社会的モデル
⑤適切な社会的な責任
⑥現実的な将来の計画といった認知的能力
⑦気分や自尊心の落ち込みからの立ち直り
⑧自己効力感や適切な自己概念
⑨ストレスや緊張への前向きな対処
⑩人生の意味や意義について考える経験

また，イギリスの犯罪者管理庁は，Desistance研究の知見に着目して，次の要素を保護観察に盛り込むべきだとした。[33)]

①有意義で安定した人間関係
②楽観的・肯定的メッセージ
③長所基盤アプローチ
④実際的・実効性のある支援
⑤長い時間軸で見守る

Desistance研究にはさまざまなものがあるが，共通して人間を情緒や価値観をもつ有機的な存在，他者との関係性の中で生きる社会的な存在として捉え，時間をかけたゆっくりとした人間的成長や行動の変容に着目する。そして，犯罪者処遇とは，当人の保護要因を発展させ人間的な成長を支える過程だと考える。人間の復元力（Resilience）に信頼を置く長所基盤モデルのひとつといえる。

長所基盤モデルである点で，現代の犯罪者処遇に大きな影響を与えているGood Lives Model（善い人生モデル，GLM）と通じる。以下に説明していく。

■Good Livesモデル

これは犯罪者処遇理論というより，犯罪者処遇に枠組みと方向性を与える指針であり，処遇の基盤となる価値観を提示するものである。対象者の尊厳を認め，内在する長所を活かした能力開発を目指す長所基盤アプローチといえる。マーシャル（William Marshall）らが1970年代からカナダにおいて性犯罪者臨床[34]を盛んに展開してきたが，そのメンバーであったニュージーランドのワード（Tony Ward）らが提示した[35]。

Good Livesモデルは，三層構造の仮説の上に成り立つ。すなわち，更生の目的に関する一般理論，犯罪の発生と継続を説明する病因論的仮説，さらに，この２つから導き出される実務的含意である。その内包は以下のとおりである。

⑴更生の目的に関する一般理論

犯罪者を含め人間は誰しも基本財（Primary Goods）を獲得することを志向している。人生とは，個人が自らの目標を通じて，基本財を獲得し発展させていく過程である。犯罪者も基本財を主体的に獲得することで，社会適応的なアイデンティティ（自己同一性）を構築し，自らが大切に思うことを護っていく能力を獲得できる。基本財（Primary Good）には次のものがある。

・生活（健康な生活や機能）
・知識（生活していく上で必要な知識）
・遊びや仕事での卓越（達成経験など）
・機関としての優秀さ（人間としての自律性と自己決定）
・精神内面の平穏（情緒的な混乱がない，ストレスに振り回されないこと）
・友情／関係性（親密な関係，ロマンティックな関係，家族関係など）
・コミュニティ（親密な者以外の他者との関係性）
・精神性（広い意味で人生の意義や目的を見出すこと）
・幸せ
・創造性

⑵病因論的仮説

犯罪や生活上の問題は，「善い人生プラン（Good Lives Plan, GLP）」を実現していく上での次の４タイプの弱点から生じている。

1)　財を獲得するために「不適切な戦略」（副次財）が使われている。

　たとえば，ある性犯罪者が基本財である関係性について問題を有し，成人との間に性愛を伴う親密な関係を築けないと，代わりに子どもと性関係をもつことで親密性に関する欲求を満たそうとする。

2) GLPが「視野の欠落」によって台無しになっている。

たとえば，ある犯罪者は仕事における卓越性という財を獲得できないので深い自己嫌悪に陥り，怒りの感情を内攻させて，その感情が高じて暴行等犯罪行為に及んでいる。

3) 財の追求における「葛藤」が深刻なストレスと不快感を引き起こしている。

相反する目標があると不快に感じ，その状況を解決しようとして，反社会的な方法を用いる。

4) 自らが置かれている状況において，基本財を満たす「内的・外的能力」が欠如している。

内的能力とは情緒・認知・行動面での技能や能力，外的野力とは目標達成を促す物理的環境，機会，資源，社会的支援などである。

⑶実務的含意

以上の一般理論と病因説明仮説から，次の処遇論が導かれていく。

1) GLMに基づく介入の目的は，犯罪者が適切な手段によって基本財を獲得する力を身に付け，より充実した精神状態と人間としての機能を獲得するのを支援することにある。

2) そのために，まず，個々の犯罪者の基本財に関する評価をする。次に，犯罪，動的再犯リスク因子および基本財の遂行の間の関連を説明できるように，ケースの見立てをする。

そして，基本財に関する評価に基づき，犯罪者の未来志向の善い生活プランに資するような介入計画を立てる。他者に危害を加えない方法で人生の価値観を満たすために必要な知識，技能，機会，資源を授けることで，犯罪者が変化への手掛かりを得るのを助けるのである。

以上のとおり，GLMは平易で明確，かつ楽観的な処遇指針である。前述の実務的含意中の2）のとおり，決してRNRモデルに対立するものでなく，同モデルを無理なく対人支援に接合するアイデアである。このGLMは，Desistance研究の知見とともに，現在の保護観察処遇の三本柱のうちのひとつである「犯罪者の人的資本を発展させるためのケースワーク」の基盤となっている。

■現代のソーシャルワーク——Evidence-based Social Work

保護観察の創成期から犯罪者と貧困は密接に結び付いていたが，現代の経済的格差の拡大，多民族共生の時代にあって，犯罪者の更生を支援し，社会への再統合を促進するソーシャルワークは，保護観察の一層重要な役割となっている。しかも，緊縮財政下にあって費用対効果が見合う介入を行う必要から，実証的根拠に基づく（Evidence-based）ソーシャルワークが要請されている。

ソーシャルワークに根拠を与える調査のひとつが，イギリス政府によって行われている。同政府は，1996年以降拘禁刑が言い渡される件数が増えるなど厳罰化が進みながら一向に犯罪が減少しない状況に鑑み，犯罪が減少しない要因について分析し，次のことを指摘した[36)]。

①受刑者の多くは受刑前に社会的排除を経験しているが，さらに，受刑歴が重なることで社会的排除は一層悪化する。

②受刑者は「教育，雇用，薬物とアルコールの濫用，心身の健康，態度と自己管理，生活スキル，住宅，公的扶助の受給と借金，家族関係の９領域」で深刻な問題を抱え，それらが再犯リスク因子となっている。

③しかし，②のような困難を抱えているにもかかわらず，受刑者は過去公共サービスにアクセスすることが少なく，社会から必要な支援を受けてこなかった。

④過去の実証研究で，「雇用と教育」，「認知と行動」に焦点を当てた処遇プログラムが再犯抑止効果をもつことが検証されている。

⑤刑務所内での処遇と釈放後の地域社会でのケアに，継続性と一貫性がない。

この検証結果に基づき，イギリスの保護観察機関は「教育，雇用，薬物とアルコールの濫用，心身の健康，態度と自己管理，生活スキル，住宅，公的扶助の受給と借金，家族関係の９領域」での支援を，施設内処遇と継続させて行うのみならず，地域の関係機関と連携して犯罪者を社会に再統合するための支援を行っている。これは他国も同様で，近年はNGOや社会的企業等の市民セクターとの連携が深化している。

なお，教育や就労の支援については，欧州では犯罪者だけに限定した支援ではなく，移民，学校からの早期離脱者，職業技能のない若者等他の類型の社会的弱者と可能な限り社会政策による同じ枠組みで行っている[37]。犯罪者の特別支援としないで一般枠で行うことが犯罪者の社会性を育て，その社会参加を一層促進する。

6　諸外国の保護観察の動向と日本の保護観察の特徴

以上，海外の保護観察の動向について，ごく簡単に見てきた。単純化していえば，社会防衛を最優先の目的として「再犯リスク管理」を中心に据え，それを「犯罪者の人間的発達を助けるケースワーク」で補足しつつ，さらに，「犯罪者の社会参加を支援するソーシャルワーク」で補強しているのが，現在の保護観察の大まかな動向である。

このような世界の動向と比較すると，日本の制度には次の特徴が指摘できる。

■日本の保護観察の特徴

1) 再犯リスク管理よりも，犯罪者の立ち直りに対する支援を優先する処遇構造になっている。「居場所と出番」という惹句に象徴されているように，補導援護を前面に出した制度を志向している。
2) 保護司と対象者，保護観察官と保護司の関係性を中核に置いた制度であり，包摂的な性格が際立っている。関連して，欧米のように，刑の執行終了後の相当期間，求職時に前歴を開示する義務も課されていない[38]。
3) 1) と2) の結果であり原因であろうが，保護観察の介入方法のプログラム，換言すれば実体的で制度化されたな支援の方法が，海外の主要国に比べて極端に少ない。そのために，処遇の個別化を制度化しにくい。
4) 保護観察所と犯罪者の間に地域住民である保護司を置くことにより，「犯罪」から「更生」へのソフトランディングを地域社会が促進する仕組みとなっている。

これらは従来から指摘されてきたことであり，また，1), 2), 4) は期せずして上述の「Desistance研究」が有効な処遇の要素とするものとも符合する。日本は経験に基づく知恵で，有効な処遇を実施してきたということもできる。

しかし，同時にこれらは日本の制度の脆弱さともなりうるものである。基盤にある日本社会が経済的に安定し，犯罪者にも安定した雇用と所属を提供できる許容力を保持する限り，今までとおりの成果を維持できると思われる。しかし，現代の日本社会では，非正規雇用や派遣労働等不安定雇用の割合の増加，[39] 単身高齢者世帯の増加と貧困化，[40] 相対的貧困率の上昇や世帯間の経済格差の拡大[41]が指摘されている。基盤社会が不安定になれば，保護司と保護観察対象者，保護観察官と保護司の個人ベースの信頼関係も弱体化する。基盤社会の不安定化からの直接的な影響を緩和させるためには，保護観察の指導監督面を強化し，補導援護のプログラムを充実させる必要があろう。それが，処遇の個別化を制度的に支える。

関連して，日本は本来の意味での実証的根拠（Evidence-based）に基づく実務を行って来なかった。対象者の情報と介入の内容に関するデータベース化が不十分である。これが処遇の充実強化と個別化を進める桎梏にもなっている。ただし，現にある情報を体系的に活用するだけでも，保護観察処遇をかなり正確にレビューすることも可能だと思う。根拠に基づく実務について，今後の発展を期待したい。

■新世代の認知行動療法と日本の処遇構造

最後に，処遇プログラムの有効性の観点から，保護観察官と保護司との協働態勢の機能を考えてみたい。

周知のとおり，2006（平成18）年度から，性犯罪対象者を手始めにいくつかの類型の対象者に認知行動療法に基づく処遇プログラムが実施されている。日本に比べ，諸外国では，相当に多い回数を実施している。たとえば，イギリスでは性犯罪者に低リスクの対象者でも30回以上のセッションを実施しているのに対し，[42] 日本ではリスクレベルにかかわらず５回だけである。犯罪者に固着した認知と行動の変容を図るには，相当数の回数プログラムを実施する必要があることは想像に難くないので，筆者は日本での処遇効果が危惧した。しかし，良好な成果を得ていると聞く（検証結果については，本書145頁参照）。

そのような中，筆者は「第３世代の認知行動療法」に関する文献[43]に触れ，最近の認知行動療法ではセッションの実施回数は問題でないとされていることを知った。この認知行動療法は，マインドフルネス認知療法といわれる。ここで，文献に準拠して[44]，マインドフルネスの観点から日本の性犯罪者処遇プログラムを捉え直してみたい。次のようにいえないだろうか。

処遇プログラムの受講は，マインドフルネス認知療法の観点から，「性犯罪者が自分の体験する（性的ファンタジー，否認，最小化など）認知内容をそのまま気づき，それをもう一人の自分が一歩離れて観察し，評価することなくありのままの自分の認知内容だと受け止める。ただし，認知内容どおりに現実生活は進まないことは認識する。一方で，生活や将来に関する自分の夢や希望を明確にし，少しでも自分の夢や希望が実現できるよう，できることから着実に進めていくことを学んでいく過程」といえる。このような過程を通じて，性犯罪者は自分自身を熟知し，頭の中の非現実性から抜け出して必要な行動ができるようになるだけでなく，何物にも縛られない自由な発想をする自分として社会と関わりながら，普遍的な視点を持てるようになる。肝要なのは，希望や夢の実現に向けての自分の発言や言葉や行動が本当に「価値」があるかどうかを，周囲の人からのフィードバックで確かめることによって，向社会的行動を「強化」していくことである。

保護観察現場で実施されている処遇プログラムの実際は，本書の第Ⅲ部14章で報告されている。そこでのプログラム実施状況は上記のマインドフルネス認知療法の要点を踏まえたものであると思える。とくに，向社会的行動の「強化」という点に適合している。プログラム実施後にプログラム担当の保護観察官から地区主任官への引き継ぎによって対象者の学習の「強化」が生じ，次いで地区主任官から担当保護司への引き継ぎによる地域生活場面での「般化と強化」をもたらしていることが読み取れる。成功事例では，保護観察所内での処遇プログラム担当観察官と地区主任官との連携，保護観察官と保護司との協働態勢がうまく機能していることがうかがえた。さらに，担当保護司から家族へ対象者の努力が伝えられることで，対象者の学習内容が家庭生活での「般化」を助け，「強化」されることもあり得る。プログラムの実施回数の少なさは，プログラム後の丁寧な働きかけによって，十分に補われていると思える。実証的根拠に基づいて策定された科学的な処遇方法が，親密な処遇関係で補強されている。こういう構図こそが，日本の保護観察の強みであろう。

今後，日本の保護観察制度の発展に際しては，認知行動プログラムを用いた処遇が多くの役割を担うことになろう。人的資源の充実が容易には望めない中では，保護司との協働態勢の良さを最大限活用するのが得策である。協働態勢を十分に機能させることで，処遇プログラムが生きた成果を挙げることができる。ただし，それには処遇全般に渡る再犯リスク管理が必要条件となる。再犯がないことが社会復帰の大前提である。

1） 現在，犯罪者の社会内処遇に「保護観察」という名称を付けている国は多くはないが，本章では便宜的に指導監督と更生支援を含む社会内処遇を総称して「保護観察」とした。一方，罰金や無償奉仕命令などその他の処分も含む場合には，「社会内処遇」と記した。

2） 保護司制度は第二次大戦前からの少年保護司制度，更生保護施設も第二次世界大戦前の司法保護団体をそれぞれ継承して，現行制度に至っている。松本勝編『更生保護入門〔第4版〕』（成文堂，2015年）8-10頁を参照。

3） ただし，筆者が論ずることができるのは実際に見聞した一部の国の制度だけであり，しかも言語と知識の壁があるので，ごく表面をなぞっただけの理解だと思う。本章は甚だ不十分な比較検討の試みにすぎないことを，ご容赦願いたい。

4） Massachusetts Trial Court Law LibrariesにEメールで法律名を照会し（2011年9月25日），この名称を教示された。

5） 米国ニューヨーク州政府保護観察局のHPに掲載されている「保護観察の歴史」から，引用した。http://www.nyc.gov/html/prob/html/about/history.shtml（2012年10月30日アクセス）

6） National Probation Service UKのHP，http://www.dorset-probation.gov.uk/pr中の保護観察史（2012年11月1日アクセス）およびThe Oxford Handbook of Criminologyの「Origins: From Religious Mission to Social Casework」（p.1066）の記載による。

7） 菊田幸一「保護観察の理論」（有信堂，1969年）43頁によると，オーガスタスは1841年から1859年までの間に判決前の被告人や少年を約2000人引き受け，そのうちの失敗事例は10人未満とのことである。ただし，1）引き受けを更生の可能性のある者に限定し，2）日常の行動，就学，就職に配慮し，3）無宿者には宿泊所を提供していた。すなわち，保護観察に適合する対象者を選択したことによる高い更生率であった。

8） 菊田・前掲注7）64-84頁によると，ベルギーで1888年，フランスでは1891年，オランダでは1925年にプロベーションの伴う刑の執行猶予制度が採用された。ドイツではまず1895年にサクソニイ州で条件付き特赦制度が導入され，1922年制定の少年福利法には少年の心身の道徳的堕落を防止するために「保護と観察」の介入が規定された。

9） イギリス，米国，フランスの執行猶予制度については，川崎友巳「イギリスにおける執行猶予」論究ジュリスト14号（2015年）55-72頁，星周一郎「アメリカにおける猶予制度」論究ジュリスト同73-87頁，樋口亮介「フランスにおける猶予制度」論究ジュリスト同31-56頁を参照した。

10） たとえば，イギリスでは社会内命令や執行猶予の遵守事項違反に対して，拘禁刑だけでなく，遵守事項の変更や罰金が科されることもある（Sec. 179, 193, Criminal Justice Act

2003, 罰金刑の追加については, Sec67, 69, Legal Aid, Sentencing and Punishment of Offenders Act 2012)。

11) 保護観察の目的は, sec. 2 (4) Offender Management Act 2007の規定による。

12) スコットランドのグラスゴー大学教授。講演の資料のタイトルは「社会内処遇——目的, 基準及び形態について再考する, "Community Corrections: Rethinking its purpose, scale and shape"」, とくにシート17と19を引用した。http://www.appa-net.org/WC2015/ (2015年10月1日アクセス)

13) 出所:"Recommendation CM/Rec(2010)1 of the Committee of Ministers to member states on the Council of Europe Probation Rules", https://wcd.coe.int/ViewDoc.jsp?id=1575813 (2016年2月7日アクセス)

14) イギリスの場合の根拠法は, sec148, Criminal Justice Act 2003。

15) 根拠法は, sec177, Criminal Justice Act 2003。

16) Steve Pitts, 2011, 国際協力目的の研修資料, "Prisons and Probation Changing Lives and Making Communities Safer".

17) 参考:Frank J. Porporino, 2014, "Doing More of What Matters, Effective Correctional Programming in Perspective", UNAFEI Resource Material Series No. 94, http://www.unafei.or.jp/english/pdf/RS_No94/No94_VE_Porporino3.pdf (2015年10月18日アクセス).

18) 20世紀前半には精神分析学のフロイト (Sigmund Freud,) や分析心理学のユング (Carl Gustav Jung) らによって人間の精神内界に関する研究が発展し, 治療法も確立されていった。

19) Martinson, Robert, 1974, "What Works? Questions and answers about prison reform", Public Interests, 35, pp22-54.

20) Statement of Isaac Fulwood, Chairman, United State Parole Commission before the Subcommittee on Federal Workforce, Postal Service, and the District of Columbia Committee on Oversight and Government Reform , United State House of Representatives, 22 September 2009を参照した。S. 668 (98th): Sentencing Reform Act of 1984は, http://www.govtrack.us/congress/bills/98/s668#summary (2013年1月5日アクセス) による。

21) たとえば, Bonta, James, "The RNR Model of Offender Treatment: Is there Value for Community Corrections in Japan, 更生保護学研究創刊号 (2012年) 45頁で精査した結果, 結論に疑問が生じるとしている。

22) メタアナリシスとは, 調査課題に応えるために, 過去に類似のテーマで行われた複数の量的調査を統計的手法によって統合する方法である。Second Edition "Forensic Psychology" Edited by Davies & Beech, BPS Blackwell, 2012, p20を参照した。

23) Andrews, Donald Arthur & Bonta, James, et al., 1990, "Does Correctional Treatment Works? A psychologically Informed Meta-analysis", Criminology, 28: pp369-404.

24) Desistance研究やGood Livesモデルは長所基盤, 当事者中心のアプローチであり, 再統合施策は社会的弱者の復権と包摂を目指している。これらはポストモダン時代の申し子といえる新しい動きである。

25) 参考文献に, Andrews, Donald Arthur & Bonta, James, 2012, *the Phycology of criminal conduct 5th edition*, LexisNexisやBonta, James前掲注21) pp29-54がある。

26) Andrews, Donald Arthur & Bonta, James前掲注25) p500。

27) Andrews, Donald Arthur & Bonta, James前掲注25) pp309-310。

28) Bonta, James前掲注21) pp32-33。

29) R. K. Hanson, A. J. Harris, et al, Public Safety Canada, 2007, "Assessing the risk of sexual

offenders on community supervision: The Dynamic Supervision Project 2007-5".

30） たとえばイギリスでは，Criminal Justice Act 2003, sec224-229に規定され，再犯リスクの高い性犯罪者や暴力事犯者に対し，終身刑または２年以上の不定期の拘禁刑，もしくは最長８年最短４年の範囲の定期刑の拡張刑を科すこととされている。

31） たとえば，Desistance研究には１）Lebel, Thomas P., Burnett, Ros, Mauna, Shadd, Bushway, Shawn, 2008, "'Chicken and Egg' of Subjective and Social Factors in Desistance from Crime", *European Journal of Criminology,* 5(2): pp130-158（将来への希望や楽観的な態度の犯罪抑止効果を検証），２）Stephen Farrall, Shadd Maruna & Fergus McNeill, 2014, "Desistance Research and 'Evidence-Based' Probation", Presentation at the Plenary Session of the First World Congress on Probation（安定的な他者との関係性，安定した雇用，同性の同年齢集団との交友関係からの離脱，責任感・希望・自己効力感，他者〔とくにわが子〕への関心の抑止効果を検証）などがある。

32） Lösel, Friedrich, 2012, "What works in correctional treatment and rehabilitation for young adults?, *Young Adult Offenders: Lost in Transition?* , Routledge, pp74-112.

33） Steve Pitts前掲注16）参照。

34） Marshall, W. L., Anderson, D. & Fernandez, Y. M., 1999, *Cognitive Behavioral Treatment of Sexual Offender*, London: John Wiley & Sons.

35） Ward, T., Mann, R. & Gannon, T. A., 2006, "The good lives model of rehabilitation: Clinical implications", *Aggression and Violent Behavior*, 12, pp87-107 やWard, Tony, 2012, "The Rehabilitation of Offenders: Risk Management and Seeking Good Lives"，更生保護学研究創刊号（2012年）77-95頁など。

36） Social Exclusion Unit, 2002, *Reducing re-offending by ex-prisoners*, Cabinet Office UK.

37） たとえば，筆者が視察したロンドンの包括的生活自立支援NGO "Red Kite Learning"（現在は解散），レストラン "Fifteen"，パリの語学習得支援NGO兼レストラン"Tout Autre Chose"では一般の社会的弱者の中で犯罪者が支援を受けていた。

38） 日本では犯罪者自身に犯罪前歴情報の秘匿を許しているが，諸外国では求職時に犯罪前歴を開示することが法律で義務づけられている。たとえば，イギリスでは，法の規定（sec. 5, Rehabilitation of Offenders Act 1974, さらに，Sec.139, the Legal Aid and Sentencing and Punishment of Offenders Act 2012で修正）により，18歳以上の成人の場合，刑満了後の求職時の犯罪前歴開示義務期間は，社会内刑罰で12月間，６月未満の拘禁刑で24月間，６月以上２年半の拘禁刑で48月間，２年以上の拘禁刑では７年間とされている。

39） 厚生労働省「『非正規雇用』の現状と課題」(2015年）によると，非正規雇用労働者の割合は近年増加傾向にあり，昭和59年には15.3％，平成26年には37.4％となっている。

40） 内閣府「平成26年版高齢社会白書」によると，65歳以上の一人暮らし高齢者の増加は男女ともに顕著であり，昭和55年には男性約19万人，女性約69万人，高齢者人口に占める割合は男性4.3％，女性11.2％であったが，平成22年には男性約139万人，女性約341万人，高齢者人口に占める割合は男性11.1％，女性20.3％となっている。また，総務省「生活保護に関する実態調査」(平成26年８月）によると，被保護世帯における単身世帯数は，平成23年度で約113.0万世帯と全被保護世帯の75.7％を占め，これを世帯類型別（母子世帯を除く）でみると，「高齢者世帯」が約57.0万世帯（89.6％）と最も多い。

41） 厚生労働省「国民生活基礎調査」に基づく「貧困統計ホームページwww.hinkonstat.net」の公表統計によると，日本の相対的貧困率は1997年の14.6％から2012年の16.3％に上昇した。また，所得格差を示すジニ計数は，OECDの統計によると，2010年前後日本は，0.336と，対象35ヵ国中10位となっている。近年は増加傾向にあるが，高齢者率の増加のほか，若年の不安定雇用層の貧困が効いているとされる（参照：橘木俊詔『格差社会』〔岩波書店，2008年〕）。

42) London Probation Trust, 2013, "Bench Guide to Community Sentence – June 2013", pp81-82によると，21歳以上IQ81以上の男性の性犯罪者に対し，導入モデュールを50時間行った後に再犯リスクアセスメントを行い，その結果低リスクとされた者には再犯防止プログラムを37.5時間実施，高リスクの者には合計約178時間の５つのモデュールを実施している。プログラム１回は２～2.5時間を要するとされる。

43) 熊野宏昭『新世代の認知行動療法』（日本評論社，2012年）および熊野宏昭「新世代の認知行動療法」刑政126巻５号（2015年）14-26頁。

44) 準拠した文献は熊野・前掲注43)。

第Ⅱ部　保護観察処遇の現状

第5章

統計で見る保護観察

保護観察付執行猶予を中心に

前川 洋平

本章では，保護観察付執行猶予を中心として，統計から見えてくる保護観察の実情や課題について述べたい。なお，本章の内容のうち，意見にわたる部分はあくまでも筆者の私見である。

1　全国統計から見た保護観察付執行猶予の状況

■裁判の状況

2015（平成27）年版の犯罪白書によると，2014（平成26）年に有期懲役刑または有期禁錮刑の裁判が確定した者5万5681人のうち執行猶予となった者は3万3206人であり，その割合（執行猶予率）は約59.6%であった。2005（平成17）年の執行猶予率は約62%であり，この10年間で2.4ポイント減少している。

一方，第1審から上告審まで含めて刑の執行猶予の言渡しを受けた者のうち保護観察に付された者の割合（以下「保護観察率」という）は，1970（昭和45）年以降で見ると，1982（昭和57）年の18.6%をピークに徐々に低下し，2008（平成20）年には8.3%となったが，これを底にして再び上昇し，2014（平成26）年には10.0%となっている（図表5-1参照）。保護観察率を罪名別に見ると，図表5-2のとおりである。当該データから，1982（昭和57）年から2008（平成20）年までの保護観察率の低下幅が全体（10.3ポイント減少）と比較して大きかったのは薬物犯罪（24ポイント減少），道路交通法違反（14.9ポイント減少）であり，一方で，2008（平成20）年から2014（平成26）年までの保護観察率の上昇幅が全体（1.7ポイント増加）と比較して大きかったのは暴力犯罪（2.4ポイント増加）であり，性犯罪（1.5ポイント増加）も比較的大きな上昇幅となっている。

1982（昭和57）年以前は，薬物犯罪に対しては執行猶予に保護観察を付する傾向が強かったものの，同年以降，薬物犯罪に対しては，保護観察の付かない執行猶予とする傾向が強くなってきたことが，2008（平成20）年までの保護観察率

図表５－１　執行猶予者の保護観察率の推移

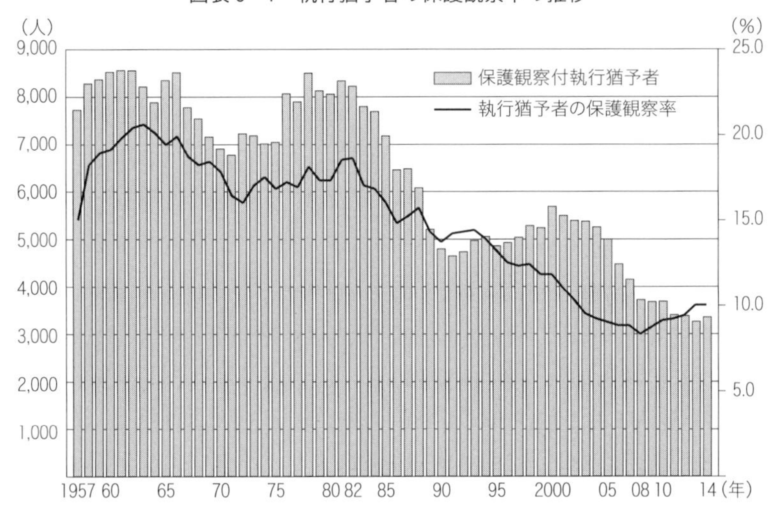

出典：2015（平成27）年版犯罪白書より

図表 5－2　保護観察率の推移

	1982年	2008年	2014年
全　　体	18.6%	8.3%	10.0%
窃　　盗	24.1%	13.4%	14.7%
薬物犯罪	34.4%	10.4%	10.3%
性 犯 罪	33.6%	23.8%	25.3%
暴力犯罪	22.1%	17.4%	19.8%
窃盗以外の財産犯	17.4%	9.0%	7.1%
道路交通法違反	17.8%	2.9%	4.2%

出典：検察統計年報の数値より筆者が作成

※薬物犯罪とは，大麻取締法，麻薬及び向精神薬取締法，あへん法，覚せい剤取締法ならびに毒物及び劇物取締法違反をいう。
※性犯罪とは，強制わいせつおよび強姦罪をいう。
※暴力犯罪とは，殺人，傷害，暴行，逮捕監禁，強盗および強盗致死傷罪ならびに暴力行為等処罰に関する法律違反をいう。
※窃盗以外の財産犯とは，詐欺および横領罪をいう。

全体の引き下げに大きく影響したことが上記のデータから推測できる。なお，1981（昭和56）年に発生した「東京深川通り魔殺人籠城事件」を契機に，以後毎年のように言い渡される懲役刑が平均で１年ずつ延長していった[1]との指摘もあり，言渡し刑の長期化が，さらに保護観察を付けることに慎重となり，保護観察を付けない傾向を強めた背景のひとつとして挙げられるのではないかと考えられる。一方で，2008（平成20）年以降は，2009（平成21）年に裁判員制度が開始されたこと，性犯罪者や暴力犯罪に対する保護観察の専門的処遇プログラムが開始されたことなどを背景に，保護観察への期待が，これらの犯罪に係る保護観察率の引き上げに影響を与えた要因のひとつになっているものと考えられる。

■保護観察開始時の状況

(1)保護観察付執行猶予者の数

保護統計年報によると，2014（平成26）年に開始した保護観察（交通短期保護観察を除く。以下同じ）の人員は，総数が3万3294人であり，そのうち保護観察処分少年は1万2898人（約38.7%），少年院仮退院者は3122人（約9.4%），仮釈放者は1万3925人（約41.8%），保護観察付執行猶予者は3348人（約10.1%），婦人補導院仮退院者は1人である。一方，同年末現在において保護観察中である者の人員は，総数3万5822人のうち保護観察処分少年は1万5312人（約42.7%），少年院仮退院者は4454人（約12.4%），仮釈放者は5364人（約15.0%），保護観察付執行猶予者は1万692人（約29.8%），婦人補導院仮退院者は0人となっている。つまり，総数に占める割合の高さで見ると，保護観察付執行猶予者は，開始人員は3番目となるのに対し，年末現在の人員では2番目となっている。これは，保護観察が終了するまでの期間によって比較した場合，保護観察付執行猶予者は約80.6%が2年を超えているのに対し，保護観察処分少年の約76.4%，少年院仮退院者の約63.0%は1年6月以内，また，仮釈放者の約97.4%は1年以内となっており，相対的に保護観察付執行猶予者の保護観察期間が長いため，開始する人員は少なくとも，年末現在の人員は数が累積することを反映している。このことは，事件数が保護観察の実施体制に与える影響を考慮するに当たり留意すべき点である。

(2)開始時の状況

図表5-3は，保護観察開始時の年齢別の件数の推移を表したものである。保護観察付執行猶予者のうち60歳以上の高齢である者の割合が増加している。参考のため，人口動態調査より，総人口に占める60歳以上の割合と比較したところ，保護観察付執行猶予者における60歳以上の割合の増加傾向は，総人口に

図表5－3　保護観察付執行猶予者の保護観察開始時年齢別件数の推移

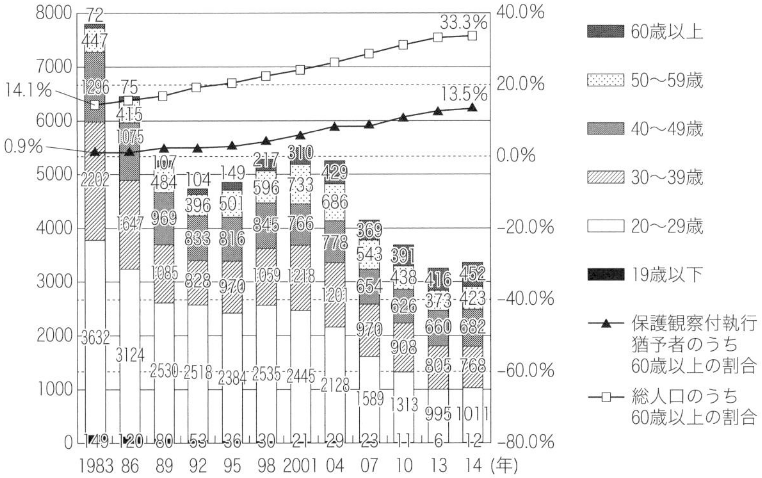

出典：保護統計年報の数値より筆者が作成

※総人口のうち60歳以上の割合については，政府統計の総合窓口（e-Stat）（http://www.e-stat.go.jp/）から人口動態調査（厚生労働省）より筆者が加工して作成。

占める60歳以上の割合の増加傾向とおおむね同様に推移していることがわかる。

図表5－4は，保護観察開始時罪名別の割合の推移を表したものである。1983（昭和58）年から2014（平成26）年にかけて道路交通法違反や業務上過失致死傷等の割合が減少している一方で，1995（平成7）年から2014（平成26）年にかけて傷害や強制わいせつ・強姦の割合が増加していることがわかる。また，覚せい剤取締法違反の割合は1983（昭和58）年には24.6％であったところ，2004（平成16）年には8.9％まで落ち込んだものの，同年から再び増加傾向にあり，2014（平成26）年には12.6％となっている。これらの傾向は，前述した保護観察付執行猶予の言渡しにおける保護観察率の推移ともおおむね一致している。

図表5－5は，保護観察開始時の生計状況別の割合の推移を表したものである。貧困とされていた事案の割合は1983（昭和58）年から1992（平成4）年にかけて減少傾向にあったが，1992（平成4）年から2014（平成26）年にかけて再び増加傾向にあり，2014（平成26）年は41.1％と，1992（平成4）年の22.5％から比べて18.6ポイント増加している。

図表５－４　保護観察付執行猶予者の保護観察開始時罪名別割合の推移

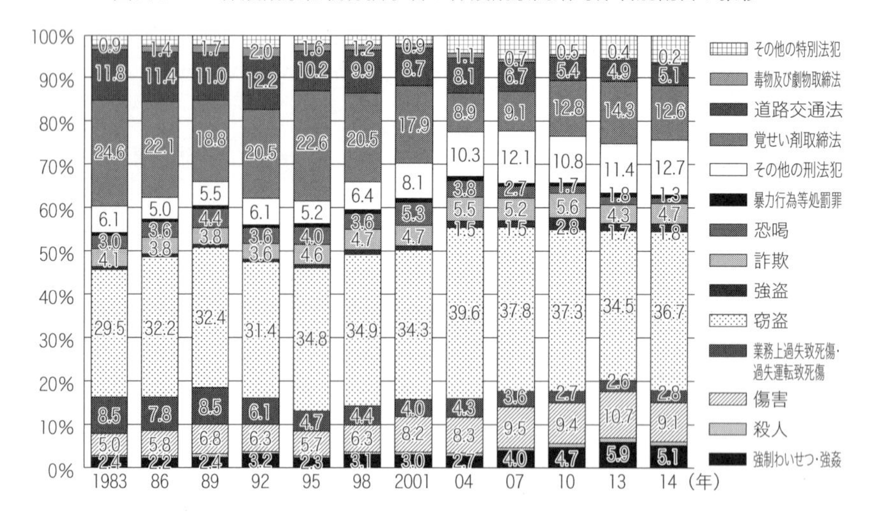

出典：保護統計年報の数値より筆者が作成

図表５－５　保護観察付執行猶予者の保護観察開始時生計状況別割合の推移

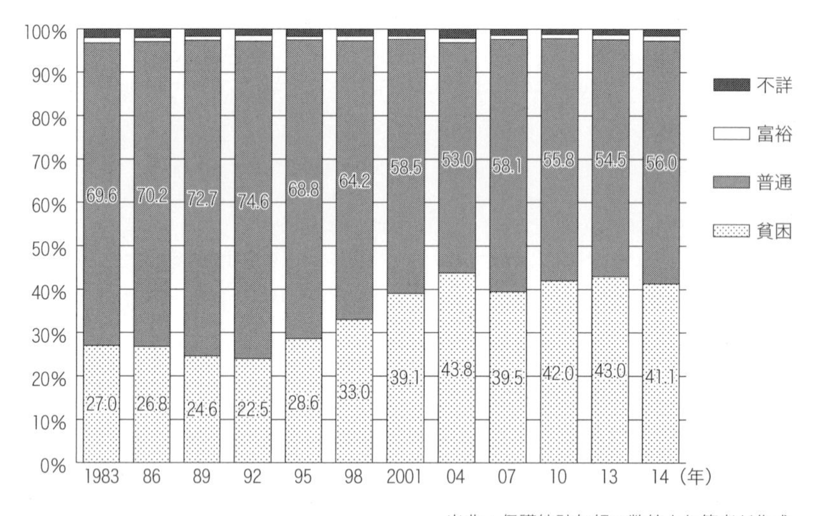

出典：保護統計年報の数値より筆者が作成

図表５－６　保護観察付執行猶予者の保護観察開始時居住状況別割合の推移

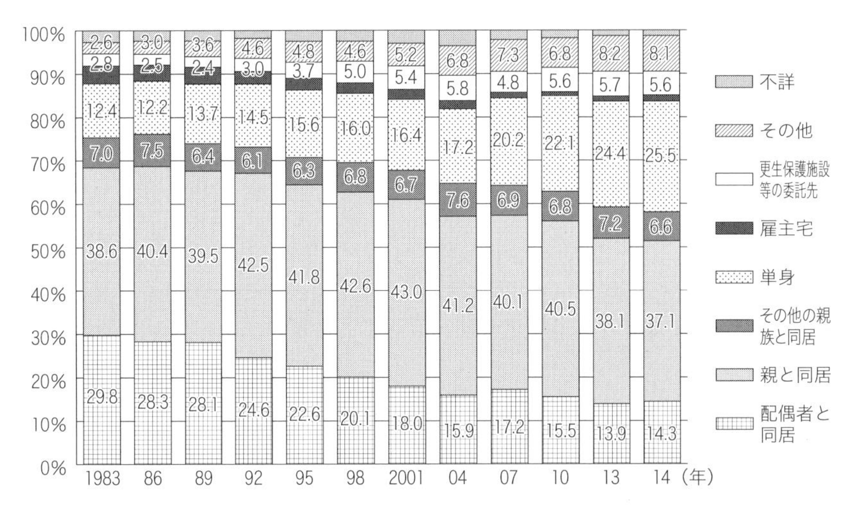

出典：保護統計年報の数値より筆者が作成

図表５－７　保護観察付執行猶予者の保護観察開始時精神状況別割合の推移

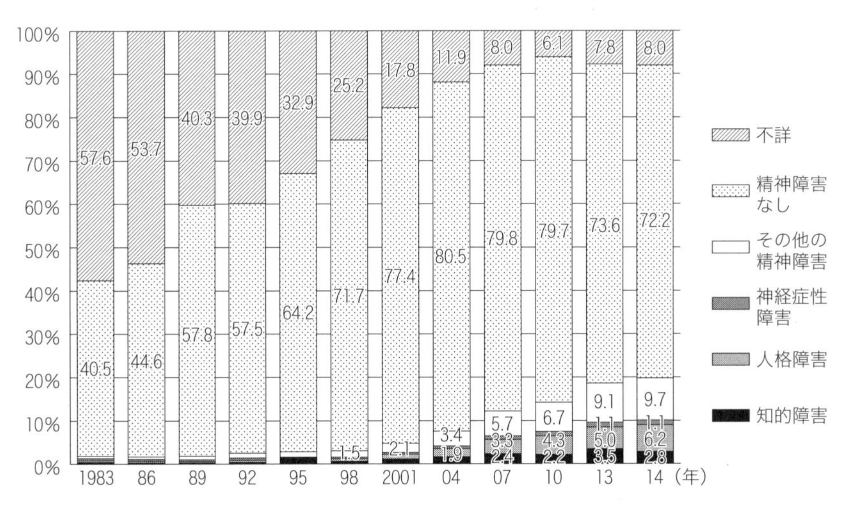

出典：保護統計年報の数値より筆者が作成

図表5－6は，保護観察開始時の居住状況別の割合の推移を表したものである。1983（昭和58）年から2014（平成26）年にかけて，配偶者，親またはその他の親族と同居する者の割合が減少しているのに対して，単身である者や更生保護施設等の委託先に居住する者の割合が増加していることがわかる。これは，年々居住状況が不安定な者が保護観察に付される割合が増加していることを意味しているといえる。

図表5－7は，保護観察開始時の精神状況別の割合の推移を表したものである。1998（平成10）年頃から，知的障害，人格障害，神経症性障害またはその他の精神障害を有する者の割合が増加していることがわかる。なお，全体として，精神障害なしの割合も増加しているが，それに応じて不詳の者の割合が減少しており，これは，過去には精神障害等の有無を記録上明らかにできなかった者が，近年は捜査や裁判の過程で精神疾患についてより精度の高い診断のなされる機会が増えてきたことなどによるものと考えられる。

■保護観察終了時の状況

⑴執行猶予の取消率の推移

保護観察付執行猶予者の保護観察の終了状況は，「期間満了」，「刑の執行猶予の取消し」，「その他（死亡等）」に分けられるが，ここでは，執行猶予の取消率（保護観察終了者総数に占める取消しの割合）を中心に記述したい。

図表5－8は，保護観察付執行猶予者について，保護観察中の犯罪（余罪を除く）または遵守事項違反による取消率の推移を表したものである。これによると，当該取消率の最低は2013（平成25）年，次いで1992（平成4）年が低くなっているのに対し，最高は2001（平成13）年，次いで1998（平成10）年が高くなっている。保護観察開始時の状況と取消率の算定の対象は異なるのであくまで参考比較であるが，この取消率の推移は，図表5－3によると，保護観察開始時の件数の全体の動向とおおむね一致している。すなわち，保護観察開始時の保護観察付執行猶予者の件数が全体として多ければ取消率は高くなり，反対に当該件数が全体として少なければ取消率は低くなる傾向にある。保護観察官，保護司，更生保護施設等を始めとした保護観察処遇の人的または物的な資源には限りがある中で，急激な保護観察対象者の増加に対応しつつ取消しのリスクを抑

図表５－８　保護観察付執行猶予者の取消率の推移

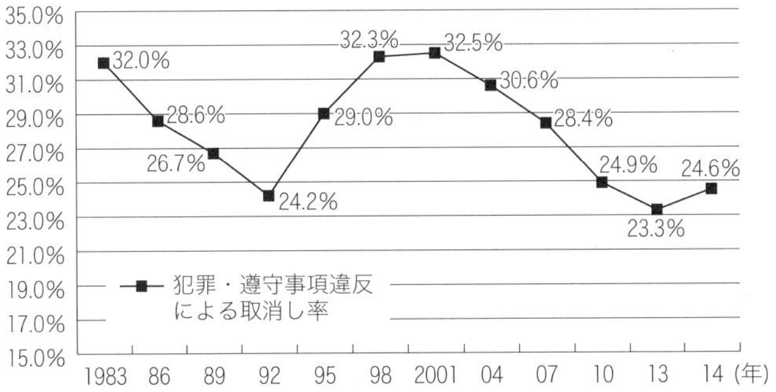

出典：保護統計年報の数値より筆者が作成

えるためには，保護観察体制の充実強化を図る必要性があるといえる。

次に，取消率が２番目に低い1992（平成４）年は，図表５－５によると開始時に貧困であった割合が一番低く，図表５－４によると罪名別でも窃盗の割合も比較的低い年であった。一方で，取消率が最高となっている2001（平成13）年は，図表５－４によると覚せい剤取締法違反の割合が依然として高い状況であった。なお，表５－４によると，覚せい剤取締法違反の割合は2004（平成16）年を底にして再び上昇し，2013（平成25）年は2004（平成16）年以降最高となっている。さらに，2013（平成25）年は性犯罪である強制わいせつ・強姦や暴力犯罪である傷害も1983（昭和58）年以降最高となっている。これにもかかわらず，2013（平成25）年の取消率が最低となっているのは，前述した件数全体が減少していることによる影響に加え，保護観察所で行う専門的処遇プログラムである「覚せい剤事犯者処遇プログラム」（2008〔平成20〕年から実施），「性犯罪者処遇プログラム」（2006〔平成18〕年から実施），「暴力防止プログラム」（2008〔平成20〕年から実施）が一定の効果を挙げていることも要因のひとつとして考えられる。

⑵執行猶予の取消率と他の状況との関係

執行猶予の取消率（余罪，遵守事項違反によるものを含む）を罪名別に見た場合（2013〔平成25〕年版保護統計年報に係る数値より特別に集計），薬物犯罪の取消率が34.5％と最も高く，次いで窃盗が28.5％，住居侵入が27.2％と全体（23.5％）よりも高かった。

次に刑事処分歴別（前歴となる処分が２以上ある場合は最も重いものを計上）に執行猶予の取消率を見た場合，刑事処分歴なしの者が18.5％であるのに対し，実刑歴ありの者は32％（＋13.5ポイント），罰金歴（交通以外）ありの者は29.4％（＋10.9ポイント），保護観察付執行猶予歴ありの者は27.2％（＋8.7ポイント），単純執行猶予歴ありの者は26.7％（＋8.2ポイント）となっている。

同様に，保護処分歴別に執行猶予の取消率を見た場合，保護処分歴なしの者が20.6％であるのに対し，児童自立支援施設等送致歴ありの者が75％（＋54.4ポイント。ただし，同歴ありが７件と僅少であることに留意を要する），次いで少年院送致歴ありの者が36.5％（＋15.9ポイント），保護観察処分歴ありの者が28.7％（＋8.1ポイント）となっている。

また，保護観察回数別（少年時のものを含む）に執行猶予の取消率を見た場合，初回である者は19.7％となっているが，２回目である者は27.9％，３回目である者は35％，４回目である者は34.1％，５回目以上になると42％とかなり高くなっている。過去に保護観察を受けたことがある者は，その回数が多いほど，取消しのリスクが高くなる傾向にある。

さらに，保護観察開始時点における薬物使用歴別に執行猶予の取消率を見た場合，薬物等使用関係がない者は20.9％であるのに対し，薬物等使用歴のある者は全体で33.2％と高く，そのうち「シンナー・ボンド・トルエン」が36％（＋15.1ポイント），覚せい剤が34.4％（＋13.5ポイント），「麻薬・あへん・大麻」が24.2％（＋3.3ポイント）となっている。

最後に，保護観察終了時点での更生保護施設入所回数別に執行猶予の取消率を見た場合，更生保護施設入所歴なしの者は23.6％，同施設入所歴ありの者は22.4％と大差はなかったものの，入所歴ありのうち，入所が初回目だった者は20.2％，２回目の者は33.3％となっている。過去に更生保護施設で入所したことがある者については，その施設での状況等を踏まえることが，保護観察での効果を見極める重要な視点になるといえる。

⑶執行猶予の取消しを受けた者の傾向等

再犯により保護観察付執行猶予の取消しを受けた者の傾向を把握するため，10庁の保護観察所において，2012（平成24）年から2014（平成26）年までの間に保護観察を終了した者について調査したところ，判決言渡し時に住居不定で，更生保護施設等に入所させたものの，就労に結びつかずに出奔して再犯に至った事例，判決言渡し後，親許に帰住したものの，その日のうちに出奔して翌日に再犯に至った事例，プログラムの無断欠席や暴力的言動，面接忌避等の態度を続ける中で再犯に至った事例，判決確定後1月以内に再犯に至った事例など，言渡しの当初から保護観察による改善更生の困難さが見込まれる事例が相当数含まれていたことがうかがわれた。

⑷執行猶予の取消しを受けた者の再犯率

2009（平成21）年の法務総合研究所の研究部報告において，1948（昭和23）年から2006（平成18）年9月30日（基準日）までに裁判が確定した者の中から刑法犯上の過失犯や道路交通に係る犯罪を除いた者の犯歴を無作為に抽出の上，さらに裁判時20歳以上であることや死亡していないこと等の条件を満たし，かつ，1犯目が執行猶予または実刑であった者（総数約22万3000人）について，執行猶予の終了時の状況別にその後の再犯率（基準日までに再犯をした者の比率）を調査している。この調査結果によると，1犯目が単純執行猶予の期間満了であった者の再犯率は22.0％，1犯目が単純執行猶予の取消しであった者の再犯率は49.3％，1犯目が保護観察付執行猶予の期間満了であった者の再犯率は29.0％，1犯目が保護観察付執行猶予の取消しであった者の再犯率は59.8％，1犯目が実刑であった者の再犯率は36.8％となっている。すなわち，保護観察付執行猶予となったものの，その取消しで終了となった者が，その後に再犯する率が最も高いことを表している。

これらの結果から，執行猶予中という立場を自覚して行動することができない者を執行猶予とした場合，後々まで悪影響を及ぼす可能性が高いと同報告書も指摘しており，保護観察に付するか否かについては，その必要性および相当性の観点から適切に判断することが重要であるといえる。

2　保護観察付執行猶予者の処遇効果に関する特別調査

保護観察処遇で再犯防止および改善更生に効果を挙げることができる対象者像を明らかにするためには，実際の保護観察の事例から，保護観察終了後の成り行きを含めて調査・分析を行う必要がある。そのための準備として，下記のとおり調査を試みたところ，いくつかの示唆が得られたので，ここに紹介したい。

■調査結果の概要

⑴調査対象

2012（平成24）年6月1日～同年12月末までに終結した保護観察付執行猶予事件を100件程度抽出し，そのうち終結事由が「死亡」および「移送」であるものを除き，以下に該当する合計85件を調査対象とした。

①仮解除（刑法第25条の2第2項，更生保護法第81条参照）で終結した事件全件【7件】（以下「仮解除群」という）

②期間満了で終結した事件であって，2014（平成26）年12月末時点で刑務所への入所がなく，かつ，本件の主たる罪名が窃盗，覚せい剤取締法違反，性犯罪の事案，暴力防止プログラム対象者，ストーカー事案である事件【合計43件】（以下「期間満了後再犯による受刑なし群」という）

③期間満了で終結した事件であって，2014（平成26）年12月末時点で刑務所への入所があった者全件【6件】（以下「期間満了後の再犯による受刑あり群」という）

④執行猶予取消しとなった事件全件【29件】（以下「執行猶予取消し群」という）

⑵分析方法

上記85件のうち，「仮解除群」および「期間満了後再犯による受刑なし群の50件を「結果良好群」，「期間満了後再犯による受刑あり群」および「執行猶予取消し群」の35件を「結果不良群」として，比較を行った（図表5-9参照）。また，関係記録を精査し，「更生を促進する要因」や「更生を阻害する要因」等の分析も試みた。

⑶窃盗事案

図表5-10は，窃盗事案（37件）について，精神疾患（再犯が薬物犯罪である薬物依存者を含む）の有無を見たものである。精神疾患ありの者の結果不良の割合が高くなっているが，精神疾患なしの者でも年齢が高くなるにつれて，結果不良の割合が高くなっている。また，精神疾患なしの者について結果不良が4件あるが，その要因としては，「共犯者である交際相手（後の夫）の影響下にあるこ

図表 5－9　調査対象全体(85件)の結果別内訳

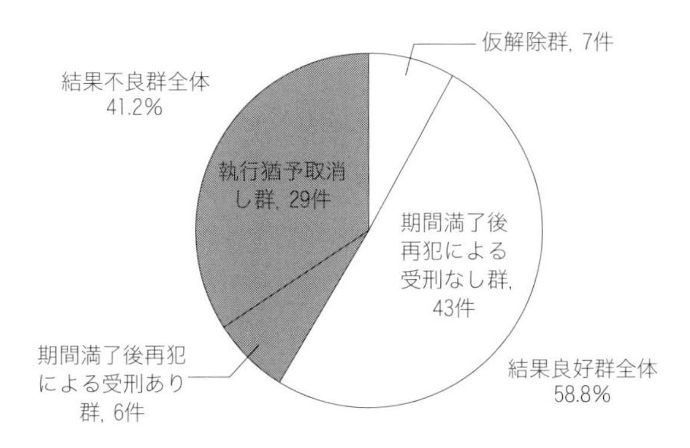

図表 5－10　窃盗事案の精神疾患（再犯が薬物犯罪である依存者を含む）の有無（不詳の者を除く）

	合　計	結果良好	結果不良	結果不良の割合
あ　り	7	3	4	57.1%
な　し	22	18	4	18.1%
(うち年齢別)				
20～29歳	8	7	1	12.5%
30～39歳	6	5	1	16.6%
40～49歳	5	4	1	20%
50～59歳	3	2	1	33.3%

図表 5－11　窃盗事案の保護観察終了時における居住関係の別

	合　計	結果良好	結果不良	結果不良の割合
親族や配偶者と同居	16	14	2	12.5%
(うち精神疾患なし)	12	10	2	16.6%
単　身	14	9	5	35.7%
(うち精神疾患なし)	9	8	1	11.1%
ホームレスまたは不詳	5	0	5	100%
(うち精神疾患なし)	2	0	2	100%

と」,「夫の借金からの生活苦」,「病的な窃盗癖」,「住居を失ってしまったこと」が挙げられている。

図表5-11によると，保護観察終了時にホームレスまたは不詳となっている事案は，一定の住居に居住する意思がないといえる者であるが，結果不良の割合は100%となっている。また，結果不良の割合について，単身である者は35.7%であるのに対し，親族や配偶者と同居している者は12.5%と低くなって

いる。ただし，単身であっても精神疾患を有しない場合は，結果不良の割合が11.1％と低くなっている。

⑷覚せい剤事案

図表５-12は，覚せい剤事犯（15件）について，不良集団所属歴の有無で比較したものであるが，ありの者の結果不良の割合が高くなっている。また，不良集団所属歴がない場合であっても，精神疾患を有している場合は，結果不良の割合が50％と高くなっている。

図表５-13によると，覚せい剤事犯者のうち特別遵守事項による覚せい剤事犯者処遇プログラムを実施した事案について，プログラム修了後の任意による簡易薬物検出検査の実施または医療機関やダルクといった外部の関係機関によるプログラム等へ参加の有無で比較した場合，コアプログラム修了後に任意による検査や何らかのプログラムを継続している者の結果不良の割合が20％と低くなっている。この点，覚せい剤事犯者処遇プログラムは，現行ではコアプログラム５回のみの課程で実施されており，当該課程をすべて修了しても引き続き猶予期間中の保護観察は長く続くことになるため，プログラム修了後の猶予期間中も，同意に基づいて保護観察所で簡易薬物検出検査を受けることなどが，断薬の意志を継続する動機づけにつながり，結果不良の割合を低くしている要因と考えられる。

⑸性犯罪事案

図表５-14によると，性犯罪事犯者（12件）のうち特別遵守事項による性犯罪者処遇プログラムを実施した者については，コミュニケーションに問題を有する精神疾患がない場合の方が結果不良の割合は低くなっている。

事例をより詳細に分析すると，結果良好となった６件のうち，２件が仮解除となっており，その更生を促進した要因を見ると，「プログラムを受けて作成した再発防止計画を踏まえ，性犯罪の自助グループや教会に通う取組を実践した本人の努力が大きく，保護観察でこれを維持することができたこと」，「結婚という状況の変化があり，プログラムを通じて，小さなことでも妻等に相談できるようになり，ストレスをためることがなくなったこと」が挙げられている。

次に，同プログラムを実施したが結果不良となったもののうち，コミュニケーションに問題を有する精神疾患がない事例３件について，結果不良となっ

図表 5-12　覚せい剤事犯者の過去の不良集団所属歴の有無（不詳の者を除く）

	合　計	結果良好	結果不良	結果不良の割合
あ　り	8	4	4	50%
な　し	6	5	1	16.6%
（うち精神疾患あり）	2	1	1	50%
（うち精神疾患なし）	4	4	0	0%

図表 5-13　特別遵守事項による覚せい剤事犯者処遇プログラムの実施

	合　計	結果良好	結果不良	結果不良の割合
プログラム実施あり	9	6	3	33.3%
（うち任意による検査又は外部機関との連携あり）	5	4	1	20%
（うち任意による検査又は外部機関との連携なし）	4	2	2	50%

図表 5-14　特別遵守事項による性犯罪者処遇プログラムの実施

	合　計	結果良好	結果不良	結果不良の割合
実施あり	11	6	5	45.5%
（うちコミュニケーションに問題を有する精神疾患あり）	2	0	2	100%
（うちコミュニケーションに問題を有する精神疾患なし）	9	6	3	33.3%

た要因を確認したところ，「性犯罪の背景に飲酒の問題があり，当該問題の改善にまで至らなかったこと」，「離転職を繰り返すため収入が乏しく，生活基盤が不安定であり，これへの対応に追われて，性犯罪を起こす問題性の改善にまで至らなかったこと」，「ストーカー行為という問題性を有しているほか，希望する仕事への転職が上手くいかずストレスを溜め，これが性犯罪への引き金になってしまったこと」が挙げられている。

⑹暴力防止プログラム対象事案

暴力防止プログラムの対象となった事案４件のうち，結果不良は２件であり，その要因としては，「飲酒に問題があり，プログラムで当該問題性まで除去するに至らなかったこと」，「ストーカー行為が問題行動の背景にあり，同プログラムだけで問題性を完全に除去するに至らなかったこと」が挙げられる。

一方，結果良好となった２件のその要因としては，「同居人に対して粗暴になる傾向を有していたところ，単身生活を送らせるようにさせ，それを見守る方法による処遇を通じて大きな問題なく経過させることができたこと」，「就業する能力を有しており，アルバイト生活から正社員となって生活が安定できたこと」が挙げられている。なお，この2件はいずれも特別遵守事項に基づかずに任意でプログラムを行っており，任意であってもプログラムを受けたいという更生の意欲が高かったことも良好な結果に結びついた要因と考えられる。

■調査結果を踏まえた考察

今回の調査は，対象となる数が少なく抽出方法も偏りがあるため，統計的に有意な結果として理解することはできない。しかしながら，その結果からはいくつかの有益な示唆が与えられた。

まず，窃盗事案については，精神疾患を有していない若年者であり，就労を中心とした生活の立て直しを必要とするような者は保護観察が効果的である可能性が高い（図表5-10参照）。窃盗事案で精神疾患を有する者の場合は，同居親族等の存在が保護観察による改善更生の重要な要素となる（図表5-11参照）。一方，ホームレス等で一定の住居に居住する意思がない者は，保護観察で効果を出すことが困難である（図表5-11参照）。また，前述した結果不良となった要因からは，精神疾患を有していない場合であっても，共犯者等との関係を切る意思がない者や，病的な窃盗癖のある者は保護観察の効果は出しにくいことがうかがえる。

次に，覚せい剤事案については，保護観察の効果を高めるには，5回の課程にとどまらず，その修了後も，猶予期間中，簡易薬物検出検査を含む長期のプログラムを実施する必要がある（図表5-13参照）。なお，全体の結果不良の割合（41.2%。図表5-9参照。）との比較で見ると，覚せい剤事案であっても，暴力団組織等の不良集団と関係があったり，精神疾患を有するなど，依存性とは別の問題性が顕著である場合は，保護観察の効果は出しにくいことがうかがえ（図表5-12参照），保護観察で効果を挙げるためには，依存性以外の犯罪性の有無の見極めとそのための多様な処遇の充実が必要である。

さらに，性犯罪者処遇プログラムおよび暴力防止プログラム対象事案については，前述した結果良好となった要因等を踏まえると，本人が専門的処遇プログラムの受講を活用して自ら努力しようとする強い意欲を有している方が，保護観察を通じて効果を出しやすいことがうかがえる。他方，全体の結果不良の割合との比較で見ると，性犯罪者処遇プログラムは，コミュニケーションに問題を有する精神疾患がある場合に効果を出しにくいことがうかがえ（図表5-14参照），また，性犯罪や暴力犯罪を反復する犯罪的傾向以外に，問題飲酒，ストーカー行為といった問題性がある場合や，収入が乏しい，住居がないなど生活基盤が不安定である場合も，保護観察の効果は出しにくいことがうかがえる。

3　おわりに

本章では，保護観察付執行猶予者に関して，裁判での言渡しから保護観察を終了した後まで，可能な限り幅広く統計を取り上げた。そこから，保護観察付執行猶予の取消しや保護観察終了後の再犯に影響を与えている要因や，保護観察により効果を挙げることのできる事案について一定程度明らかにできたものと考えている。ただし，保護観察の効果は，保護観察の処遇内容や方法等にとどまらず，本人の性格特徴，心身の状態，置かれている環境，犯罪的傾向の内容・程度等の多様な要因が相互に関係しており，その実情等を明らかにするためには，今回の分析で得られた結果だけでは不十分であり，今後，より多くの事例等に基づき，さらに詳しい調査研究を行う必要がある。

1）　小沼杏坪「薬物事犯者の処遇について」罪と罰50巻2号（2013年）21-39頁。

第6章

薬物依存からの回復のための保護観察処遇

田島 佳代子

1　薬物事犯者に対する保護観察処遇

保護観察所では，従来から覚せい剤やシンナー等の薬物使用により保護観察処分となった者に対し，交友関係や金銭管理，就労支援等の生活指導を行っていた。薬物事犯者に特化した処遇としては，1990（平成2）年からは「類型別処遇」として，覚せい剤・シンナー類型が定められたほか，2004（平成16）年4月からは覚せい剤事犯者に対し，任意の「簡易尿検査」が導入された。この検査は，2008（平成20）年6月から，唾液を検体とした検査も導入され，名称も「簡易薬物検出検査」と変更されている。

また，2008（平成20）年6月の更生保護法施行に伴い，性犯罪や覚せい剤使用を繰り返すなど，一定の犯罪的傾向を有する保護観察対象者に対しては，その傾向を改善するために，認知行動療法を理論的基盤として開発された専門的処遇プログラムの受講を特別遵守事項として義務づけて実施されることとなり，同月から「覚せい剤事犯者処遇プログラム」が開始された。「覚せい剤事犯者処遇プログラム」には，ワークブックによる学習指導のほか，簡易薬物検出検査もプログラムの一部として組み込まれており，同プログラムを受けることを特別遵守事項に定められた者は，全員が簡易薬物検出検査を義務づけられることとなった。また，特別遵守事項に覚せい剤事犯者処遇プログラムを義務づけられない者であっても，その者の自発的意思に基づき簡易薬物検出検査を実施し，覚せい剤の再使用防止を図っている。

2011（平成23）年における覚せい剤事犯者プログラムの開始人員は，1344名であり，同年，任意で検査を受けた者は，3192名（延べ実施回数は7741回，対象者一人当たりの平均実施回数は2.4回）となっている。

このように保護観察所においても薬物事犯者に対しさまざまな取組がなされ

図表６－１　覚せい剤事犯の再入状況

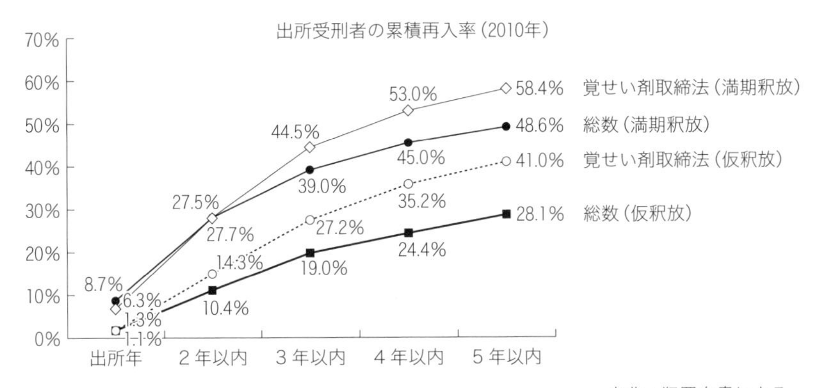

出典：犯罪白書による

※　2010年の出所受刑者について，５年以内に同一罪名または異なる罪名により刑事施設に再入所した累積人員の比率を示したもの。

てきたが，覚せい剤の刑事施設再入所率は依然として高い状態で推移している。図表６－１は，2010（平成22）年に刑事施設を出所した者について，その者が５年以内に同一罪名または異なる罪名により再び，刑事施設に再入所した累積人員の比率を示したものである。覚せい剤事犯の再入率は他の犯罪を含めた総数のそれよりも高く，とくに満期出所者にいたっては，５年以内の再入率が60％を超えているなど，きわめて予後が悪いことがわかる。

こうした状況を踏まえ，専門家等からも，薬物依存のある保護観察対象者に対する処遇の充実強化を図るためには，刑事施設入所中から出所後まで一貫した処遇を行うとともに，とくに薬物依存傾向が進んでいる者に対しては，保護観察終了後も，再犯を防ぐため，医療・保健・福祉機関等との連携による地域での支援体制を強化することが不可欠であると指摘されていた。

2　薬物処遇の新たな取組み

このため，法務省保護局では，2011（平成23）年から厚生労働省等の協力を得て，独立行政法人国立精神・神経医療研究センター精神保健研究所の和田清薬物依存研究部部長（当時）を座長とし，医療・保健・福祉等の専門家等を構成員とした「薬物処遇研究会」を開催し，地域連携による支援体制の整備等についての検討を行い，覚せい剤以外の規制薬物をも対象としうる薬物事犯者に対するプログラムの開発等が行われた。2012（平成24）年10月から，このプログラムは覚せい剤事犯者処遇プログラムとして実施されている。

■薬物事犯者に対するプログラム

新たな薬物事犯者に対するプログラムは，独立行政法人国立精神・神経医療研究センター精神保健研究所の松本俊彦医師と，同センター病院の今村扶美心理療法士の協力を得て作成された。同プログラムは，米国のマトリックス研究所が作成した，薬物依存症のための総合的外来治療プログラム マトリックス・モデルを参考としている。

新プログラムは，コアプログラムとフォローアッププログラムとで構成されている。コアプログラムは，全5課程で，ワークブックによる学習と簡易薬物検出検査を併せて実施する。ワークブックのテーマは，①「薬物依存について知ろう」，②「引き金と欲求」，③「引き金と錨」，④「『再発』って何？」，⑤「強くなるより賢くなろう」の5つである。また，コアプログラムが終了した後には，フォローアッププログラムとして，コアプログラムの内容を繰り返し復習し，社会内での断薬を維持し，保護観察終了後も，再び薬物を使用することのない生活を送ることへの働きかけを行うこととしている。

新たなプログラムと，それ以前の覚せい剤事犯者処遇プログラムとの大きな変更点は，新プログラムは，規制薬物の使用を「犯罪」としてだけではなく「依存症」としての観点からも捉え，依存に関する適切な知識を付与することを重視していることである。新プログラムで取り入れられているマトリックス・モデルは，刑事施設の薬物依存離脱指導においても一部参考とされており，刑事施設での薬物指導と保護観察所での指導の一貫性にも配慮している。また，内容も覚せい剤だけではなく，規制薬物全般に対応しうるものとなっている。

加えて，従来の覚せい剤処遇プログラムは，保護観察官が保護観察対象者と1対1の個別面接でのみ実施していたのに対し，新プログラムでは，集団グループでの実施を可能とし，保護観察官以外に薬物依存の専門家やダルク等民間の薬物依存症リハビリ施設の職員が実施補助者として同席することもできることとなった。また，ワークブックの巻末には付録として全国の薬物依存に関する相談機関リストを置く等，保護観察所でのプログラムを通じ，本人に薬物に関する相談・支援ができる地域の関係機関やそのスタッフを具体的に知ってもらい，保護観察終了後の地域支援につなげることに配意している。

新プログラムは，米国のマトリックス・モデルという医療モデルを一部参考としているが，刑事司法機関である保護観察所で行っている以上，あくまで司法の枠内で行うものである。たとえば，プログラムの一環として実施している簡易薬物検出検査は，定期的に同検査を行うことによって薬物を使用していないことを示す結果を積み重ね，断薬の努力についての達成感を与え，対象者の断薬意志の維持および促進を目的とする。そのため，簡易薬物検出検査において陽性（薬物使用反応）が出た場合には，速やかに警察署に出頭を促すことを基本とする。この点，医療分野で実施されている受容的な薬物依存プログラムとはスタンスが若干異なっている。一方で，医療分野のプログラムにおいては，アルコール飲酒は「薬物の引き金になりかねない」ため禁酒を推奨されることが多いが，保護観察所においては，たとえば，飲酒の上で刑事事件を起こした者等が特別遵守事項で禁酒を定められている場合を除き，さほど強くアルコール飲酒自体を禁止することはしていない等の相違点はある。

薬物使用を犯罪として捉える保護観察所において，医療分野で実施されている薬物依存プログラムそのままの形で導入することは困難である。そのため，新プログラム導入時には，保護観察所で勤務する現場の保護観察官からも「薬物を犯罪として捉えざるを得ない保護観察所において，依存の考え方を中心とした医療プログラムはなじまないのではないか」という意見や，「集団グループでプログラムを実施することにより，薬物の不良交遊に発展しないか」との懸念の声が聞こえることもあった。

2012（平成24）年10月の新プログラム実施から２年半が経過したが，「保護観察対象者に対し薬物事犯を依存という側面から捉えた知識を供与する」ことは，保護観察所においても，かなり自然な形で受け止められているように思う。また，当職が勤務する東京保護観察所においては，現在，毎回平均約10人程度の集団グループでのプログラムを実施している。ただし，密売人等，集団に適さないと判断された保護観察対象者は，個別でプログラムを実施したり，集団プログラム終了後は各人に対し保護観察官の個別面接を行い，各人の生活状況を改めて確認しつつ帰庁時間をずらす等，グループが不良交遊の温床とならないよう常に注意を払っている。

実際の集団プログラムを続けていくと，当初，想定されたグループのマイナス面よりも，個別でのプログラムを実施する以上に，他の受講メンバーの経験や発言から学ぶことによって本人の理解度が増しているとの手応えは得ている。刑務所から仮釈放当初は，「自分は刑務所に入って，すっかり薬物をやりたいという気持ちがなくなった。もう大丈夫。プログラムなど必要ない」と豪語していた者が，プログラムの中で，「炭酸ジュースを飲んだ際，薬物をやっていた感覚を唐突に思い出した」と述べ，真剣にプログラムに参加するようになったり，過去何度も刑務所に入っている他の受講者の話しを聞き，自ずと自分の経験と重ねて振り返ることができるようになったりする。さらに，プログラム受講者から少しずつではあるが，保護観察終了後，NA等，他の自助グループに自主的に参加する者も出てきている。

とはいえ，どんな処遇プログラムであっても万能ではない。「これをやれば，再犯がなくなる」という種類のものではない。プログラムの実施回数や期間等についても，今後，さらなる検証が必要であろう。しかしながら，保護観察所において，薬物依存に関する正しい知識や回復に役立つさまざまな情報を対象者に提供し，刑事司法機関や地域において途切れない支援の目指す試みは，広義において再犯防止に意義をもつものと思う。

■アセスメント機能の強化

刑事施設に収容中の薬物事犯者を円滑な形で社会復帰へとつなげるためには，できるだけ早期の段階から，精神科医の診断を受け，薬物への依存度や関連する精神障害の有無等，本人が出所後，どの程度医療の関与が必要かを確認したり，また，本人が抱えている借金問題や就労に関する問題，交友関係や家族関係等，ある種薬物事犯受刑者特有の問題性を適切に把握し，本人の生活面での問題点等を見極め，これに応じて医療機関や福祉機関等の関係機関・団体とも連携したアセスメントを行うことが重要である。

そのため，2013（平成25）年4月から，地方更生保護委員会において，薬物事犯受刑者に対する「薬物事犯受刑者に対する社会内移行調査」が開始された。本調査は，地方更生保護委員会において，薬物への依存度や関連する精神障害等の薬物事犯受刑者特有の問題性に焦点を当てた調査を行うことにより，問題性に応じた出所後の帰住先の確保，関係機関における情報の共有および薬物事犯受刑者とその家族等に対する働きかけの促進を図ることを目的とする。受刑者のうち，今回の受刑の原因となった刑に係る犯罪事実中に覚せい剤の自己使用の罪に当たる事実が含まれる者であって，出所後の帰住予定地が確保されていない者と，出所後の帰住予定地は確保されているものの，地方更生保護委員会においてとくに調査を行う必要があると認めた者を対象とする。

地方更生保護委員会の薬物担当観察官は，刑事施設と協議を行いつつ，薬物への依存度調査を行い，入所前の薬物使用の態様等について聴取し，治療等ニーズ調査を行う。本人の出所後の治療等の継続の意思，精神疾患の現在症や服薬の状況等について詳細に聴取し，事案に応じて，薬物依存症や薬物後遺症の治療に携わる精神科医等，医療，精神保健福祉および臨床心理の専門家，本人の家族等に参加を求めながら，今後の方針に係るケア会議を実施している。

地方更生保護委員会で行う薬物事犯者のアセスメントは，単に疾病としての薬物依存の程度を評価するだけではない。家族の状況や生活環境等を踏まえながら，再犯のおそれがどの程度か，就労自立の可能性はあるかといった多様な観点から総合的に行う必要がある。そのため，移行調査では，対象者の問題性を「Ⅰ　薬物への依存度」，「Ⅱ　社会内での治療等の継続ニーズ」，「Ⅲ　生活環境調整ニーズ」，の３つの領域に分けて調査を行うこととしている。調査結果に基づき，薬物への依存度が高く，治療への動機づけも高いことから，ダルクなど回復支援施設（自立準備ホームとして登録されているものを含む）に帰住し，継続的な処遇を受けさせるよう調整したり，薬物への依存度が高くなく，また本人が早期就労・自立を優先したいという意向がある者には，一般の更生保護施設または自立準備ホームを調整したり，あるいは，再度，家族等との改善調整を行う等，さまざまな調整が行われている。

一般的に，受刑者にとって地方更生保護委員会の保護観察官は自分の仮釈放の許否の鍵を握る存在と捉えられている。そのため，自身の問題性や過去の過ちについて，ある程度の矮小化や否認が生じることは珍しくない。本人に対し，本調査を実施する意味等を丁寧に説明し，仮釈放後の生活の道筋を検討していくことが必要となる。

とはいえ，本調査は，アセスメントや帰住地に関する関係機関との調整等，一人の受刑者に対し，かなりの時間が割かれるものであり，現状の地方更生保護委員会の人員体制では「帰住予定地が確保されていない」等，限られた条件の者にしか実施できない状況にある。また，刑事施設での薬物依存アセスメントに協力してくれる専門医等の絶対数が足りず，かつ，地域の医療機関の受け皿不足等，克服すべき課題は多い。将来的には，外部専門家等と連携しながら本人の依存度等に応じ，必要なアセスメントを早期に行い，薬物依存に関する専門的な治療等の必要性および緊急性が高い者を選定し，速やかに地域の関係機関と連携した支援体制に乗せるようなシステム作りが必要である。

■薬物重点施設

2013（平成25）年から，法務大臣が指定する更生保護施設（以下「薬物重点施設」という）において，薬物事犯者に対する重点的な処遇を実施し，更生保護施設における薬物事犯者処遇のあり方を検討する取組が開始された。2015（平成27）年には，全国15施設が，薬物重点施設の指定を受けている。

薬物重点施設では，入所から３ヵ月を薬物処遇重点実施期間として，規制薬物等に対する依存からの回復に向けた認知行動療法に基づくプログラムを実施するほか，個々の対象者の意向，依存の程度，性格傾向，心身の状況，更生計画等を踏まえ，依存からの回復に向けて，計画的な処遇を行うほか，ダルク等の自助グループによるミーティングへの参加を調整する。また，同期間経過後には，本人の状況に応じて，他の帰住先へ退所調整等を行っている。

現在，全国の薬物重点施設において，地域性や関係機関，社会資源の状況等に応じての，創意工夫された処遇が行われている。たとえば，昼間は就労し，夜間に薬物に関するプログラム実施することを基本としている薬物重点施設もあれば，毎日，ダルク等でのグループミーティングへの通所を基軸に処遇を計画している施設もある。

とはいえ，薬物重点施設での処遇も簡単ではない。昼間就労させるにしても，薬物の前歴を理解したうえで雇用してくれる協力雇用主等の事業主はきわめて少なく，また，自助グループのミーティング参加を中心とした場合，施設退所後の自立資金を貯蓄することが困難となり，将来への不安からプログラムへの参加自体に消極的となるケースもある。

さらに，身寄りがないなど適切な援助者がおらず自立困難である者については，薬物依存の治療等を受けるために必要な福祉サービス（生活保護受給等）を受けるための調整を行うのだが，一部の自治体に福祉サービスの依頼が集中してしまうと，関係機関と調整を行うにあたり困難を伴う場合もある。こうした生活保護や障害福祉サービスの調整は，現状，個々の事例に応じ，ケース・バイ・ケースで対応するしかないが，将来的に薬物依存者の社会復帰のための福祉サービスに関する大枠のルールのようなものが策定されれば，現場の混乱は減少すると思われる。いずれにしろ，薬物重点施設の取組はまだ始まったばかりであり，今後の発展が期待される。

■家族への支援

保護観察所では，保護観察対象者の家族等に対し，依存性のある薬物に対する正確な知識や，薬物依存者への対応等に関する理解を深めさせ適切な対応力を付与するため，家族に対する講習会（引受人会，家族会）等を開催している。一般的に，薬物への渇望は，刑事施設等の「絶対に薬物を手に入れることができない環境におかれると低減し，社会に戻ると渇望が高まる」といわれる。そのため，対象者自身も「刑務所に入ったら，覚せい剤を使いたい気持ちが消えた。問題は解決した」と安易に考えがちで，本人だけでは，それ以上内省が深まらないおそれがある。家族もまた「本人が大丈夫といっている」「刑務所にまで入ってつらい経験をしたのだから，十分反省しただろう」と，薬物を止めることを安易に考えがちとなる。

しかしながら，本人が刑事施設に入所している時間というのは，家族にとっても本人の対応に一息つき，これまでのことを冷静に振り返り，将来のことを落ち着いて考えることができる時期ともいえる。こうした時期に，保護観察所において薬物に関する講習会を開催することによって，家族等が，薬物に対する正確な知識を学び，かつ，同じような経験をしている他の家族等と出会い，悩みを共有することは意義ある試みであると思う。また，こうした講習会を，保護観察所単独でなく，精神保健福祉センターや自助グループ等と協力して開催することにより，家族が地域で孤立することなく地域の薬物依存のための医療・保健・福祉の関係機関につながる一助となることが期待される。

加えて，家族が本人の「再使用の兆し」を知っているか否かで，再犯を防止する可能性が高まる。「金使いが荒くなる」「生活が不規則になった」「化粧をしなくなった」「身なりがだらしなくなった」「酒を飲むようになった」等，「再使用の兆し」は人によってさまざまであるが，こうした兆しを，本人を含む家族全体で共有できれば，ただ「薬物は絶対にダメだ」という言葉を繰り返すよりもはるかに有益である。

実際に当庁の引受人会に参加した家族からは「息子の薬物問題で苦しんでいるのは自分だけではないとわかり，ホッとした」「これまで誰にも，どこにも相談できず，相談してもわかってもらえずつらかったが，どこに相談に行けば良いかわかった」「今まで，自分は娘の尻ぬぐいばかりしていたが，それではいけないと思った」「薬物を止めるのは，簡単なことではないとわかった」等の感想が寄せられている。近年，精神保健福祉センター等でも依存症者の家族等を対象とした心理教育プログラムを実施するセンターが増えており，こうした取組が全国的に広がることが望まれる。

3　今後の課題

■医療との連携

2012（平成24）年，厚生労働省において，依存症者に対する医療及びその回復支援に関する検討会が開催され，2013（平成25）年3月に「依存症者に対する医療及びその回復支援に関する検討会報告書[1]」がまとめられた。同報告書では，「依存症は適切な治療と支援により回復が十分に可能な疾患である一方，依存症の治療を行う医療機関が少ないことや，治療を行っている医療機関の情報が乏しいこと，依存症に関する効果的な治療方法が確立していないことなどの理由により，依存症者が必要な治療を受けられていないという現状がある」とし，依存症を取り巻く現状や課題，今後必要と考えられる取組について検討がなされている。とくに，「依存症対策の鍵は，地域における問題解決能力をいかに高めていくことかということである」とし，地域における本人やその家族の支援体制の整備や医療機関，行政，自助団体の連携体制の整備等について現状と課題が検討されている。

また，2014（平成26）年，厚生労働省は，アルコールや薬物，ギャンブルの依存症に関する研究開発を行う初の「全国拠点機関」に，国立病院機構久里浜医療センター（神奈川県横須賀市）等全国5ヵ所を位置づけ，依存症に関する専門的な相談支援や，関係機関等との連携および調整等を開始している。

現在，薬物依存症治療を専門とする医療機関は非常に少なく，かつ，地域に偏在する等課題は多い。また，関係機関の薬物依存症に対する知識・理解不足等から，薬物依存の治療等を受けるために必要な生活保護受給等の福祉サービスとの調整が手間取ることも多い。

薬物依存の専門病院を急速に増やすのは難しいかもしれないが，たとえば，フラッシュバック等緊急時の対応として，保護観察所が一時的な入院治療を依頼できる精神科病院が増えれば，退院の時期に合わせて，薬物重点施設なりダルク等民間の薬物依存リハビリ施設への調整を行う等，処遇の幅が広がると思われる。たとえば，2011（平成23）年には，医療法人せのがわKONUMA記念広島薬物依存研究所の故・小沼杏坪医師が中心となり，同病院において，薬物依存の改善に資する医療を受けることが必要と認められる保護観察対象者に対し，本人が刑事施設収容中の段階から，医療機関への入院・通院に関する働きかけやケア会議（処遇会議）を開催し，薬物依存のある保護観察対象者の入院・通院に係る課題を協議する等の取組が行われた。このような医療機関を中心とした薬物依存治療の取組がもっと増えれば，地域における，薬物依存者への支援に厚みが出ると思う。

■本人に対する動機づけ

一般的に薬物依存は「否認の病」といわれ，薬物依存者が自ら治療や支援を求めて，医療や福祉機関等の支援を求めて訪ねることは，まれであるといわれる。刑事施設から仮出所したばかりの者も，総じて薬物に対する問題意欲は乏しく，プログラム等への参加意欲も低い。そのような者に対し，保護観察所においては，薬物依存に関するプログラムや支援を受け続けることの意義を伝え，保護観察終了後の地域の医療・保健・福祉機関，回復支援施設等とつながるための働きかけを行っている。

医療分野においては，「回復には，段階がある」という表現が使われる。第1段階「緊張期」，第2段階「ハネムーン期」，第3段階「壁期」，第4段階「適応期」，第5段階「解決期」である。保護観察所においても，単に「薬物を止めればいい」という言葉だけで思考を終わらせず，本人が来たるべき「壁期」に備え，長期的な回復のイメージを，より具体的に掴み，現実的な対応力を高めるよう働きかけを行っている。

また，保護観察所のプログラムや「家族会」等の機会に，医療・保健・福祉機関やダルク等の回復支援施設のスタッフを招くことで，それらの機関との接点をつくることにより，スムーズに地域の機関等につながる契機を作るよう努めている。実際に当庁でNAにつながったケースをみると，保護観察所でのプログラム・セッション終了後，講師として参加していたダルクスタッフにNA会場まで同行してもらう等，かなり丁寧な対応を行っている。あるいは，そこまでしないと，地域支援につながるのは困難と考える方が現実的かもしれない。プログラム等での学習を通じ，本人が薬物依存への知識や意識が高まった時に，時期を逃さず，具体的な道筋を作ることが必要だと思う。

実際のところ，保護観察所での指導やプログラムが終了した後で，地域において，引き続き治療や支援を続けているケースは全国的に見れば，きわめて少数である。今後，保護観察所においても，薬物事犯者の長期的な再犯防止のために，地域の関係機関との連携や，保護観察終了後を見据えての本人に対する働きかけをより積極的に行うことが重要であろう。

■地域との連携

薬物依存のある保護観察対象者の社会復帰のためには，保護観察期間中から医療機関やダルク等，保護観察終了後も本人が利用可能な社会資源につながっていくよう働きかけを行うことが不可欠である。しかしながら，現状では，個々のケースに関して保護観察所と地域の関係機関との間での継続的な情報共有や処遇会議までは開催できておらず，それぞれの機関が横のつながりをもてず，ケースへの見立てや処遇方針を共有せぬままに，経過させてしまっている

図表6－2　「薬物依存のある刑務所出所者等の支援に関する地域連携ガイドライン」の概要

策定の背景

・危険ドラッグを含め，薬物依存は大きな社会問題となっており，その対策は政府の重要な政策課題の一つ。そうした中，薬物依存者等を対象とした刑の一部の執行猶予制度が平成28年6月までに施行。
・薬物依存者の再犯（再使用）の防止は，刑事司法機関のみでは不十分。保護観察所と，地域の医療・保健・福祉機関及び民間支援団体との有効かつ緊密な連携体制の構築が不可欠。

ガイドラインの概要

総　論

基本方針

・精神疾患としての認識共有
・シームレスな支援
・民間支援団体との連携

関係機関

保護観察所，都道府県等，精神保健福祉センター，保健所，福祉事務所，市町村（特別区を含む）障害保健福祉主管課，刑事施設，地方更生保護委員会，依存症治療拠点機関及び薬物依存者に対する医療的支援を行うその他の医療機関

地域支援体制の構築

・定期的に連絡会議を開催する。
・薬物依存者の支援に関する人材の育成に努める。
・知見の共有等により，地域における薬物乱用に関する問題解決能力の向上を図る。
・相互の取組に関する理解及び支援の促進に努める。

情報の取扱い

・必要な情報は，他の機関又は団体における情報の取扱方針等に配慮しつつ，共有する。
・支援対象者に関する情報共有は，原則として本人の同意を得る。　等

各　論

薬物依存者本人に対する支援

（刑事施設入所中の支援）
・刑事施設，地方更生保護委員会及び保護観察所は，出所後に必要な支援等に関するアセスメントを行う。
・保護観察所は，アセスメントの結果を踏まえ，出所後の社会復帰上の課題と対応方針を検討する。　等
（保護観察中の支援）
・保護観察所は，支援対象者に対する指導監督を行うとともに，必要な支援を受けることができるよう調整する。
・医療機関は，支援対象者の治療や，必要に応じて関係機関に対する情報提供等を行う。
・都道府県，精神保健福祉センター又は保健所は，支援対象者の希望に応じ，回復プログラム等を実施する。
・福祉事務所又は市町村障害保健福祉主管課は，支援対象者の希望に応じ，必要な福祉的支援を実施する。
・関係機関は，保護観察所等の求めに応じ，支援対象者に対する支援に関するケア会議等に出席する。　等
（保護観察終了後の支援）
・保護観察所は，支援対象者の希望に応じ，精神保健福祉センターその他の関係機関に支援を引き継ぐ。　等

家族に対する支援

・関係機関は，支援対象者に対する支援に当たっては，本人の意向とともに家族の意向を汲む。
・関係機関は，相互に協力して効果的に家族支援を行うとともに，希望に応じ，保護観察終了後も支援を行う。　等

ものも散見される。

2015（平成27）年11月，法務省保護局長・矯正局長，厚生労働省社会・援護局障害保健福祉部長の連名により，「薬物依存のある刑務所出所者等の支援に関

図表6－3　ガイドラインを踏まえた薬物依存者に対する支援等の流れ（イメージ図）

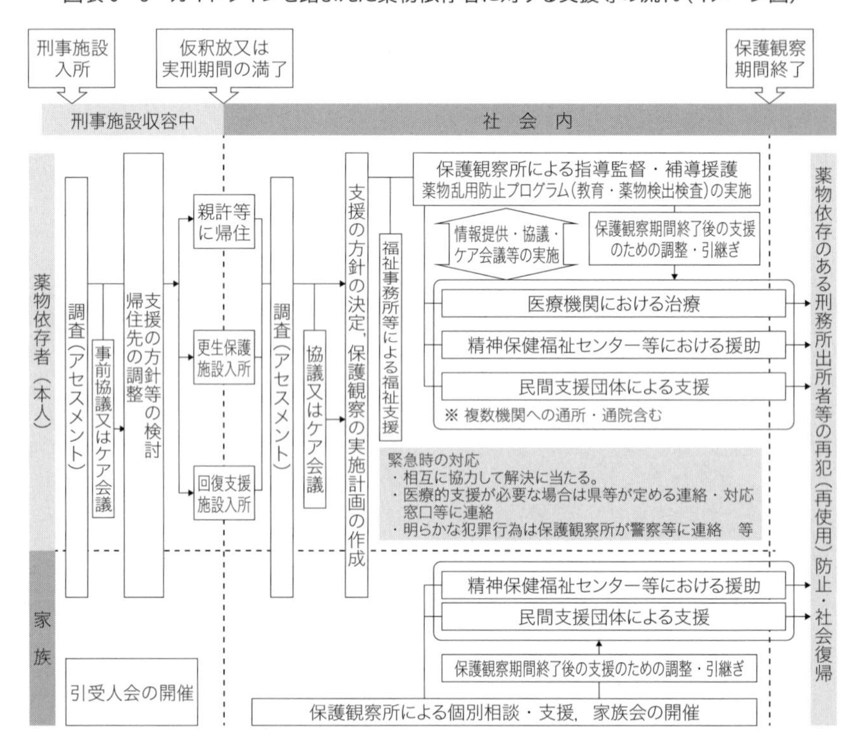

する地域連携ガイドライン」が発出された。本ガイドラインは，薬物依存のある刑務所出所者等に対する支援に関し，関係機関および民間支援団体が，相互に有効かつ緊密に連携し，その責任，機能または役割に応じた支援を効果的に実施することができるよう，関係機関が共有すべき基本的な事項を定めるものである。法務省・厚生労働省が連名で薬物支援に係るガイドラインを発出したことは初めてであり，意義あることと思う。薬物依存の問題を抱えた者の多くは，単に薬物の問題だけではなく，借金や家族，就労の問題等，さまざまな問題を抱えた者が多く，それぞれの問題の緊急性，重篤性を見極めながら臨機応変に対応していく必要がある。本ガイドラインや刑の一部執行猶予制度の実施を契機として，本人の受刑中から保護観察期間は，保護観察官が関係機関相互のコーディネートを行い，保護観察終了後は地域の関係機関がその支援を引き

継ぐような仕組み作りが期待される。

しかしながら，薬物依存に関しては，地域の社会資源が一部の大都市等に偏在していること，薬物依存に関する専門の医療機関がきわめて少ない等の課題は大きい。医療・保健・福祉機関にしても，薬物依存者への支援の専門家はきわめて限られており，薬物依存に関する人材育成はどの分野においても急務である。社会資源が枯渇している現状では，保護観察官が地域への橋渡しを検討する以前に橋渡しできる社会資源を開発することから始めなければならない。

薬物事犯者を地域で支援・援助するための取組は，まだまだ不十分なものが多い。そのような状況のなかで，多くの薬物事犯者と家族は，適切な治療や支援を受けることなく地域で孤立し，その結果，薬物の再使用が繰り返されるという悪循環も生まれている。薬物事犯者の再犯防止対策は簡単なことではない。司法機関と医療機関，自助グループなど民間団体等が連携して，薬物事犯者やその家族に対し，息の長い支援を行うことが重要であると思う。

1） 依存症者に対する医療及びその回復支援に関する検討会報告書 http://www.mhlw.go.jp/stf/seisakunitsuite/bunya/0000070789.html。

第7章

薬物依存の理解と処遇の現状

和田 清

1　はじめに

薬物問題を考えるには最低限二方向からのとらえ方を理解する必要がある。1つは薬物事犯という司法・取り締まり的とらえ方である。もう1つは薬物依存症という医学的・薬学的とらえ方である。困ったことに，これらは本質的には別方向を向いているのである。この別方向を向いたベクトルに現実的にどう対応するかを決定するのが行政であろう。

本章では，薬物問題の医学的・薬学的側面について解説したい。

2　薬物の乱用，依存，中毒とは

「依存」という用語は，「たよる」という意味合いで日常的に使われている言葉である。「中毒」という用語も「毒に中(あた)る」という意味と，「何かの対象物や行為に“はまる”」という意味合いで，日常的に使われる言葉である。しかし，このことが医学用語である「（薬物）依存」（物質依存）の理解にとって，大きな障壁となってきたし，現在もそうである。しかし，薬物問題を考えるときには，行為としての「乱用」と，乱用の繰り返しの結果としての状態としての「依存」と，依存に基づく薬物乱用の繰り返しの結果としての，状態としての「（慢性）中毒」の別を明確に理解した上で，議論をする必要がある。本章ではこれらの概念が比較的明確にわかる覚せい剤の場合（図表7-1）を基にして，薬物の乱用，依存，中毒の別を論じたい。

■薬物乱用とは

薬物の乱用とは薬物をその違法性かどうかにかかわらず，社会的許容から逸

図表7－1　薬物の乱用，依存，中毒の関係

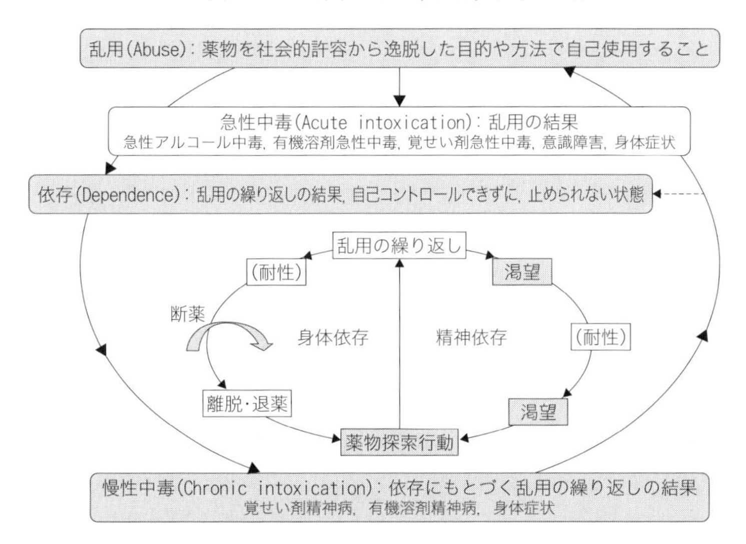

脱した方法や目的で自己使用することをいう。

覚せい剤，麻薬，大麻などの規制薬物は，その所持，売買のみならず，使用そのものが原則的に法律により規制されている。したがって，それらを1回でも使えば，その行為は乱用である。シンナーなどの有機溶剤，各種ガス類は，それぞれの用途のために販売されており，それらを吸引することは目的の逸脱であり，1回吸引しても乱用である。医薬品を「遊び」目的で使うことは，目的の逸脱であり乱用である。また，1回に1錠飲むように指示された睡眠薬，抗不安薬，鎮痛薬などの医薬品を「早く治りたい」と，1度に複数錠まとめて飲む行為は，治療のためという目的は妥当だが，方法的には指示に対する違反であり乱用である。

ところで，わが国には成人の飲酒に対する規制はない。しかし，イスラム文化圏では成人といえども，飲酒自体を禁じている国は少なくない。この事実は，薬物乱用という概念は，社会規範からの逸脱という尺度で評価した用語であり，逆に医学用語としての使用には難があることを意味している。そのため，世界保健機関（WHO）による国際疾病分類では，文化的・社会的価値基準を含んだ薬物乱用という用語を廃し，精神的・身体的意味での有害な使用に純

化した「有害な使用」という用語を使うことになっている。

■薬物依存とは

薬物乱用という行為を繰り返すと，脳内に異常が生じ，薬物依存という状態に陥る。その状態が事例化した場合，薬物依存症という。

薬物依存を理解するためには，精神依存と身体依存という２つの概念を理解する必要がある。

身体依存とは，長年の薬物使用により生じた人体の馴化の結果であり，その薬物が体に入っている時には，さほど問題を生じないが，これが切れてくると，さまざまな症状（離脱〔退薬〕症状。一気に薬物使用をやめた場合は禁断症状ともいう）が出てくる状態である。断酒による手の震えや振戦せん妄がその典型である。身体依存に陥ると，退薬時の苦痛を避けるために薬物を手に入れようと行動する。この薬物入手のための行動を薬物探索行動という。

一方，精神依存とは，その薬効が切れても，離脱症状は出ない。薬効が切れると，その薬物を再度使用したいという渇望が湧いてきて，その渇望をコントロールできずに薬物探索行動に走り，薬物を再使用してしまう状態である。

身体依存であろうが，精神依存であろうが，それらは薬物探索行動という形で必ず表面化する。しかも，薬物依存の本態は精神依存であり，身体依存は必須ではない。アルコール，モルヒネ，ヘロインなど多くの中枢神経抑制系の薬物には身体依存と精神依存の両方があるが，覚せい剤，コカイン，ニコチンなどの中枢神経系の興奮薬には身体依存はないとされているからである。

図表７-２は典型的な覚せい剤依存症者にみられる１週間から10日間の生活パターンを表したものである。

第一相は，手元に覚せい剤がある時期であり，多幸感などを得るために，ありったけの覚せい剤を使い続けることになる（「めちゃ打ちの時期」）。結果的に，本人は万能感に浸り，不眠不休の状態にある。

しかし，覚せい剤を使い切ってしまうと，それまでの反動として，どうしようもない疲労感と不快感，抑うつ気分を体験し，「とにかく寝たい」という「つぶれの時期」に入る。結果的に，２～３日間眠り続ける第二相である。

目が覚めると，第一相～第二相の４～６日間，ほとんど食事を摂っていないため，猛烈な空腹に襲われ「どか食い」することが多い。それと同時に，覚せい剤使用に対する渇望がこみ上げてきて，それに抗しきれずに薬物探索行動に出ることになる。これが第三相である（「薬物渇望期」）。

図表7-2　覚せい剤の周期的使用に見られる三相構造[1)]

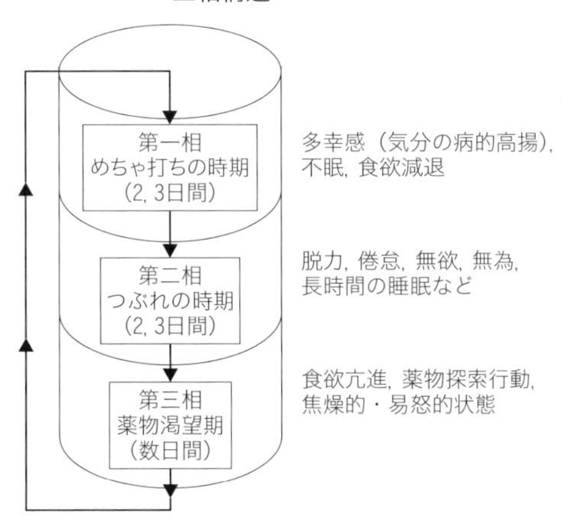

薬物渇望期の時には，誰の意見も本人の耳には入らない。本人にとっては，図表7-2に示した三相構造の生活を繰り返すことが生活のすべてになってしまっているのである。

どうしてそこまで薬物を欲しがる状態になるのであろうか？　薬物の大脳での作用点は薬物ごとに異なる。しかし，依存性薬物というからには中脳の腹側被殻野から側坐核等へ投射している脳内報酬系（A10神経系）の異常を共通して引き起こすと考えられている。つまり，薬物依存とは精神依存のことであり，大脳の生物学的な異常によって引き起こされた渇望に対する自己コントロールの喪失なのである。そこには「たよる」という日常用語としての意味合いはない。しかも，一旦異常になったA10神経系の異常は半永久的に元には戻らないとされており，元に戻す「特効薬」もない。

さらに，渇望には記憶が関係しているようであり，消えたかと思っていても，何かの拍子に，自生するかのようによみがえる性質をもっている。このことは，多くの人が身をもって体験していることである。たとえば，真夏の暑い夕方，疲れてくると「冷えた生ビール」という思いが知らず知らずに湧いてくる人たちがいる。「暑い」「疲れた」という状況下で飲んだ「冷えた生ビール」の記憶が，類似した状況下に置かれると再生，再現するのである。喫煙者は，ニコチンの薬理作用が切れてくると，大雨であろうが，大雪であろうが，夜中であろうが，タバコを購入しようと出かける（薬物探索行動）。一方，この渇望というものは，絶対に薬物が手に入らない環境下や絶対に使えない環境下では，消えてしまったかのようにしぼんでしまう。長時間にわたる飛行中，喫煙者の喫煙に対する渇望は消えてしまったかのようにしぼんでいる。しかし，到着するやいなや，頭の中は一気に渇望で満たされ，喫煙者は真っ先に喫煙所へ行くことになる。これが渇望の特質であり，伸縮こそすれ，脳に刻み込まれた記憶は容易に消すことはできない。刑務所内では，規制薬物に限らず，タバコに対する渇望も消えたかのようにしぼんでいる。しかし，薬物事犯者にとって，出所後，かつての薬物使用にかかわる人物に会うとか，かつての薬物使用にかかわる場所に戻るということは，渇望を最大限に膨らませる機会を作ること以外の何物でもない。薬物事犯者の再犯率が高いのは当然のことともいえよう。

■薬物中毒とは

薬物中毒には，急性中毒と慢性中毒との２種類がある。

急性中毒は依存の存在にかかわりなく，薬物を乱用さえすれば誰でも陥る可能性のある状態である。典型は「一気のみ」というアルコールの乱用の結果生じる急性アルコール中毒である。

一方，慢性中毒とは薬物依存の存在の下で，その薬物の使用を繰り返すことによって生じる人体の慢性・持続性の異常状態である。覚せい剤や有機溶剤では，それぞれ，幻覚妄想状態を主症状とする覚せい剤精神病や無動機症候群を特徴とする有機溶剤精神病がこれらに該当する。ニコチンの場合は精神病状態になることはないが，肺癌はこの慢性中毒として理解することができる。アルコールの場合には，認知症や肝硬変がこれに該当する。

■時系列から見た乱用，依存，中毒の関係

図表７-３は乱用，依存，中毒の概念を時系列的に表記したものである。ここで重要なことは，薬物乱用，薬物依存，薬物中毒という概念が同一平面上の概念ではないということである。つまり，重なり合うということである。

また，薬物乱用者といういい方がよく使われるが，薬物乱用者には，「乱用だけの乱用者」「依存に基づく乱用者」「慢性中毒にまで至った乱用者」の３種類の乱用者がいることを意識しておく必要がある（図表７-３）。図表７-３を念頭に置きながら，その薬物事犯者には「乱用」「依存」「慢性中毒」の３つの概念

図表7－3　時系列でみた薬物の乱用，依存，中毒の関係と薬物乱用者の3型

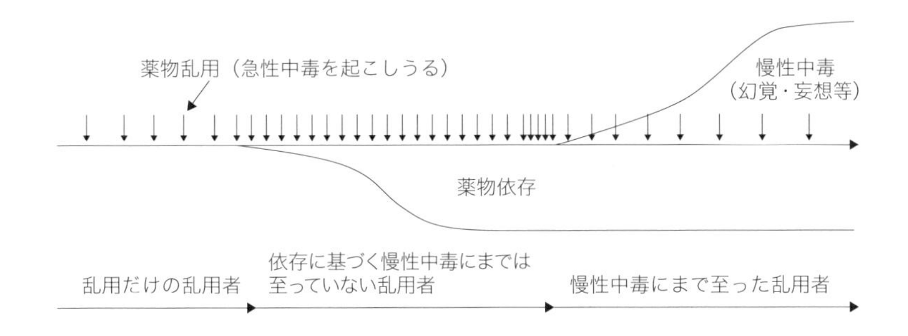

のうち，いくつの概念が当てはまるのかを見極めて，それぞれにあった処遇を行う必要がある。

「慢性中毒にまで至った乱用者」には言動の異常が認められる。覚せい剤を代表格にして，多くの依存性薬物による慢性中毒では，幻覚・妄想が主症状となるが，幻覚妄想状態に対しては，現行の抗精神病薬が良く効く[2)]。しかし，幻覚妄想状態を脱したからといって，依存までもが「治った」わけではない。治療行為によって，患者は図表7－3の薬物依存だけの状態に戻っただけなのである。薬物依存と薬物乱用との関係はモグラ叩きの機械とモグラの関係にたとえることができる。そもそも，薬物依存とは依存性薬物の乱用の繰り返しの結果，陥る状態であるが，薬物依存に陥ってしまうと，逆に薬物依存（モグラ叩きの機械）が薬物乱用（モグラ）を作り出してしまうのである。薬物依存状態にある限り，薬物乱用は続く。

「乱用だけの乱用者」は，薬物探索行動は示さない。周囲の者が使用している環境下でのみ，機会的に使用するタイプである。乱用という概念が医学概念でない以上，このタイプは，本質的には医療の対象とはいえない。しかし，無対応の結果，薬物依存に発展する可能性が高いのは事実であり，前依存状態とみることもできる。医療サイドは，薬物乱用による各種の害を説明することによって，当人の薬物乱用の中止に協力することができる。

薬物探索行動があれば，それだけで「依存にもとづく乱用者」である。このタイプは「慢性中毒にまで至った乱用者」同様，「精神保健福祉法」上は，れっきとした精神障害者であり，明らかに医療の対象である。しかし，現実はどう

であろうか？

3　薬物依存症者の処遇の現状

■医療現場の現状

わが国の精神科病院に入院している精神障害者は，2009（平成21）年６月30日現在の総入院患者数で31万738人である。最も多い疾患は統合失調症であり，全体の約59.1％を占めている[3)]。一方，薬物関連障害患者数は，アルコールで4.3％（１万3266人），覚せい剤で0.2％（671人），それ以外の薬物で0.2％（674人）であり[4)]，「刑の一部執行猶予制度」の対象となる薬物が原因となって入院している患者は0.2％＋0.2％＝0.4％（人数にして1345人）以下にすぎない。

さらに，2009（平成21）年には精神科病院が1636施設存在したようであるが，その0.2％にすぎない４施設に，全薬物関連障害患者の3.2％（462人），全覚せい剤関連障害患者の12.4％（83人），全それ以外の薬物関連精神障害患者の3.1％（21人）が入院していたという現実がある（筆者による私的調査による）。その偏在ぶりや，唖然といわざるを得ない。

つまり，入院患者数といった視点から見る限り（経験上，通院患者という視点から見ても同じことであるが），精神医療がかかわっている薬物依存症患者数はきわめて少ないのである。

■どうしてそうなったのか

このような現状になった背景には，いくつか理由がある。

第一にいえることは，薬物依存の生物学的基盤ともいえるA10神経系の異常を元に戻す「特効薬」がないことであろう。その結果，長い間，薬物依存症者の処遇は，NA（Narcotics Anonymous）やダルク（Drug Addiction Rehabilitation Center）といった自助活動や民間回復支援施設に「丸投げ」されてきた歴史がある。2003（平成15）年，ダルクは全国で25ヵ所存在し，その入寮者総数は354人であったが[5)]，2015（平成27）年には83施設前後にまで増加しているようである[6)]。2003（平成15）年の同調査によれば，総入寮者の42.7％が生活保護受給者であったというが[7)]，2015（平成27）年では，その割合は73.9％にまで増加していたという報告がある[8]。ダルクにおける運営資金難問題は深刻である[9]。同時にダルクとは，薬物依存から回復したいと自ら願っている者が入寮するところであり，その意思がないにもかかわらず，出所後の帰住先がないことを理由に入寮するところではない。

さて，この「特効薬」問題であるが，現在も「特効薬」がない事実に変わりないが，2006（平成18）年以降，米国マトリックス研究所によるマトリックス・モデル[10]を参考に，わが国用に開発されたワークブックを用いた認知行動療法的包括的外来治療プログラム「SMARPP（Serigaya Methamphetamine Relapse Prevention Program）[11]」が登場し，2014（平成26）年8月末現在で，全国の41医療施設（ただし，医療観察法病棟でのみの施設や，アルコール依存症者に対してのみの施設を含む），精神保健福祉センター・保健所等の16保健・行政機関，15のダルク等の民間回復支援施設で実施されるまでになっている。このSMARPPは，「慢性中毒にまで至った乱用者」には難しいが，「依存に基づく乱用者」はもちろんのこと，「乱用だけの乱用者」をもその対象者とする治療プログラムであり，この治療法の普及が今後のわが国の薬物依存対策の鍵になると考えられる。

第二の理由は，薬物関連患者（とくに覚せい剤関連患者）特有の逸脱行動という，医療機関にとっての処遇・管理上の問題である。全国の有床精神科病院に対する調査によれば，薬物関連患者に対する治療を阻んでいる原因としては，①スタッフ・患者間のトラブルが多い（47.2％），②人格障害の合併が多い（45.1％），③治療のドロップアウトが多い（30.1％）という意見が上位3つを占めていた[12]。

第三の理由は，診療報酬上の問題である。それまで保険診療の対象外（費用は全額自己負担）であったニコチン依存症治療は，2006（平成18）年から，施設要件を満たした施設における「禁煙外来」では，保険診療が適応されることになった。アルコール依存症に対しても，施設要件を満たした施設における治療プログラムを用いた入院治療に対しては，「重度アルコール依存症入院医療管理加算」という保険診療上の診療報酬点数加算が2010（平成22）年から認められるようになった。しかし，同時に要求の出されていた薬物依存症治療への診療報酬点数加算は認められなかった。

ニコチンもアルコールも，覚せい剤に代表される規制薬物も，依存性薬物という医学的・薬学的観点からは何ひとつ変わらない。しかし，保険診療の話になると必ず出されるのが，「ニコチンやアルコールの使用は違法ではないが，覚せい剤に代表される規制薬物の使用は違法行為であり，その結果，薬物依存症という精神障害になっても，それは自己責任の問題である」という司法・取り締まりサイド的論理だと聞いている。この主張は，きわめてごもっともに思われる。

しかし，薬物依存症の原因薬物は，覚せい剤に代表される違法薬物だけではない。全国の精神科病院に入院・通院した薬物関連精神疾患患者について調べた調査では，原因薬物としては，覚せい剤の42.2%，危険ドラッグの23.7%に次いで，睡眠薬・抗不安薬が13.1%であった[13)]。しかも，睡眠薬・抗不安薬症例の85.5%は，精神科からそれらの薬物を処方されていたのである[14)]。この問題は自己責任論では片づかない。

さらに，「過度の習慣的飲酒はアルコール依存症を引き起こし，肝硬変や肝癌の原因になる」，「習慣的喫煙はニコチン依存症を引き起こし，肺癌の原因になる」という知識は周知されているにもかかわらず，自己責任論を飛び越えて，保険診療の対象となっている。実は，肥満も含めた「生活習慣病」の原因の多くは自己管理の失敗（＝自己責任）から来ているのである。それでも，「いや，原因行為が違法かどうかが重要である」という司法・取り締まりサイド的意見が強いのであろう。

ただ，行為者ではなく，そのような者たちを診る立場にある医療というものは，疾患原因の違法性の有無でその対象を決めているわけではない。患者がいれば，その患者が犯罪者であっても，加害者であっても，対応するのが医療である。「依存にもとづく乱用者」，「慢性中毒にまで至った乱用者」は，薬物関連法規上は乱用者ではあるが，「精神保健福祉法」上は，れっきとした精神障害者である。対応に時間と労力と工夫が必要とされる治療には，診療報酬上の点数加算が必要なのであり，そのような治療を行っている医療施設には，何らかの制度的経済支援が必要なのではないだろうか。これらなくしては，薬物関連患者を診ようという医療施設は増えないであろうし，「絶滅危惧種」と称される，薬物依存症者を診ている数少ない医師たちは，本当に絶滅してしまうと危惧している。

4　おわりに

医学用語としての「依存」には，「たよる」という意味合いは一切ない。再犯率を下げるためには再乱用防止が必須であるが，医学的・薬学的に見た場合，再乱用防止の中核は薬物依存症対策である。

「ダメ。ゼッタイ。」に象徴されるわが国の第一次予防（薬物に手を出さない）は世界一であろう。しかし，第二次予防（早期発見，早期治療），第三次予防（社会復帰）に関しては，先進国中，最貧状態といわざるを得ない。今回の「刑の一部執行猶予制度」導入をわが国における薬物依存症対策の実質的な変革の機会にしていただければと願うばかりである。

1）　小沼杏坪「覚せい剤依存」佐藤光源・福井進編『薬物依存（目で見る精神医学シリーズ５）』（世界保健研究社，1993年）。
2）　和田清「覚せい剤精神病の臨床症状――覚せい剤使用年数との関係」アルコール研究と薬物依存25巻３号143-158頁。
3）　厚生労働省社会・援護局障害保健福祉部精神・障害保健課，（独）国立精神・神経医療研究センター精神保健研究所「精神保健福祉資料――平成21年度６月30日調査の概要」８頁。
4）　前掲注３）。
5）　宮永耕「薬物依存者の社会復帰に関する研究(2)――薬物依存者の生活保護と援助プログラム利用に関して」平成14年度厚生労働科学研究費補助金（医薬安全総合研究事業）『薬物乱用・依存等の実態把握に関する研究及び社会経済的損失に関する研究』（主任研究者：和田清）研究報告書（2003年）213-227頁。
6）　宮永耕「薬物依存症者に対する支援活動の実態と課題に関する研究(2)」平成26年度厚生労働科学研究費補助金（医薬品・医療機器等レギュラトリーサイエンス政策研究事業）『「脱法ドラッグ」を含む薬物乱用・依存の実態把握と薬物依存症者の「回復」とその家族に対する支援に関する研究』（主任研究者：和田清）研究報告書（2015年）181-189頁。
7）　前掲注５）。
8）　前掲注６）。
9）　前掲注６）。
10）　Shoptaw, S, Rawson, RA., McCann, MJ., Ober, JL.. 1994, The Matrix model of outpatient stimulant abuse treatment – evidence of efficacy. J. Addict. Dis., 13: pp129-141.
11）　小林桜児ほか「覚せい剤依存患者に対する外来再発予防プログラムの開発――Serigaya Methamphetamine Relapse Prevention Program（SMARPP）」日本アルコール・薬物医学会雑誌42巻５号（2007年）507-521頁。
12）　尾崎茂「専門病棟を有する精神科病院受診者に対する認知行動療法の開発と普及に関する研究(3)」『平成19年度厚生労働省精神・神経疾患研究委託費による研究報告書集（２年度班・

初年度班）』（国立精神・神経センター，2008年）300頁。

13）　松本俊彦「全国の精神科医療施設における薬物関連精神疾患の実態調査」平成26年度厚生労働科学研究費補助金（医薬品・医療機器等レギュラトリーサイエンス政策研究事業）『「脱法ドラッグ」を含む薬物乱用・依存の実態把握と薬物依存症者の「回復」とその家族に対する支援に関する研究』（主任研究者：和田清）研究報告書（2015年）95-128頁。

14）　前掲注13）。

第8章

薬物依存者回復施設との共働

地域における支援とダルク

宮永 耕

1 はじめに

薬物依存者の回復を支援する目的で地域の中で活動するダルク[1]については，活動開始から30年余りを経過した今日では，全国各地で運営される施設の増加に伴い，その名称も一般的に広く知られるところとなった。

薬物依存（症）の取り扱いについては，薬物の使用が法規制との関係から違法であることを根拠とした介入が中心としてとらえられやすく，それは薬物乱用による薬物事犯として司法モデルの中で処遇されてきた。さらに，精神作用物質である薬物摂取に起因する多様な精神疾患の問題については，精神科医療を中心として，かつては入院を主とした，近年では通院医療も含めた精神病症状を対象とした医療モデルでの対応も合わせて行われてきた。

しかし，それら薬物犯罪ないしは中毒性精神病に深く関与する薬物依存というコントロール障害の問題に関しては，いずれのモデルでも単独での解決は困難であり，日常生活が営まれる社会内での処遇が重要との認識はあったものの，なお長期にわたりその具体的な方策は乏しいままに推移してきた。司法モデルや医療モデルの外側では，薬物依存が結果的にもたらす生活困窮対策の段階において限定的に社会福祉機関等が対応するのみであり，社会（福祉）モデル＝ソーシャルモデルといわれる依存者の広範なニーズを対象とした援助はほとんど空白の状態が続いた。この間，海外ではTherapeutic Community（TC：治療共同体）とよばれる治療的介入のフォーマットが発展・普及し，短期間の間に薬物依存問題対策において主要な機能を担うようになってソーシャルモデルの実体を示していったが[2]，薬物乱用経験者の回復支援が社会的課題として意識されなかった日本にはその影響はほとんど及ばなかったといえる。

それとは別に，社会福祉あるいは障害者サービスの実践現場においては，近年見直しと再編が進む中で薬物依存問題の取り扱いも変化してきた。精神障害概念の整理とそこでの位置づけ，地域での障害福祉サービスの再編は，今日薬物依存者を社会福祉の対象としてもサービス利用者に規定している。既存モデルの範囲外とされていた広範なニーズへの対応がソーシャルモデルには求められるという意味で課題は大きいものの，ダルクが活動を始めた当初とは明らかに状況が異なってきていることも指摘しておきたい。

このように社会状況の変化の中で，拡大させてきたその接点とのかかわりを通してダルク自体も変化しつつある。筆者は，社会福祉援助の現場に従事しながら活動を始めたばかりのダルクに出会い，以降今日までボランティアとしてかかわってきたが，その経験を通して到達点と課題について考えてみたい。

2　ダルクとは何か

「ダルク」という名称が示すその実体は，薬物依存者を対象とした民間リハビリテーションセンターあるいは施設の名称であり，その運営団体の名称でもある。1985（昭和60）年7月，東京都荒川区の古い倉庫物件を借り上げて始まった手探りの自助活動が，現在ではマスコミ等に頻繁に取り上げられて薬物依存の専門施設として認知されるようになるとは，当時の運営当事者も予想し得なかったと思われる。今日，広く知られるこの名称は，活動を始めるに当たり，後述するMAC（マック）での活動歴をもった創始者らが名乗ったDrug Addiction Rehabilitation Centerの頭文字で，大文字部分のDARCをそのまま米口語流に発音すると「ダーク」となり，その「暗い」語感を避けて「ダルク」とカタカナ表記で読ませたものだという。このように固有名詞でなく一般名詞だけで命名したことからも，日本には当時先行する同種の施設や活動が皆無だった状況を知ることができよう。さらに，「嗜癖」を表すアディクション（Addiction）という語も，90年代以前には一部の専門職者以外には馴染みが薄く，実際乱用を意味するAbuseとの混同も初期にあったが，創始者らが当初からそれまでとは異なる，問題の本質であるコントロール障害を重視するアディクションの概念を用いて，犯罪行為や反社会性から切り離して薬物使用問題を表現していた点も重要である。

ダルクの運営者には活動開始時から，今薬物使用にかかわって苦しんでいる，自らと同じ問題を抱える依存者の回復を手助けしたいという動機と，その活動は社会的にも有用であるという意味の使命感とがあったが，それらを施設として運営していくための条件はほとんど用意していなかった。さらに，専門職・機関から独立した薬物依存者自身の手による活動が制度等の基盤なしに始められたため，多くの面で困難に直面することは避けがたかった。利用者が寝泊りして「リハビリテーション活動」を行うため必要となる施設用物件を賃貸するための外部の理解・協力はもとより，賃貸資金や光熱水費，専従スタッフ雇用の人件費，「プログラム費」として一括される施設内外での活動諸経費も，支払い可能な入寮者家族等から集めた利用料収入では十分でなく，不足部分は活動を知った善意の市民からの寄付で賄うほかに方法はなかった。当初からダルクの広報は，活動の周知や利用者募集だけでなく，運営維持のための献金募集とも不可分に進められる必要があった。

活動初期にダルクの活動を支援したほぼ唯一の社会的集団は，キリスト教会とくに大都市圏のカトリック教会とその関連団体だった。理由はいくつかあるが，先行してダルクの創設にさまざまに影響を与えた，アルコール依存者のためのリハビリテーション施設である「マック（MAC）」の活動にかかわる部分が大きい。マックは今日でも，同じ物質使用障害としてアルコール依存者とあわせて薬物依存者も対象に含めている。ダルクを創設した近藤恒夫もマックのスタッフとして働いた経験をもつが，彼にその役割を与え共同してマックを運営していたのが，カトリック・メリノール宣教会（Maryknoll Mission：アメリカ外国宣教会）の司祭，ロイ・Aだった。自身も回復途上の薬物依存経験者として，精神科病院入院中の近藤に体験を伝えて回復の手ほどきをし，札幌で一緒に運営したマックの活動は，その後東京で始まるダルクの出発点ともなった。

“Maryknoll Alcohol Center”の頭文字を自らの名に冠したマックは，キリスト教宣教のため来日し，日本でアルコール依存症となったカトリック司祭J・ミニーが，治療のため帰国してアメリカでAA（アルコホーリクス・アノニマス）の12のステップによる回復プログラムを体験したのちに再来日し，1975年に大宮市で始めた入寮施設を起源としている。1978年には東京・荒川区にアルコール依存者のデイケアセンターを開設したが，当初からしばらくは司祭たちが所属するメリノール宣教会米国本部より活動資金の援助が行われていた。ダルクも活動目的や内容から見れば当然キリスト教団体にはあたらないが，メリノール会による直接援助から自立していく過程でもその活動を理解し支援する他団体は少なかったため，所在地周辺のカトリック教会の多くの信徒や団体による物心両面の援助に支えられてきた経過がある。

今日では，当時と同じような運営を継続するダルクは少ないが，近隣の教会から運営のための献金を受けたり，新しい施設の開設や設備拡充等にあたってカトリック団体等から助成を受ける状況は，上記のような経過もあり現在でも珍しいものではない。その一方で，今日では他のNPO活動と同様に，カトリック以外のキリスト教団体やその他の宗教団体，さらに地域での活動を対象とした多様な民間助成団体・資金等とのかかわりも模索され，その実績も年々拡大しつつある。

3　ダルクの回復プログラム

ダルクには薬物依存からの回復を目的とする「プログラム」があるが，それは薬物を使用しない生き方，生活の方法を身につけることを目指している。具体的には，薬物依存者の自助グループNA（Narcotics Anonymous；ナルコティクス・アノニマス）の提案する12のステップに沿って，クリーン（薬物を使用しない）な生活を継続していくために，一定期間集中して１日３回のグループミーティング等に参加し続け，そこで自分の体験や感情を正直に語り，ダルクに集う「仲間」とよび合う自分以外の薬物依存者の体験を繰り返し聴くことによって日々のクリーンな生活を支え合い，回復を目指していくものである。

ダルクが回復の指針に取り入れてきたNAの12ステップの中で，とくにその土台となるのがステップ１（自己のアディクションに対する無力を認めた）であることは，「アディクション」として対象物質を特定しない表現こそ異なるが，AAのそれと同じである。ダルクでは，通常毎日行われるミーティングと共同生活の各場面で，このステップ１を受け入れられるよう，そのための機会を繰り返し提供する。その土台の上に，さらにステップ２（自分より大きな力が健康な心に戻してくれることを信じた）とステップ３（自分たちの意思と生き方を自分で理解する神の配慮に委ねた）とを実践するため，生活の共有を通した分かち合いが続けられる。ダルクという安全な場で薬物依存者たちは，これらステップの実践によって各自の生活課題に合わせてNAグループでのセルフケアを継続する具体的な方法を身につけていく。可能であれば，その後の回復の歩みを確立するためにとくに重要なステップ4・5（人生の棚卸の準備と実行）の作業を，ダルク利用期間に行うことも提案される。

ダルクが提供するプログラムには，その場では何を話しても批判されず，それでいて聞き流されることもなく確かに受け止められていると感じられる，同じ問題を担った仲間の輪の中で繰り返されるミーティングがその中心に存在している。ミーティングへの出席はダルクが示す数少ないルールであり，開設当初より維持されてきた特徴的な部分でもある。通常は午前と午後に1時間から1時間半程度，利用者とスタッフが全員参加して行われ，司会者がその日のテーマを示し，自助グループの場合と同様の「言いっぱなし，聞きっぱなし」を基本として自身の体験を話し，仲間の語りを聴き，考えや感情を分かち合うエンカウンターグループの方法で行われる。自身も依存の体験者であるスタッフは，当然にミーティングの場を通して利用者個々の状態や変化を把握することになる。なお，ミーティング以外の時間は自由時間として，セルフケアの目的に沿ってどのように使うか考え行動することも，回復過程には重要な課題として説明される。

さらに，今日，全国に広がったダルクでは，地理的特徴あるいは自然環境や利用者たちの興味関心に沿ってさまざまな活動を施設プログラムに取り入れ，回復援助の過程に生かすべく試行錯誤している。たとえば，スキーやスノーボードを体験したり，定期的に登山やハイキングによって自分の体力の状態を実感したり，一緒に温泉やヨガ体験などリラグゼーションを図ったり，海岸近くではサーフィンや魚釣りを取り入れ，薬物なしの生活に楽しみを見出すことが回復に役立つことを経験してきた。その他，畑を借りて農作業を行ったり，手工芸による自主製作品を作って地域のイベント等で販売する例もある。

また，沖縄での活動を契機として，伝統芸能である琉球太鼓エイサーの演奏をプログラムに取り入れ，現在では多くの発表機会が与えられるようにもなっている。沖縄で入寮を経験した利用者は，その後各地のダルクで取り入れられた太鼓の練習におけるインストラクターとなり，エイサーの演武は全国的に普及して活動のPRにも役立てられていった。個々のダルクの特色あるプログラムは，スタッフや施設間を移動する利用者によっても日常的に情報交換され，相互に影響と刺激を与え合っている。

一方，クリーンな生活を一定期間続け，施設での生活も安定してきた利用者の多くが，地域内でパートやアルバイト就労をとおして自立への足がかりをつかんでいる。そのような段階の利用者は，日中の勤務後，主に夜間に地域のNAミーティングに通うことをプログラムとしている。ダルクでは就労自立の途上にある利用者に対して，希望に応じて入寮施設の利用を継続させ，低額で居所を提供することで退寮の際必要となる貯蓄を支援することと合わせ，必要時にはスタッフが個別相談を受けサポートする。薬を使わない依存者の仲間が身近に存在していると実感できる環境は，一般社会で新たな課題に取り組みストレスにもさらされる回復途上の依存者にとっては，他の何にも代えがたい安心感を提供するという。

この30年近くの期間に確認されてきたことのひとつに，依存者はかつて使用しながら生活した地域とは異なる環境で，使用をやめたいと願う仲間とともに生活することによって，より回復のチャンスをつかみやすかったという事実がある。この事実を証明しうるエビデンスとは別に，かつてのようにダルクが全国に1ヵ所だけだった時代には，依存者はリラプス（再発）の度に結局同じ施設に戻るほかなかったが，今日では施設プログラムの各段階で，あるいは再使用の危機や回復を目指す「出直し」の際にも，各地の別のダルクに移り，新たな場でプログラムを受けるチャンスが得られるようになった。実際に数ヵ所のダルクで生活した「仕切り直し体験」者たちの中からも，今では数多くの修了者がスタッフとなって，利用当時の自らの経験を生かして回復援助に参画し，あるいは新しい地域に自らの手でダルクを開設して，回復のメッセージを運び続けている。

4　ダルクの運営

ダルクは拠点となる施設をもって行うリハビリテーション活動であるため，

開設資金とその後のランニングコストも相当の費用を必要とするが，それを支える資金は当初ほとんどなかったことを先に述べた。したがって，施設の維持存続のために各施設で共通して行われてきたのが，献金の募集を通して自らの活動を市民に知らせていく地道な広報活動だった。当然，地域内の行政機関や医療機関，関連施設・団体を対象としても，活動への理解を求めていったが，そこでは主に具体的な薬物依存者援助の経験の共有を介して，徐々に地域の社会資源のひとつとして認知されていった経過をみることができる。

デイケアで行われるプログラムは，回復を望む薬物依存者に対して無償を原則に提供されており，利用者が負担する利用料と等価のサービス提供という発想はダルクの自助的動機にはなじまない。ただし入寮を伴うプログラムについては，居室利用料（家賃）相当額と利用期間中の「生活費」預り金を含めて月額14～16万円程度利用者家族等に負担を求めてきたが，その中から入寮者に対し一日1500～2000円を毎日現金で渡し，残額で寮施設の光熱水費や維持管理費を負担するほか家賃の支払いに充当する。この寮費収入だけでデイケア維持費と職員給与まで賄うことは難しく，少数の有給スタッフと期間の長い利用者によるボランティア（研修）スタッフという独自の役割を設けて，職員が担う業務の補助を割り当て，経験の継承と運営費の工面の両面で，この体制を活用しつつ運営を継続してきた。

そのような運営体制を財政面で一定改善させてきたのが，1990年代半ばから本格的に始まる補助金受託の導入であった。その主要部分は，具体的には精神障害者社会復帰対策の拡充に伴って進められてきた，障害者地域作業所の要綱に既存のダルク施設の運営を合わせることにより，行政からの補助金対象施設となる道が開けた。前例の乏しい状況下で，行政とのさまざまな調整を経て，横浜ダルクが全国で初めて1994（平成６）年度から公的助成を受けたことを契機に，各地でその方法が取り入れられた。あわせて，国の施策としての精神障害者グループホーム（小規模共同住居）制度の整備も，ナイトケア運営を行うダルクの入寮施設運営に公的助成の道を開き，順次受託施設に転換していった。そして補助金運営を契機として，各施設には理事会や運営委員会，それに類する幅広い立場の協力者が構成する運営体制が設けられるようになった。

その後，2006（平成18）年に始まった障害者自立支援法は，既存の地域での精神障害者施設の活動を日中と夜間に分けて法内の「障害福祉サービス」体系に再編していくことになったが，その際に旧制度から継続して公費の受託をする場合には，団体には法人格が求められた。当時，すでに法人となっていたダルクもあったが，条件が整わず任意団体あるいは「権利能力なき社団」のまま自治体からの補助金を受託していた多くのダルクは，当時ほぼ唯一の選択肢であった特定非営利活動（NPO）法人として法人格を取得するか，公費受託の継続を断念するかの選択を迫られることになった。自立支援法自体の未整備と改正への混乱状況の中で，それとは別の次元でダルク運営側でも混乱は生じたが，先行する各地の施設の経験は必要な情報として共有され，結果として短期間にNPO法人は全国的な組織形態のスタンダードともなった。

2006（平成18）年度施行の障害者自立支援制度は，介護保険との統合を目指して同様の応益負担を利用者に求めたが，障害者権利条約の基本理念である当事者参加を欠いた制定経過により，違憲訴訟が全国の裁判所に提訴される事態となった。政権交代後の2010（平成22）年１月には自立支援法廃止を約束して国は原告団と和解したが，東日本大震災後の財政事情や再度の政権交代によって，新法は法の名称変更と応能負担原則の明記，制度対象の若干の拡大にとどまり，抜本的改正は先送りのまま2013（平成25）年度より障害者総合支援法が施行された。

その間に活動開始したダルクの場合，2008（平成20）年に改正された民法上の公益法人制度改革によって新たに成立した一般社団法人（一部公益社団）の方が，準則主義かつNPO法人に比べ新規登記の要件が緩やかなこともあり，以後は社団法人化する団体も増えてきている。いずれにしても，法人の要件となる理事会は，依存者以外の専門援助職やボランティア市民，家族会代表らを含んで構成され，外部からのサービス受託という形で薬物依存者のケアを行う団体として自己規定することにもなったダルクは，新たなアイデンティティを外部に向けて示すべき段階に来ているといえる。

このように，長く懸案だった運営費の安定的確保が一部でも可能となった意義は大きいが，それでも必要な資金がすべて補助金で賄えてきたわけではなく，制度・要綱もダルクのようなリハビリテーション施設を視野に入れて作られていないこともあり，実態に合わない施設管理・運営が求められる場面も生じてきた。それは行政側からしても，運営費補助の対象施設として不可避的に接点をもつことになったこの種の施設について，その特徴（できること，できないこと）の詳細も含めて，理解が十分ではなかったことが影響している。

地方自治体が事業の実施主体となることが推進される今日の社会福祉行政では，権限の及ぶ範囲を超えて広域で施設利用の対象者を想定する際にさまざまな部分で自治体方針の差異が生じやすい。利用者の「回復の可能性」を優先して各地のダルク間の連携を活用した独自の援助方針を提案する場合，住民登録等の利用者資格に関連した齟齬が生じる事例も出てきている。従前の自立支援法開始時に，運営管理者資格と合わせ最も実態に近いとみなされて多くのダルクが移行した「地域活動支援センター」（市町村事業）の制度では，所在地自治体の住民以外は給付対象者数に算入できず，家賃補助対象からも除外されざるを得ないため，他のダルクから入寮利用者を移動させることは補助金収入確保の面で難しくなった。他方で，福祉予算全体に及ぶ自治体財政の逼迫と総合支援法内の自立給付体系への移行促進の潮流が影響し，より管理者要件も給付費単価も高い生活訓練（自立訓練）事業や就労支援（継続および移行）事業へと，ダルクの行う「リハビリテーション援助」が法内サービス体系へ誘導・再編されて行かざるを得ない状況も見られる。そこには運営上有利な点と適合困難な点とが混在して錯綜し，現場は制度の利用に多大なエネルギーを消費しながら，ダルクのサービスプロバイダ（提供事業者）化が年々進んできている。

あわせて，障害者自立支援法によって導入された障害福祉サービスでは，「個別支援」を原則とするため，従来のダルクにおいてスタッフも含めアディクトという共通の土台に基づき重視してきた「皆で，一緒に」という援助のあり方を変えていくのか維持するのか，今日的な状況下でどのように整合性を確保するかという課題は避けられず，運営団体も現場スタッフといかに合意形成するか，その力量が問われることになろう。

そのような中で，2013（平成25）年6月には刑法改正と「刑の一部執行猶予制度」が可決成立し，薬物依存者の再使用防止と保護観察所と協働する地域での受け皿が求められることに伴い，法務省事業の受託による新たな機能が求められることになった。施行期日を前に，上記制度での運用上も重要な「自立準備ホーム」としての委託を受けるダルク施設も増えており，個別に行われてきた社会福祉および更生保護機関による関与が今後新たな接点を与えられてそれぞれの役割を模索する途上にあって，運営上の諸条件を前提としてダルクがどのように機能と限界を明らかにしていくのか，今や後戻りできない状況の中でその選択の重要性は指摘するまでもない。

5　ダルクとNA

ここで再度，リハビリテーション施設であるダルクと自助（self help）グループであるNAについて，その関係と現状の課題を整理しておきたい。

NAは1953年に米国カリフォルニア州で始まった薬物依存者の自助グループである。このNAプログラムが日本にもたらされたのは1980（昭和55）年とされているが，これは最初のNAミーティングが東京で始められた時期を指し，全国的な普及には以後かなりの時間を要した。当初，主に東京とその周辺でミーティングは開かれ，その数も先行するAAに比べて圧倒的に小規模で，その他地域の薬物依存者にはNAによる回復のメッセージは届きにくかった。

そのような中，ダルクが東京で始まったことで，その利用者が共同生活する施設所在地の周辺にミーティング会場が次々に開かれ，本来別団体であるダルクとNAはそれまでになく可視的に連動していった。ダルクの入寮利用者は，午前と午後は施設内でミーティングを行い，夜間には地域の会場で行われるNAのミーティングに出席した。薬物を止め始めたばかりの利用者には，ダルクとNAのミーティングを同一視する者も少なくない状況だった。ダルクを卒業し，就労しながらNAに集まる修了者がまだ少なかった初期には，両者のミーティングで出席者の大半が重なるような会場も多く，ダルクのスタッフが新規の利用者を伴ってミーティングに行くことも日常的にあり，ダルクとNAとは未分化な状態が避けがたく続いていた。

一般にNAは自助グループとして説明されるが，それは機能の一部を表したにすぎず，別の表現では「フェローシップ（Fellowship）」であり，共同体を意味する「コミュニティ」としても説明される。薬物依存者自身が運営のすべてに責任をもち，外部のいかなる組織や団体からも独立している。医療・保健，司法，社会福祉等の専門機関はもとより，家族等依存者本人の近親者やAAなど他の自助グループからも，完全に独立を維持すると宣言している。このことから考えても，NAが本来の形で機能していくには，それに必要な数の自立した回復者がグループサービスを担える体制の確保が必須となるはずで，日本においては当初はその点でも不十分な状態にあり，以後もかなりの期間で未成熟な段階が続いてきた。

ほとんどのダルクで利用者のケアにあたる職員は，日中はリハビリテーション施設の職員として，実名で外部機関とも連携して働くことが求められ，同時に夜間地域で行われるNAミーティングの場では，回復途上の依存者としてアノニマス・ネーム（自己申告する呼称，匿名を重視する12ステップグループで使われる）で自分を語り無償で支え合うという，状況により役割・立場を使い分ける必要には困難も伴った。1990年代以降，ダルクが各地に開設されるようになると当然に多数のスタッフが必要となり，利用者としてケアを受け一定期間クリーンで生活してきた回復途上者の多くが，新規に始められるダルクに移り，あるいは新規に始めようとする先輩スタッフの後任として，次々にダルクの有給職員となっていった。

一方で，NAにはダルクの卒業生だけでなく，施設のプログラムを経験せず直接つながったメンバーも徐々に増え，当時の未分化な状態を改善する努力も続けられた。NAワールド・サービスのガイドラインに沿って本来のグループサービス体制が構築され始め，各地のNAグループがアジア太平洋地域に属する一地区（Region）として，近隣国も含めた全体で1つのコミュニティを形成する意識も共有されてきた。日本NAの活動を担っていたメンバーの多くが同時にダルクの有給スタッフも兼ねるという状況は，必然的に課題とされるようになって徐々に変化し始め，本来NAにとって外部機関の1つであるダルクからも明確に独立して自らの共同体が自立する意識が共有されてきた。

2000（平成12）年3月には，日本NA主催の第1回リージョナル・コンベンションが，海外からのゲストメンバーも交え，東京・代々木で開催された。これ以降，サービス体制整備の議論が着実に進み，献金の確保と管理，情報の伝達，NA文献の翻訳やサービス・オフィスの開設など共同体全体にかかわる事項についての合意形成と役割の分担が確認され，必要な作業が進められつつある。アジア太平洋地域に属する日本NAによる最大の統一行事である上記コンベンション（JRCNA）は，近年では全国各地で開催されるようになり，2015（平成27）年で第11回を数え，参加者も1000人を超える規模にまで成長した。

1995（平成７）年６月時点で日本のNAは全国19グループ，週61ミーティングを開いていた記録があるが，1998（平成10）年10月には35グループ，週109ミーティングに，2001（平成13）年６月には55グループ，週153ミーティングとなり，2003（平成15）年５月現在では77グループ，週200ミーティング，そして2015（平成27）年12月には全国12エリアで181グループ，週460ミーティングを数えるまでに拡大している。

ダルクがリハビリテーション施設として利用者に回復の方法を手ほどきし，繰り返し仲間との生活の中で練習する機会を提供することを役割とするなら，NAはそこで手に入れた回復体験の生涯にわたるメンテナンスを行う場にもなる。それは単にダルクのサポートグループにはとどまらず，依存者が主人公となって生きる自立した共同体として理解されるべきである。

現在でも，ダルクとNAについては，外部とくにかかわりのある援助機関や関係職員からは「自助組織」として混同され同一視されることもあるが，今後薬物依存者の地域での回復過程をイメージし，そこに関与する社会資源の機能を把握しようとするときには，それぞれの役割について正確に理解しておくことが専門職には当然のこととして求められる。

6　ダルク利用者の現状

筆者は，昨年度厚生労働科学研究費補助金による分担研究として，７年ぶりにダルク等薬物依存回復支援施設利用者を対象とした全国調査を実施し，急速に変化しつつある利用者の実態の把握を試みた。さらに，過去２回（2003〔平成15〕年・2008〔平成20〕年）の調査結果に照らしながら，障害者自立支援法によって再編された障害支援サービスと生活保護制度の運用動向や「刑の一部執行猶予」制度の準備段階にあるサービス委託状況をも考慮しつつ，今後の課題についても検討した[3)]。以下にその概要をまとめた。

今回2015（平成27）年２月１日現在の全国の状況を調査した。対象施設はダルク等83ヵ所の他，名称にダルクを含まない同種の施設５ヵ所を含め，対象の88

施設に質問紙調査を依頼した。41施設より回答があり，計706人の利用者の状況が把握できた。その41施設のうち約半数の20施設が障害者総合支援法もしくは法務省保護局による「自立準備ホーム」への登録による受託事業を実施していた。その他21施設の運営団体は，大半が任意団体として回復支援サービスを行っていた。

利用者全体では，男性が9割以上（644人・91.2%），女性は53人（7.5%），その他2人（0.2%）であり，年齢階層別では40歳代と30歳代が約3割を，続く50歳代，20歳代が15%前後をそれぞれ占めていた。生活保護受給中の利用者は入寮者の77%，通所利用者では59%となり，過去2回の調査時から大きくその割合を拡大し，全体ではほぼ4人に3人（73.9%）に達していた。

12年前の前々回調査時と現在の利用者とでは使用薬物の種別も異なっており，予想どおり脱法ハーブ（「危険ドラッグ」）が引き起こす問題はダルク利用者にも反映されていた。とくに30歳代以下の若年利用者における危険ドラッグ問題と多剤使用および50歳代以上のアルコール使用障害は，30歳代から60歳代まで広がる覚せい剤の単剤使用とあわせて特徴的に認められ，治療的介入もそれに応じたものが求められることを示唆していた。

「刑の一部執行猶予制度」の実施準備段階に対応し，全国のダルク等の半数以上が自立準備ホームの登録を行っているが，2015（平成27）年時点では同制度による受託実数は全体の1割程度にとどまっていた。現状ではダルク関連施設で約400名程度のキャパシティが見込まれるものの，居住場所等物理的な日常生活確保以外にもスタッフ養成および配置や運営方法等の面で未解決な課題もあり，現状では対応可能な総数の正確な算出は難しいと判断された。

これらは当然に利用者情報から見た実態の一端にとどまるものではあるが，今後予想される利用者ニーズの変化を把握し，それに対応した環境およびプログラムの提供が課題であり，どのような条件でどこまで役割を担うことが可能か，これら研究の結果はそのことを明確にする上で役立つかにかかっているだろう。

7　おわりに

開設以来，ダルクは回復を望む薬物依存者に対しては，常時受け入れることを自らの役割としてきた。プログラムの途中で，施設生活しながらも薬物を止められず再使用することがあっても，それを規則違反や他の利用者への悪影響を理由として排除することは極力避けてきた。また，ダルクでは利用者を「仲間」とよぶ習慣を今も大切にし，外部の他のサービスプロバイダのようにサービスの対象，「利用者」とはとらえない独自のスタンスを維持している。

また，ダルクは外部機関や家族から，薬物を止めさせる役割を期待される場合もあるが，実際には依存者から薬を取り上げることも，使用を止めるよう説得することもしてこなかった。そこで行われてきたのは，止めたいと願う依存者が安心して集まれる場を提供し続けることであり，クリーンで生きていくことは具体的にはどのようなことか，条件の違う利用者が各自理解できるように，体験者として「ともに歩くこと」であった。

そのほか，これまでダルクでは仲間として受け入れられる安全な環境で「正直になる」ことを提案し，合わせて正直さを回復の指標として重視してきたが，それはクリーンな生活の過程で獲得する社会的諸技能（social skills）とは別の領域に属する情緒的（emotional）あるいは霊的（spiritual）なものともいえる。このことが関連する諸制度や機関との関係の中でどのように評価されうるのか，ダルクでの援助機能も自己完結を超えることが不可避な状況の中にあって課題は多い。

今後も薬物問題対策の不十分さにかかわって，ダルクには避けがたく多くの役割が期待されることが予想できるが，他では提供できない独自の機能は，回復の入口にたどり着いたビギナーに先行く回復の経験を伝えてインパクトを与え，依存者を内面から変化させることにある。そして最後に強調したいのは，依存者本人もその家族も，また援助専門職や機関，さらには一般の市民も，地域にダルクが存在し活動することによって，薬物依存からの回復という「現実」に出会うことができるようになったという重要な事実である。そのことをふまえたかかわりこそが，共働（コラボレーション）となる条件といえよう。

1） 今日では，ダルクの名称を用いずに活動する同種の施設等も少なからず存在しているが，活動の経緯，目的から見て同種の回復者による施設群も含め本章ではダルクとして論じる。

2） TCについては，宮永耕「薬物依存者処遇におけるサービスプロバイダとしての治療共同体について」龍谷大学矯正・保護研究センター編『龍谷大学矯正・保護研究センター研究年報5 特集 薬物依存症からの回復——改革への挑戦』（日本評論社，2008年）19-40頁を参照。

3） 本調査結果の詳細は，宮永耕「薬物依存症者に対する支援活動の実態と課題に関する研究(2)」平成26年度厚生労働科学研究費補助金（医薬品・医療機器等レギュラトリーサイエンス総合研究事業）『「脱法ドラッグ」を含む薬物乱用・依存状況の実態把握と薬物依存症者の「回復」とその家族に対する支援に関する研究』研究報告書（2015年）181-189頁を参照。

第9章

専門的処遇プログラムと保護観察

勝田 聡

本章においては，専門的処遇プログラムを中心とし，行動の変化の動機づけとその維持という観点から，保護観察の機能と限界について論じる。なお，本章における意見は，筆者の個人的見解であり，筆者の保護観察官としての経験に依拠している部分が少なくないことをお断りしておく。

1　保護観察処遇の緩やかな枠組み

保護観察対象者は，遵守事項を遵守する義務を負い（更生保護法50条，51条1項），その違反があった場合は，身柄の拘束を伴う不良措置をとられうる立場におかれている。さらに，保護観察対象者は，不良措置に担保された法的強制力はないが，保護観察所の長が定めた生活行動指針に則して生活や行動をする義務も負っている（更生保護法56条3項）。これらの義務づけは，保護観察対象者の生活や行動に一定の枠組みを作るものである。ただし，特定の行動を物理的に強制したり，直接的な不利益の威嚇力によって担保したりするものではないという意味では，緩やかな枠組みである。

保護観察の枠組みの緩やかさは，事実上，枠組みに対する違背や枠組みからの離脱が容易であるという限界を伴う。したがって，枠組みに従うことを拒否し，あるいは，軽視する人には，保護観察処遇は適合しにくいであろう。他方で，リリー，カレンおよびボール[1)]によれば，先行研究の結果からは，次の3点に関して明らかなエビデンスがあるという。第一に，(a)長期刑が短期刑よりも抑止効果が少ないことである。次に，(b)自由刑は地域社会における制裁よりも抑止効果が少ないことである。第三に，(c)地域社会で犯罪者を監視したり罰したりすること（たとえば，集中的な監視をすること）は，従前の保護観察付執行猶予，仮釈放よりも抑止効果が少ないことである。このような指摘を踏まえるならば，社会内処遇の緩やかな枠組みは，強度の枠組みによる行動統制よりも，犯罪者や非行少年の自立と改善更生を促進する機能が高いといえるだろう。

人間の行動の変化には，その人の中にある変化への動機づけが重要な役割を果たすという[2]。保護観察の緩やかな枠組みには，逸脱が容易であるという限界があるが，その一方で，保護観察対象者の自己決定権を尊重し，その自発性や意欲を大切にするものであって，動機づけを育む機能があるのではなかろうか。保護観察官や保護司は，保護観察の指導監督や補導援護を通じて，保護観察対象者の中にある動機づけを見出し，支えており，それが，保護観察処遇の効果につながっているのであろう。

2　保護観察対象者の動機づけ

動機づけは，アンドリューズとボンタ[3]のレスポンシビティ原則（本書第Ⅰ部参照）の個別原則のひとつとされている。アンドリューズら[4]は，犯罪者の行動変化のステージ（段階）や動機づけの高低に適合した犯罪者処遇を行うことが重要であると指摘している。

行動変化のステージとは，行動変化のプロセスにおける段階である。プロチャスカとノークロス[5]によれば，行動変化は，(a)前熟考期，(b)熟考期，(c)準備期，(d)実行期，(e)維持期の５つの連続したステージを移行し，変化がうまくいかなければ，前のステージに戻ってやり直すことになるという。(a)前熟考期は，行動を当面変える意思をもっていない時期であり，自分の問題に気づいておらず，自分の問題をみつめることに抵抗を示すという。(b)熟考期は，問題に気づき，問題を克服しようと真剣に考えている時期である。(c)準備期は行動を変えるための計画を立てる時期である。(d)実行期では問題克服のために行動を起こす。最後に，その行動を継続する(e)維持期に至る。人の変化は，各段階を逆戻りしたり，繰り返したりしながら螺旋状に進んでいくものであるという。

刑務所，少年院等の矯正施設においては，犯罪者や非行少年の反省を深めさせ，更生に向けた動機づけを高めていく処遇や教育が実施されてきている。受刑者の処遇は，受刑者の自覚に訴え，改善更生の意欲の喚起と社会適応能力の育成を図ることを旨として行うものとされている（刑事収容施設及び被収容者等の処遇に関する法律30条）。少年院の矯正教育は，在院者の犯罪的傾向を矯正し，また，健全な心身を培わせて社会生活に適応するのに必要な知識及び能力を習得させることを目的としている（少年院法23条1項）。これらの処遇や教育の結果，改善更生の意欲が高まった者が仮釈放や少年院仮退院によって，釈放され，保護観察の対象となる。とくに，少年院仮退院者の当初の意欲の高さは目を見張るものがある。しかし，矯正教育の効果としての動機づけは，閉鎖された安全な空間における教育によって構築されたものであり，現実社会においてそれを自分のものとして獲得していくためには，釈放後の継続的な見守りと支えが必要であろう。

動機づけが高い保護観察対象者には，その意欲や希望を維持し，今後の生活計画を現実化していくための指導や援助が適合するだろう。これは，まさに保護観察が得意とする方法である。とりわけ，保護司は，地域において，保護観察期間が終了した後まで，元保護観察対象者の相談に乗り，支え続けることもまれではない。

矯正施設の処遇や教育を受けていない場合であっても，刑事手続のプロセスに乗り，あるいは，刑罰を受けることを通じて，行動変化の動機づけが生まれ，更生の意欲が高まることもまれではない。刑罰を受けることは，重大な不利益を伴う。たとえば，職を失い，友を失い，家族を失うこともある。このような不利益を通じて，自分の犯罪の結果を認識し，反省することで，もう二度と犯罪をしないという動機づけが生じるのである。したがって，刑事司法関係者が，司法手続を通じて，犯罪者や非行少年の更生の意欲を喚起するような働きかけを行うならば，再犯や再非行の防止に資するといえよう。

実際には，保護観察開始当初から行動変化の動機づけが低い保護観察対象者も少なくない。さらに，最初は，行動変化の動機づけがあっても，失敗体験，喪失体験等の重大な経験を通じて，あるいは，その人の精神的なぜい弱性（衝動性の高さ，自棄的な考え方，依存，精神障害等）から，保護観察開始後，動機づけが低くなっていくこともまれではない。このような場合，保護観察を実施する保護観察官や保護司は，犯罪や非行をしない動機づけを喚起するための働きかけをしていくことになるが，時間と根気が必要な困難な道のりになるだろう。

第15章の窃盗事犯の事例を見ると，事例2は，本件に至った要因として，離職や不就労が指摘されている。事例の経過を就労に関する行動の変化という観点から見るならば，まず，アルバイトを開始し，職業訓練を受講しており，安定就労に向けた行動を開始した。しかし，その後，アルバイトも職業訓練も挫折し，再犯に至っている。これに対して，事例１も，短期離職の問題があった人だが，求職活動をして就労に至っている。事例１においては，就労開始後，就労支援員，保護司，就労先の上司が就労の継続を支えている。事例１では，このような継続的な支援が，保護観察対象者の行動変化の維持期を支えたといえるだろう。なお，事例３については，窃盗を止めるという意思はあったものの，統合失調症や摂食障害などにより，行動を制御することについてぜい弱だったため，動機づけが下がりやすかったといえるだろう。

第16章では若年者の事例が記述されている。そのうち事例２と事例３は，保護観察において，保護観察官や保護司と定期的に接触する義務を果たしていない。

事例２と３において，保護観察官や保護司と接触しなかったことは，処遇実施者の指導や援助を受けて更生していこうとする意思がない，あるいは低いということを意味しており，ここに焦点を当てるならば，この２事例とも改善更生への動機づけが低いと評価することができるだろう。しかし，事例２は，「悪いことはしないと自分の中で決めていた」と述べており，「犯罪をしない」という点においては動機づけがあったといえるだろう。事例３は再犯に至ったが事例２は再犯をしていない。

3　専門的処遇プログラム

2004（平成16）年に奈良県において性犯罪歴がある者が起こした女児誘拐殺害事件を契機に性犯罪者の再犯防止への世論が高まった。法務省は，欧米諸国の知見を踏まえ，専門家の意見を聴取して，性犯罪者処遇プログラムを開発した[6)]。このプログラムは，専門的処遇プログラムの第１号として，2006（平成18）年９月から実施されてきた。

性犯罪者処遇プログラムは，犯罪者の改善更生に効果があるとされている認知行動療法の考え方を基盤としたものである。たとえば，アンドリューズとボンタ[7)]は，認知行動療法の考え方に基づくアプローチが，犯罪者の再犯防止のための処遇の手法として効果的であり，反社会的思考を社会適合的思考に変化させることが重要であると指摘している。この変化のプロセスは，具体的には，(a)自分の思考が行動に結びつくことを理解させ，(b)問題行動に関係する思考パターンを特定する方法を教え，(c)反社会的認知の代替となる社会適応的認知を教え，(d)新たな認知行動的スキルを定着させる，というステップを踏むという。

先述したプロチャスカとノークロス[8)]によれば，認知療法や行動療法は，行動変化のステージの前熟考期（問題意識がない時期）や熟考期（両価的で迷う時期）よりも，準備期（行動変化の具体的な準備をする時期）以後において実施することでより高い効果が見込まれるという。この観点を踏まえるならば，犯罪者処遇においても，認知や行動に焦点を当てた保護観察処遇は，準備期以後の犯罪者に実施することが有益なのではなかろうか。つまり，ある程度の動機づけがあり，行動の変化に踏みだそうとしているか，あるいは，現に行動の変化を開始している人に適合するといえるだろう。

第14章では性犯罪者の事例が取り上げられている。このうち事例1では，「覗きという性癖を直したい」という決意のもと，ストレスの解消方策や覗き行動への考え方を変えるといった具体策を実行に移しており，行動変化の実行期あるいは維持期にあった保護観察対象者であったといえるだろう。

性犯罪者処遇プログラムの開始以後，保護観察においては3つの専門的処遇プログラムが開発・開始されてきた。具体的には，覚せい剤事犯者処遇プログラム（2008〔平成20〕年から），暴力防止プログラム（2008〔平成20〕年から），飲酒運転防止プログラム（2010〔平成22〕年から）である。いずれも認知行動療法の考え方を基盤としている。

これら4つのプログラムは，いずれも，保護観察対象者に特別遵守事項で5つの課程の受講を義務づけており，保護観察官が実施する。具体的には，ワークシートを使用して，保護観察対象者に記述させる形式をとる。また，認知，行動等の抽象的な概念を用いている。したがって，一定の知的能力や理解力があることが望ましいだろう。

4　性犯罪者処遇プログラム

性犯罪者処遇プログラムの内容については，第14章に記載されているのでここでは省略する。法務省保護局は，保護観察所における性犯罪者処遇プログラムの再犯抑止効果について検証を行うために，最長4年の追跡調査を行った[9]。分析の結果，同プログラムを受講していない保護観察対象者よりも同プログラム受講者の再犯率が有意に低かった（仮釈放者は非受講群21.6%，受講群15.5%，保護観察付執行猶予者は非受講群33.3%，受講群17.9%）[10]。

このプログラムの骨格は，性的な認知の歪みの修正とリラプスプリベンションによる行動の統制であるといえるだろう。まず，性的な認知の歪みとは，性犯罪に関する否認・最小化・合理化・正当化である[11]。具体的には，たとえば，性犯罪の被害者である子どもが大人を誘惑したという考え，女性は強姦されたがっているという考えなどである。法務省は，認知の歪みが性犯罪行動を促進するものであること，加えて，認知の歪みの修正が再犯の危険性を低減させること，という2つの仮説を採用している[12]。

認知の歪みは，一朝一夕にできあがったものではなく，少年時代からの生育歴を通じて，徐々に形成されたものであるとされている[13]。そうであるならば，認知の歪みの変容は容易ではなく，短期間のプログラムで達成することが難しい課題であるといえるだろう。したがって，プログラムで期待されることは，認知の変容そのものではなく，むしろ変化のきっかけとなる気づきを与えることと，変化のさせ方を学ばせることにあるだろう。そして，同プログラムの後に続く保護観察期間において，多くの場合，保護司によってなされる指導や援助が重要な意味をもつのである。

マーラットとドノバン[14]によれば，リラプスプリベンションとは，嗜癖行動の変容のうち，維持段階に焦点を当てた認知行動療法であり，そこには2つの主要な目的があるとする。すなわち，(a)行動変容への取り組みが開始された後に，最初の失敗（ラプス）が生じるのを防止すること，(b)実際にラプスが生じた際に，それが本格的な再発（リラプス）へとエスカレートするのを防止することであるという。

リラプスプリベンションは，本来，嗜癖行動を想定しているので，性犯罪者処遇プログラムの対象となる性犯罪者のうち，とくに，嗜癖的な性犯罪者，たとえば，電車内の痴漢，覗き，露出，下着窃盗により適合するであろう。先述の効果検証においても，これら嗜癖的な性犯罪者が含まれる，強制わいせつや「その他」の罪種について，受講群の再犯率が非受講群よりも有意に低かったと指摘されている[15]。ただし，リラプスプリベンションは，危険な状況（たとえば電車内の痴漢をした人が満員電車に乗ること）を回避することに重点が置かれているため，否定的目標に偏った対応策になりがちであるという批判もなされている[16]。性犯罪者処遇プログラムを実施する保護観察官は，保護観察対象者に肯定的な目標も考えさせることを通じて，変化への動機づけを維持し，あるいは高めるよう働きかけていくことが肝要であろう。たとえば，犯罪行動の背景に孤立があり，親密な他者とのかかわりを求める気持ちがある人であれば，他者との安定した支え合う関係を獲得することを目標に加えることが考えられる。そのためには，保護司のもとに通って，話をしていくことが有益な体験になるだろうし，BBS等のボランティアとの交流や，対人関係を伴う余暇活動を勧めることも考えられるだろう。

5　覚せい剤事犯者処遇プログラム

覚せい剤事犯者処遇プログラムの内容については，本書第6章から第8章および第11章から第13章に記述があるので，本節では詳細な記述は省略する。薬物使用は典型的な嗜癖行動であり，同プログラムもリラプスプリベンションを中核とした構成になっている。具体的には，薬物への欲求を高める要因，状況に気づき，それを回避し，薬物使用を防ぐための方策を考え，実践していくことを目標としている。

先に性犯罪者処遇プログラムに関して述べたことと同様に，保護観察官は，覚せい剤事犯者処遇プログラムを実施する際に，リラプスプリベンションが回避目標に偏りがちであることを踏まえ，肯定的な目標や動機づけも大切に扱うことが肝要であろう。実際，プログラムと並行し，また，その後も継続して行われる保護観察処遇において，保護司が，保護観察対象者を指導し，励まし，相談に乗って支えている。このことは，保護観察対象者の行動変化のステージの維持期を続けていくために重要な機能を果たしているだろう。また，保護観察所では，簡易薬物検出検査を実施している。現在，同プログラム（フォローアッププログラムを含む）の一環として実施しているほかは，同プログラム修了後には任意による検査を実施している。同検査の趣旨は，再使用を摘発しようとするものではなく，陰性反応を出し続けていることを認めて意欲を高め，あるいは，不使用を公的に認定することで家族の安心を高めるという効果を目的としている。このように，保護司の支えと任意の簡易薬物検出検査の実施は，肯定的なかかわりを充足するものであり，同プログラムにおいて，否定的側面に偏りがちなリラプスプリベンションの短所を補う意味もあるだろう。

第11章から第13章では，覚せい剤事犯者の保護観察事例が記述されている。第11章の更生事例の2事例は，少年時から生活を崩してはいなかったようだが，薬物犯罪を繰り返してきている。両事例とも，薬物を止める決意が固く，「二度と使わない」と言明し，あるいは，プログラムにおいて学んだ方法を実践に移していた。しかし，第13章の再犯事例1のように，ダルクに通うなど断薬の維持期に至っていても，将来への不安やダルクへの不適応感を背景として再犯をしてしまうことがある。やはり，断薬を継続するためのサポートが重要であるといえるだろう。もちろん，ダルク等の自助グループに通うことも，維持期の有効な支援の1つであるが，自助グループ以外にも，不安や悩みを相談する場や，その人の近くにいて，気持ちの揺れを把握し，助言や支持をするような人が存在することが有益であろう。

上述の2事例については，なぜ薬物使用を開始したのかが明らかではない。カンツィアンとアルバニーズ[17]によれば，薬物依存は，心理的な痛みを抱えた人が苦痛を紛らわすための方策であり，“薬物がそれをしようする人のなかでどのような意味をもち，どのような作用をもたらすのかを理解しようとすること”（p.12）が重要であると指摘している。保護観察官や保護司にとっても，このような観点は大切であろう。

6　暴力防止プログラム

暴力防止プログラムは，暴力犯罪を反復する犯罪的傾向の改善を目的としている。同プログラムの対象は，保護観察期間3月以上の仮釈放者と，同プログラム受講に関する特別遵守事項の裁判所意見が付された保護観察付執行猶予者のうち，本件および前歴に，殺人，傷害，暴行等の暴力犯罪が含まれている者である。

同プログラムの内容は，ワークブックを使用して，自分の暴力について分析させ，怒りや暴力につながりやすい考え方を特定して，その変容を促し，再び暴力を起こしそうな危機場面での対処方法や対人関係の技術を習得させることを目的とする。つまり，認知の修正と，危機場面への対応によるリラプスプリベンションという2本柱で構成されている。2015（平成27）年度からは，同プログラムの内容を修正し，ドメスティックバイオレンスと飲酒のオプションを付加できるようになった。同プログラムの具体的な内容を以下に説明する。

まず，第1課程は，保護観察対象者が自分の行動を変える必要性について気づき，あるいは，その認識を高めることを目的としている。保護観察官は，同課程において，保護観察対象者に，暴力に至るプロセス，暴力行動のコントロールの可能性，暴力を振るったことによる影響，結果への責任について教える。第2課程は，保護観察対象者の認知に焦点を当てている。保護観察官は，保護観察対象者に，まず，怒りや暴力につながりやすい考え方があることを教え，自分に当てはめて考えさせる。次に，そのような考え方をもつことのデメリットを認識させ，他の，より社会適応的な考え方を取り入れるよう勧める。第3課程では，保護観察官は，保護観察対象者に，怒りや暴力につながる危険性の高い場面や状況における対処法を考えさせ，実践するように促す。第4課程では，保護観察官は，日常生活で暴力につながりにくい言動，対人関係，ストレス解消法等を考えさせ，実行するよう伝える。最後に，第5課程では，保護観察官は，前4課程で実施したことをもとに，保護観察対象者に再発防止計画をまとめさせ，計画を実行に移すよう指導する。

暴力防止プログラムが採用している仮説は次の3点に集約できる。①暴力を繰り返す犯罪者は，怒りや暴力につながりやすい考え方をもっている。②このような考え方は暴力犯罪を促進する。したがって，③暴力に結び付く認知を修正することで再犯を防ぐことができる。同プログラムにおいては，暴力犯罪を促進する認知として７つの例を挙げている。すなわち，(a)白黒を付けたがる，(b)こうあるべきと考え人に押しつける，(c)みんな，いつも……などと一般化して考える，(d)過大（もうダメだなど）または過小（大したことはない）に都合良く考える，(e)人がいつも自分に悪意をもつと被害的に考える，(f)悪いのは相手だと他罰的に考える，(g)１つの考えにとらわれる，である。同プログラムにおいては，これらとは別の考え方を提示するなどして，認知の変容を図っている。

性犯罪者処遇プログラムの項で論じたように，人の認知は生育歴を背景に形成されるものであるため，強固であることが少なくなく，認知の変化は容易ではない。したがって，暴力防止プログラムにおいても，変化のきっかけを与えることを目標とし，その後の継続的な関与を通じた働きかけをすることが重要であるといえるだろう。さらに，上述のような暴力を促進する認知は他者に対して敵対的である。加えて，それらの認知の対象は，対人関係一般に関するものであり，特定の他者に対するものではない。したがって，暴力を促進する認知が強く，固着している保護観察対象者の中には，保護観察官や保護司との関係においても，敵対的な認知をしてしまい，攻撃的な感情をもったり，言動を示したりする人もいる。保護観察官は，暴力防止プログラムにおいて保護観察対象者が暴力を促進する認知に基づいて暴力的な言動を示した場合，認知が暴力に結び付いた実例として丁寧に取り扱うことで，保護観察対象者の行動変化の契機を得ることができるのかもしれない。たとえば，保護観察官への暴力的な言動を誘発した原因を追求していくことが考えられる。具体的には，暴力的な言動をしたきっかけとなった保護観察官の言動を明らかにし，その言動への保護観察対象者の捉え方を振り返ることを通じて，保護観察対象者の認知の問題を明らかにできる可能性がある。しかし，現実には，保護観察対象者が怒りの感情に支配されている状況において，冷静に自己分析をさせることは困難であろう。加えて，攻撃的な言動が，ボランティアであり，地域で住み続けている保護司に向けられるようなことは回避する必要があるだろう。保護観察所では，攻撃性が高い保護観察対象者に関しては，保護観察官が直接担当をすることもある。あるいは，権力的作用である指導や指示は保護観察官が行い，保護司は非権力的な援助を行うという役割分担をすることも考えられる。

暴力に結び付く認知は，犯罪の要因であるだけではなく，行動の変化を阻害するものでもあるだろう。たとえば，上述の認知のうち，(b)のこうあるべきという考えがある人は，「男は強くなければならない」などと考えることによって，暴力を肯定する考えをもち続けるかもしれない。(d)の過大な思考をする人は，小さなつまずきを人生の終わりであるかのように捉え，もうダメだと自棄的になって，行動の変化を諦めやすいだろう。(g)の１つの考えにとらわれることは，これまでの自分を変えていこうとする意欲を生じにくくするだろう。

以上論じたことをまとめるならば，暴力に結び付く認知が強固に確立し，変化の動機づけが低い人は，暴力防止プログラムを実施したとしても変化を生じにくく，保護司に何らかの被害を与えてしまうことも危惧されるといえるだろう。刑事司法関係者は，保護観察に付するか否かの判断に当たっては，犯罪者の犯罪行動の背景に，上述したような暴力を促進する認知があるかどうか，その認知が強度で固着しているかどうかを検討し，保護観察の枠組みに適合するかどうかを考慮する必要があろう。

7　飲酒運転防止プログラム

飲酒運転防止プログラムは，飲酒運転を反復する傾向を有する保護観察対象者に対し，アルコールが心身と自動車等の運転に与える影響を認識させ，飲酒運転の問題を理解させるとともに，飲酒運転をしないための具体的な方法を習得させることを目的としている。

同プログラムは，アルコール依存症の診断歴や質問紙の回答結果等から，アルコール依存が進んでいる人とそうでない人との２つのコースに分けて実施している。前者は断酒を働きかけ，後者は節酒や飲酒運転の防止に焦点を当てている。具体的には，まず，第１課程では，保護観察官は，保護観察対象者に，飲酒運転がもたらした結果について考えさせ，再発防止への動機づけを高めるよう働きかける。第２課程と第３課程では，保護観察官は，アルコールが運転や心身に及ぼす影響について伝え，保護観察対象者に飲酒の危険性を認識させる。アルコール依存が進んでいる保護観察対象者には，アルコール依存からの回復が必要であることと，回復のための具体的な方法を伝える。第４課程においては，保護観察官は，保護観察対象者に，飲酒運転につながる危険な状況にはどのようなものがあるか，どう対処すればよいのかを考えさせる。最後に，第５課程では，保護観察官は，保護観察対象者に飲酒運転をしないための再発防止計画を策定させ，実行するよう指導する。このように，飲酒運転プログラムも，リラプスプリベンションの考え方に基づく構成となっている。

これまで，他の専門的処遇プログラムに関して論じてきたように，飲酒運転防止プログラムにおいても，動機づけが低い人には，高い効果は期待できない。第１課程に飲酒運転の影響を考えるセッションを置き，動機づけを図っているが，１回１～２時間程度の面接によって，動機づけが急に高まるということは考えにくい。また，飲酒運転プログラムにおいて策定した再発防止計画を実行，維持していくためには，酒類の入手が容易であることを踏まえるならば，プログラム修了後の保護観察における保護司や保護観察官の継続的な支えが一層重要な意味をもつといえよう。

8　おわりに

以上論じてきたことをまとめるならば，次のようになる。まず，冒頭において，犯罪者や非行少年が変化していくためには，行動を変化させる動機づけの高さとその維持が重要であり，保護観察の緩やかな枠組みは，そのプロセスに適合的であることを論じた。次に，保護観察処遇は，矯正施設での処遇や教育，あるいは刑事手続のプロセスを通じて，動機づけが高まった人の行動変化の維持に効果的であることを指摘した。加えて，専門的処遇プログラムにおけるリラプスプリベンションは，行動変化のステージの準備期以後にある人に適合的であり，保護司等によるプログラム修了後の維持期における継続的な支えが重要であることを論じた。さらに，各種プログラムにおいて目標とされている認知の変容は，容易ではない課題であり，とくに固着した暴力的認知は，処遇者との関係を悪化させ，改善更生への行動変化も阻害するおそれがあることを指摘した。

刑事司法関係者においては，保護観察に付するか否かを検討するに当たっては，その人の行動変化のステージ，動機づけの高さ，暴力的な認知の強さに留意するとともに，変化への意欲を高めるよう働きかけることが可能であれば，再犯や再非行を防止するために，有益であるだろう。

1） Lilly, J.R., Cullen, F.T., & Ball, R.A. 2011, *Criminological theory: context and consequences. 5th ed.* Thousand Oaks, CA: Sage（J・R・リリー＝F・T・カレン＝R・A・ボール［影山任佐監訳］『犯罪学――理論的背景と帰結　第5版』〔金剛出版，2013年〕）.

2） Miller, W. R., & Rollnick, S., 2002, *Motivational Interviewing 2nd ed.* New York: Guilford（W・R・ミラー＝S・ロルニック［松島義博・後藤恵訳］『動機づけ面接法　基礎実践編』〔星和書店，2007年〕）.

3） Andrews, D. A., & Bonta, J., 2010, *The psychology of criminal conduct. 5th ed.* New Providence, NJ: Matthew Bender & Company.

4） Andrews, D. A., Bonta, J., & Wormith, J. S., 2011, The risk-need-responsivity (RNR) model: Does adding the good lives model contribute to effective crime prevention? *Criminal Justice and Behavior, 38*, pp735-755.

5） Prochaska, J. O., & Norcross, J. C., 2007, *Systems of psychotherapy: A trastheoretical analysis. 6th ed.* Stanford, CT: Cengage Learning（J・O・プロチャスカ＝J・C・ノークロス［津田彰・山崎久美子監訳］『心理療法の諸システム――多理論統合的分析　第6版』〔金子書房，2010年〕）.

6） 法務省「性犯罪者処遇プログラム研究会報告書　平成18年3月」（2006年）（http://www.moj.go.jp/content/000002036.pdf）。

7） 前掲注3）。

8） 前掲注5）。

9） 法務省保護局「保護観察所における性犯罪者処遇プログラム受講者の再犯等に関する分析　平成24年12月」（2012年）（http://www.moj.go.jp/content/000105239.pdf）。

10） 法務省保護局が2012（平成24）年に行った効果検証においては，保護観察所において性犯罪者処遇プログラムを実施した保護観察対象者と，同プログラムを保護観察所で開始した2006（平成18）年よりも前に保護観察に付された性犯罪者とを比較した。統計的検証の方法としては，保護観察に付された人を無作為に抽出し，同プログラムを受講させる群と受講させない群を作り，両者を比較するという手法がある。しかし，この方法は，同プログラムを実施しなかったために犯罪被害が生じるおそれがあることから，施策的にも倫理的にも許容される方法ではない。

保護観察所の性犯罪者処遇プログラムは保護観察期間が短い場合や，重度の精神障害の場合等の除外事由がない限り，受講を義務づけている運用をしており，同プログラムを受講した人としなかった人は同質の集団ではない。むしろ，本検証で採用した，処遇方策の導入前後で比較する方法は，プログラムを受講する人や受講しない人を選択する際のバイアスがかからない長所があり，この方法による先行研究もなされている（Hanson, R. K., Broom, I., & Stephenson, M., 2004, Evaluating community sex offender treatment programs: A 12-year follow-up of 724 offenders. *Canadian Journal of Behavioural Science, 36*, pp87-96.）。

11)　前掲注６)。

12)　前掲注６)。

13)　Abel, G. G., Becker, J. V., & Cunningham-Rathner, J., 1984, Complications, consent, and cognitions in sex between children and adults. *International Journal of Law and Psychiatry*, 7, pp89-103.

14)　Marlatt, G. A., & Donovan, D. M., 2005, *Relapse prevention: Maintenance strategies in the treatment of addictive behaviors. 2nd ed*. New York: Guilford（G・A・マーラット＝D・M・ドノバン［原田隆之訳］『リラプス・プリベンション――依存症の新しい治療』〔日本評論社, 2011年〕).

15)　前掲注９)。

16)　Ward, T., Mann, R. E., & Gannon, T. A., 2007, The good lives model of offender rehabilitation: Clinical implications. *Aggression and Violent Behavior, 12*, pp87-107.

17)　Khantzian, E. J., & Albanese, M. J., 2008, *Understanding addiction as self medication: Finding hope behind the pain*. English edition. Lanham, D: Rowman & Littlefield（E・J・カンツィアン＝M・J・アルバニーズ［松本俊彦訳］『人はなぜ依存症になるのか――自己治療としてのアディクション』〔星和書店, 2013年〕).

第10章

立ち直りを支える保護観察

鈴木 美香子

1　はじめに

■更生保護制度改革について

犯罪白書によれば，2002（平成14）年に369万3928件と刑法犯認知件数が戦後最多となり，刑法犯検挙率も2001（平成13）年に38.8％と戦後最低を記録して，「水と安全は，ただ（無料）。」といわれたわが国の安全神話がこのころから揺らぎはじめていた。また，相前後して，それまでには見られなかったようなタイプの犯罪や非行が断続的に発生し，国民の大多数がいわゆる体感治安の悪化について大きな不安を抱くようになっていた。

そこで政府は，2003（平成15）年９月に犯罪対策閣僚会議を発足させ，政府一丸となって「世界一安全な国，日本」の復活を図る体制を整え，同年12月には同会議においてさっそく「犯罪に強い社会の実現のための行動計画」が策定されたが，他方で2004（平成16），2005（平成17）年ころに刑務所出所者や保護観察対象者による社会に大きな衝撃を与える重大犯罪が発生したこともあって，仮釈放制度，保護観察等の一度犯罪や非行をした者を社会内において更生させるための処遇のあり方について検討するべきとの気運が高まった。そして2005（平成17）年７月には法務省内に「更生保護のあり方を考える有識者会議」が組織され，ほぼ１年間に及ぶ検討の後，この有識者会議から爾後の更生保護についての提言がなされた。提言された事項は，保護観察の充実強化，仮釈放のあり方の見直し，更生保護の担い手のあり方の再構築，国民・地域社会の更生保護に関する理解の拡大等，多方面にわたるものであった。

また，有識者会議の提言の発表と相前後して，これに沿う形で，2008（平成20）年の更生保護法の公布，2009（平成21）年の同法の全面施行とこれに伴う犯罪者予防更生法および執行猶予者保護観察法の廃止を筆頭に各種の新制度や新規施策が次々と導入されるようになった。これら一連の動きを更生保護制度改革と称している。1949（昭和24）年の犯罪者予防更生法の施行からとされるわが国の現行更生保護制度の歴史の中で，もっとも大きな変革のときであった。

■更生保護法にみる更生保護の目的の明確化

旧法である犯罪者予防更生法では，法の目的は「この法律は，犯罪をした者の改善及び更生を助け，……犯罪予防の活動を助長し，もつて，社会を保護し，個人及び公共の福祉を増進することを，目的とする。」（1条1項）とされている。これは言い換えるならば，犯罪をした者の改善及び更生を助けてふたたび健全な社会の一員として立ち直らせることができたなら再犯は発生しないという結果が付いてくる，ということである。条文上再犯防止という表現は使われていなかった。

他方，新法である更生保護法においては，法の目的は「この法律は，犯罪をした者及び非行のある少年に対し，社会内において適切な処遇を行うことにより，再び犯罪をすることを防ぎ，又はその非行をなくし，これらの者が善良な社会の一員として自立し，改善更生することを助けるとともに，……犯罪予防の活動の促進等を行い，もって，社会を保護し，個人及び公共の福祉を増進することを目的とする。」（1条）と，犯罪をした者や非行のある少年の改善更生の支援とともに再犯防止についても法の目的として明文化されている。更生保護法が，保護観察対象者等による重大再犯事件の続発を受けて設置された「更生保護のあり方を考える有識者会議」からの提言を受ける形で制定された経緯を考えれば，法の目的として再犯防止も改善更生支援と並列して掲げられたことは必然といえ，新法に基づいて実施する保護観察は，対象者による再犯の防止を，旧法時代以上に強く意識して実施することになった。

2　再犯防止に関する最近の動き

平成19年版犯罪白書によれば，犯罪全体の約6割の事件が犯罪をする者全体の約3割でしかない再犯者によってなされているとされ，また平成23年版の同白書によれば，2010（平成22）年における一般刑法犯検挙人員の約4割が再犯者，刑務所への入所受刑者人員の約６割が再入者であるとされ，犯罪を減少させるには再犯防止が大きな達成課題であることが明らかになってきた。犯罪対策閣僚会議下の再犯防止ワーキングチームが2012（平成24）年にとりまとめた「再犯防止に向けた総合対策」おいては，重点施策として，①対象者の特性に応じた指導及び支援を強化する，②社会における「居場所」と「出番」を作る，③再犯の実態や対策の効果等を調査・分析し，更に効果的な対策を検討・実施する，④広く国民に理解され，支えられた社会復帰を実現する，の４項目が掲げられた。さらに，2014（平成26）年12月に犯罪対策閣僚会議は「犯罪に戻らない・戻さない――立ち直りをみんなで支える明るい社会へ」という宣言を発表し，犯罪・非行の繰り返しを食い止めるためには，犯罪や非行をした者を社会で孤立させないことが肝要であり，自立のために必要な「仕事」や「居場所」の確保といった社会での受け入れをいかに進めていくことができるかが大きな鍵となっていると指摘した。したがって，今後はこれら指摘された事項の施策化と，それを個々の対象者の事情やニーズに即して具体的な処遇を行っていくことが求められてくる。

結局のところ，再犯防止のためには，イソップ寓話の「北風と太陽」ではないが，厳罰，不利益な取り扱い，スティグマ化等よりも，本人に必要な支援を行い落ち着いた生活を再建させ，社会への再統合を図るほうが効果的であるということが再認識された形であり，立ち直り支援と再犯防止は，相反するものではなく表裏一体のものであるといえる。

それでは次に，再犯防止・立ち直り支援のために近年どのような新規施策が導入され実施されているのか，その主要なものについて現状や課題等を紹介することとしたい。

■住居確保①――更生保護施設

住居確保については，上述の犯罪対策閣僚会議の宣言においても再犯防止のための大きな鍵のひとつとして挙げられている。主に刑務所から出所してくる者の問題として語られることが多い住居確保ではあるが，近年，保護観察付執行猶予者にも住居不定ないし不安定な者が増加しており，刑務所出所者の場合と同様の問題があるといえる。

適当な住居がない保護観察対象者等については，従来から主として更生保護法人が運営する「更生保護施設」への委託が行われてきた。ちなみにわが国における現行の更生保護は，明治期（1888〔明治21〕年）に静岡で設立された「出獄人保護会社」という名称の，今でいうところの更生保護施設がそのルーツのひとつとされている。2014（平成26）年時点で全国に103の更生保護施設があり，定員の合計は約2300人である。更生保護施設では，単に衣食住を提供するだけではなく被保護者の社会復帰に向けて生活指導を行っているが，近年はそれに加えて，特別処遇（後述）を実施する施設としての指定を受けて社会福祉の国家資格をもった職員を配置し高齢・障害といったハンディキャップをもった者を積極的に受け入れているところや，薬物処遇重点実施施設の指定を受けて覚せい剤等事犯者に対する処遇プログラムを開発・実施するところなど，対象者の抱えている問題に応じた処遇を行う態勢を整えた更生保護施設も増えてきている。

更生保護施設は，被保護者が犯罪前歴者であるという特性から，所在する地域社会との間における友好的な関係を保つことに腐心している。大部分の更生保護施設は明治・大正期等からの長い歴史をもち，もともと市街地から離れた刑務所の敷地内やその近接地にあったものがいつのまにか周囲に人家が建ち並び住宅地となったという例も多い。このような場合でも，近隣からの申し入れにより，付近の住民の生活に重大な被害を及ぼすおそれが高いとして，たとえば放火，子ども対象の性犯罪，組織暴力関係の犯罪等をなした者は入所させないなどと取り決めをしているところもある。また，建物が老朽化し建て替えが検討されるようになると，それを機に他の地域へ移転してほしいという声が上がることもある。実際にこれまでにも建て替えをめぐって地域社会との間に軋轢を生じた更生保護施設もある。このため，更生保護施設の運営者は，本人の状況だけを見れば更生保護施設での保護が必要と思われる者であっても，当該地域における施設の運営ないし存続の観点から保護を見送るという苦渋の判断をしなければならない場合もありうる。

■住居確保②――自立準備ホーム，特別調整，住み込み就職

一方，更生保護施設には上述のとおり定員が決まっている上，多くの県にお

いて1～2ヵ所程度しか設置されておらず保護の対象も主として成人男性であるが，更生保護施設で保護しきれない者にも適当な住居を用意する必要があるということで，2011（平成23）年度から「自立準備ホーム」の制度が始まっている。これは，社会福祉法人，NPO法人等の法人や営利企業等からの登録を受け，その運営する宿泊施設に保護観察所から対象者の宿泊保護等を委託するものであり，更生保護施設では収容しきれない者を人数の面で吸収できる点と各ホームの運営母体となっている法人や企業等の経験やノウハウを生かした保護が期待できる点が特長である。2015（平成27）年3月末現在，全国に332の登録事業者がある。

さらに，近年，適切な時期に適切な支援を受けられなかったために，生活手段として犯罪を反復し受刑と釈放を繰り返している高齢や心身の障害等のハンディキャップを負った者が一定程度存在するという問題が注目されるようになってきたが，この負のスパイラルを断ち切るために2009（平成21）年から全国の都道府県が「地域生活定着支援センター」の設置を始め，既にすべての都道府県において運用が始まっている。このセンターでは，社会福祉士等の資格を持つ相談員が受刑中の対象者と面接する等して，福祉施設への入所等，出所後落ち着いて生活できる住居の確保に向けて調整を行っている。これを「特別調整」という。なお，出所後適切な福祉施設等への入所までに待機期間が必要とされた対象者は，指定された更生保護施設において「特別処遇」の対象者として受け入れを行っている。

このほか，就労支援の観点と併せ，住み込み就労が可能な協力雇用主の開拓にも努めている。

■住居確保③——自立更生促進センター等

主として仮釈放者を対象に，家族等のもとへ帰住できず，民間の更生保護施設等への委託にも適さない事案について，国が設置した一時的な宿泊場所である「自立更生促進センター」に入所させ，保護観察官による直接的処遇を行って自立を促すこともある。自立更生促進センターは，2015（平成27）年現在，福岡県北九州市および福島県福島市に設置され，就労に力を入れた指導が行われている。また，同様のコンセプトのもと，実習等を通じ農業関係の技術を身に付けさせることにより自立を図る「就業支援センター」が北海道沼田町と茨城県ひたちなか市に設置されている。

自立更生促進センターおよび就業支援センターは，民間法人が経営する更生保護施設は運営ないし地域における存続の観点から保護を見送らざるを得ないが，刑務所等と一般社会との間の中間施設での保護を切実に必要としている者を保護するために設置された施設といえ，その意味から"国立の更生保護施設"とも称され期待されているものであるが，歴史が浅く，まさに既存の地域社会の中に建設することになったため，近隣との関係作りに課題を抱える状態に立ち至ったところもある。そのようなところでは，当面，地域社会が許容する範囲内で慎重に被保護者を選定していくこととなり，人数の観点からは住居確保に十分寄与しているとはいいがたい面がある。

上記のいずれも，効果的な点もあれば困難な点もあるが，制度として更生保護施設しかなかった時代に比べれば，現在は格段に住居確保の方策が進展している。ただし，今日の社会にはこれまで紹介したような官製ないし半官製の宿泊所よりも自由度の高い宿泊所や居所が数多くあり，規制を嫌う者はせっかく入所を調整した更生保護施設等から数日で退所してそれら自由度の高い所へ移動してしまうといった事例も多い。当事者である住居不安定な保護観察対象者等に，更生保護施設等で落ち着いて生活を立て直すことの必要性を理解させ，十分に動機づけることが，そもそもの基本であるように思われる。

■ 就労支援①——厚生労働省と法務省とが連携して行う就労支援メニュー

就労支援は，住居確保と並んで犯罪対策閣僚会議の宣言において再犯防止のための大きな鍵とされている重要な課題である。以前から，保護観察官の経験則上，保護観察対象者の立ち直りはまず就労することによって始まるという実務感覚は広く共有されていたが，最近の法務省の調査によれば，2009（平成21）年から2013（平成25）年にかけての5年間において，保護観察終了時に有職であった者の再犯率が7.6%であったのに対し，無職であった者のそれは28.1%と約4倍に上ることや，刑務所入所歴があり2013（平成25）年に刑務所に再入所した者の約7割が再犯時に無職であったということが明らかにされ，やはり職に就いているかどうかが再犯の有無に大きく関係していることがわかった。

この調査結果が出る前にも，更生保護制度改革のきっかけのひとつとなった重大再犯事件に保護観察対象者の就労の困難さの問題がからんでいたこともあり，法務省は2006（平成18）年から厚生労働省と連携して「刑務所出所者等総合的就労支援対策」を開始することになった。これは，刑務所出所者等を試行的に雇用する企業に一定期間奨励金を支給するトライアル雇用，対象者に対し現下の雇用情勢や採用面接時の留意点等を講義する就労支援セミナー開催，就労体験が乏しい者に対する訓練の機会を提供する職場体験講習，雇い入れた対象者から損害を被った雇用主に対し一定の条件の下で見舞金を支払う身元保証システム等から成る制度である。省庁の垣根を越えた就労支援の制度が導入されたことにより，それ以前に比べ対象者の就労は促進された。

■就労支援②――協力雇用主への支援

対象者の中には縁故や公共職業安定所の利用等により自力で就労できる者もあるが，多くの場合その前科前歴が障害となって，生活の安定につながるような就労をすることが難しい。この状況を改善するには，対象者の事情を理解した上で立ち直り支援の観点も踏まえて雇用する，協力雇用主の存在が欠かせない。そこで，上述のような法務省と厚生労働省が連携しての就労支援のためのメニューを充実させることと平行して，協力雇用主の増強にも励むこととなり，保護観察所，保護司，地域社会の関係者が努力した結果，協力雇用主の登録数は2009（平成21）年の7749から2014（平成26）年には１万2603へと増加した。ただ，この中で実際に対象者を雇用している雇用主は2009（平成21）年には251で2014（平成26）年には472，同じく被雇用者数は435が1230と，登録数の増加の割には伸び悩んでいる。協力雇用主になんとか対象者を雇用したいという熱意があっても，現実には，景気の動向，協力雇用主が提供する職と対象者の適性・技能や希望との齟齬，対象者から受けるかもしれない損害等への協力雇用主側の不安など種々の隘路があり，うまく就労に結びつけられない例が多かったと思われる。

そこで，協力雇用主がより安心して積極的に対象者を雇用できるよう，法務省では2013（平成25）年度から「職場定着協力者謝金」として，対象者を雇用しつつ職業面および生活面にわたる指導をも行う協力雇用主に対して謝金を支払える制度を導入した。さらに2015（平成27）年度からはこれに代わり，金額，期間ともに大幅に拡充した「就労・職場定着奨励金及び就労継続奨励金」制度が導入されており，実際に対象者を雇用する協力雇用主には年間最大72万円が支給できるようになった。

■就労支援③——経済界，地方公共団体等における動き

刑務所出所者等に対する就労支援が再犯防止につながり，安全・安心な社会作りに貢献するということへの認識は民間においても高まり，就労支援は企業の社会的責任であるとして2009（平成21）年には経団連をはじめとする経済団体や企業の関係者により認定NPO法人全国就労支援事業者機構が設立され，これに呼応するように各都道府県においても次々と同様のNPO法人就労支援事業者機構が設立された。一方，法務省においては2011（平成23）年度から「更生保護就労支援事業」（モデル事業）を開始した。これは，刑務所・少年院在所中から釈放後まで継続する就労に関するきめ細かな支援および協力雇用主の新規開拓や研修の実施等の事業を，そのノウハウをもった民間の事業所である「就労支援事業所」に委託する方式で実施するものであるが，都道府県の就労支援事業者機構の運営する就労支援事業所が受託している例が多い。この事業は，当初全国３ヵ所において始まったが順次拡大され，2015（平成27）年現在では全国16ヵ所の都道府県で実施されている。就労支援事業所では刑務所出所者等に対する就労支援に関する専門知識と経験をもつ「就労支援員」が，対象者に対し，助言，指導，付き添い等をすると同時に，対象者を受け入れた協力雇用主からの相談に応じる等の業務を行い，対象者が協力雇用主等のもとで安定して就労できるよう努めている。

このほか，国や地方公共団体においても直接対象者を雇用したり，公共工事等競争入札において協力雇用主を優遇する制度を設けるところもある等，官民を挙げて就労支援の試みは広がりつつある。

就労支援の難しいところは，景気の動向すなわち求人状況に大きな影響を受ける点にある。景気がよく求人が活発であれば，犯罪歴等のある者であってもそれほど過去の詮索を受けることなく就労しやすいが，景気が悪く求人よりも求職者が上回っている状況では，除外されやすい求職者の範疇に入ってしま

う。また，協力雇用主に関しては，全体の約半数が建設業でありその職種に偏りがあるため職種をバラエティに富んだものに拡大していくことが課題となっている。高齢者や障害者，疾病を抱えた対象者が増えているほか，女性や若年者等で就労支援を要する者など建設業に従事することに適さない対象者もあるため，それらの者の就労に適した職種の協力雇用主の増加が望まれる。さらに，近年協力雇用主に対する優遇制度や金銭的支援が拡大・充実してきていることから，これらが適正に利用されるよう留意していく必要も生じてきている。

■多機関連携

元国会議員の服役体験談である『獄窓記』により，刑務所が，それまでに適切な支援の手が差し伸べられずにきたために，生活の手段として犯罪を繰り返さざるを得ない状況に陥った高齢者，障害者等社会的弱者とよばれる人々の落ち着き場所となっているという事実が明るみに出，社会に衝撃を与えたことは，まだ記憶に新しい。急速に進む少子高齢化，経済情勢や価値観の変化・多様化に基づく人間関係とりわけ家族関係のあり方の変容をはじめとする社会の変化により，健全な社会生活を送る上でさまざまな問題を抱えた対象者が増加しており，保護観察においても指導監督の前にまず十分な補導援護が必要な事案が多くなっている。それらの問題は労働，教育，保健，福祉，医療，法律扶助など多岐の分野にわたっているため，保護観察所だけで対応，解決することは困難である。これまでも，いろいろな問題を抱える対象者の立ち直り支援のために保護観察所として関係機関に個別に協力依頼をして対応はしてきたが，一対一の協力関係では不十分で，関係する複数の機関が足並みをそろえて包括的，継続的に本人の問題にかかわらなければならない場合も多く，ここに多機関連携が支援のキーワードとして浮上してきた。

施策として多機関連携が明確に打ち出されたのは，2009（平成21）年から開始されている「地域生活定着支援事業」である。これは住居確保の施策においても触れたが，都道府県が設置する地域生活定着支援センター（実際には，適当な社会福祉法人等に都道府県から業務を委託する例がほとんどである）が，刑務所等を出所する者のうち高齢者または障害を有する者であり，かつ，適当な帰住先がなく福祉サービス等を受けることが必要であると認められる者について，出所後速やかに必要なサービスを受けられるよう，本人の入所中から刑務所等や保護観察所と連携を取りながら，サービス提供機関に対する調整や各種申請を行い，調整が整った場合には出所時の出迎えや受け入れ先への引き継ぎ等を行う事業である。特別調整とよばれるこの一連の調整過程において，刑務所等，保護観察所および地域生活定着支援センターによる特別調整候補者選定会議を皮切りに，具体的な支援メニューを創り上げていくに当たっての合同支援会議（刑務所等，保護観察所，地域生活定着支援センターに加え，対象者が帰住を希望する市区町村，福祉事務所，公共職業安定所，医療機関等の関係機関の実務者が一堂に会するケース検討会議）等の多機関連携のための会議がもたれることになる。このように，地域生活定着支援センターは，福祉的ニーズの高い刑務所等入所者の出所後の生活支援のための多機関連携を実行していく上で，コーディネートとフォローアップの役割を担っている機関であるといえる。

なお，地域生活定着支援センターとの連携を円滑に進められるよう，カウンターパートである刑務所等の一部および特別処遇を行う更生保護施設には社会福祉の専門職である社会福祉士が配置されるようになった。

刑務所等出所者に限らず，保護観察付執行猶予者や保護観察決定を受けた非行少年等でも保護観察所だけでは解決が難しい複雑な問題を抱える対象者がある。これらの者については，必要に応じて地域生活定着支援センターの助言を仰ぐこともあるほか，保護観察所が直接音頭を取って関係機関に参集願い，複数回のケース・カンファレンスを行い，支援のゴール設定や各機関の役割分担を決め，途中経過の確認と計画の修正を行って連携の上，支援を進めていく事例もある。

地域定着支援センターを中心とした多機関連携のように，いわゆる“累犯障害者”等が刑務所等と社会との往復のループから脱するための制度は整ったが，実際には福祉施設のキャパシティの問題もあり，一般の地域住民でも多数が入所待機している現実の中で，いくら再犯防止のために必要だからといって，それらの人々を飛び越えて刑務所出所者等を優先させることはできない。とくに最近顕著に増加している高齢者について，高齢者福祉施設への入所が狭き門になっている。

また，受け入れ先と目される福祉施設側からは，犯罪歴がある者ということで受け入れを躊躇する向きもある。しかし他方で，福祉界の一部からは，これまで自分たちが支援すべき対象者を罪を犯す前の段階で適切に支援してこなかったことが累犯障害者・高齢者を生み出しているのだ，という痛切な後悔の声を聞くこともある。

3　保護観察の枠組みの中での福祉「的」施策

ここまで，保護観察の領域に最近導入されている新規施策について概観してきたが，各施策の内容面を見れば，社会福祉サービスの色彩が濃いものが多い。他章において詳細に紹介した各種処遇プログラムも，医療・保健・福祉分野で開発されてきたものを基本にして導入されたものである。また，新規施策等に限らず，そもそも保護観察の土台となっている対象者との面接中心の処遇技法そのものが社会福祉領域で発展したケースワークの技法に，協働態勢下における保護観察官と保護司との処遇協議が同じくスーパービジョンの技法に準拠している等，保護観察は社会福祉の一種であるかのように見えないこともない。

しかし，原理面を見ると，社会福祉が社会的弱者の権利保障のために用意され，当事者の要求によって発動する制度であるのに対し，保護観察は犯罪や非行をしたことを契機に当事者が望むと望まざるにかかわらず強制的に（刑罰や保護処分の一環として）実施される制度であり，まったく別の枠組みに基づいている。更生保護法では，保護観察は対象者の改善更生を図るために「指導監督」と「補導援護」を行うことによって実施するとされている（49条1項）が，指導監督は，対象者と接触を保ちその行状を把握すること，遵守事項等を守って生活・行動するよう必要な指示等を加えること，特定の犯罪的傾向を改善するための専門的処遇を実施すること，必要があれば適切な宿泊場所を提供すること等によって実施し（57条1項および2項），補導援護は，対象者自身に自助の責任があることを踏まえつつ，本人が自立した生活を営めるように，適切な住居の確保や就労支援をはじめとするさまざまな局面での助言指導や援助をすることによって実施する（58条）こととされている。

指導監督の核となる遵守事項とは，保護観察期間中にすべての対象者が守らなくてはならない約束事であり，保護観察官や保護司との接触を保つこと，生活状況の報告，無断転居等の禁止，健全な生活態度の保持等保護観察を実施していくために必要な基本的な事項（一般遵守事項，更生保護法50条）のほか，対象者の状況によっては専門的処遇プログラムの受講等改善更生のためとくに必要な事項（特別遵守事項，更生保護法51条）が加えられる場合もあるが，保護観察官等の指導監督にもかかわらず対象者が遵守事項を守らない場合には，保護観察所としては保護観察を取り消して矯正施設へ収容する等の本人にとって不利益な措置をとることになる。これは，遵守事項は対象者が保護観察を受けて改善更生するために実行しなければならない事項であるところ，遵守事項が遵守されないということは改善更生から遠ざかり再犯の危険性が高まっているということであり，再犯を未然に防ぐために社会内処遇から施設内処遇への転換が必要であると判断されるためである。また，保護観察の援助的側面である補導援護についても，まず対象者には自助の責任があることを前提とするため，対象者自身が苦境を脱することについて自覚的でない場合にまで先回りして助けることはない。

4　おわりに

叱咤激励や一般的な生活指導のみにより立ち直りを支援でき，ひいてはその再犯を防止することのできる保護観察対象者はむしろ少数派である。薬物・性・窃盗行為等への嗜癖，さまざまな心身の障害，疾病，不適切な養育，援護者たる家族の不在，貧困など，根深く，また絡み合った問題に由来する社会不適応の結果としての犯罪をなし，立ち直りのためにはそのような問題を解決ないし軽減することが必要な者が保護観察対象者の中に多く含まれていることが再発見されるようになったのは比較的近年のことのように思われる。そして，それらの者の改善更生を促進させるための新規諸施策の実施には，医療・保健・福祉・労働関係機関や地方公共団体，経済界等外部の組織が現に行っている業務のなお一層の活用ないしさらなる連携強化が欠かせない。

しかし，保護観察は，対象者の改善更生と同時に再犯防止も目的としており，対象者が保護観察の枠組みから逸脱しようとするときには敢然と不良措置をとり処遇の転換を図るものである。また，保護観察には法定の期間があり，支援の途中であっても期間が満了すればそれ以上保護観察所として対象者にかかわれない。つまり対象者の視点から見れば，また制度上も，あくまで保護観察は刑事司法の措置のひとつなのであり，自らのニーズがある限りそのサービスを利用する権利のある社会福祉とは異なるものである。

とはいえ，繰り返しになるが，それまでの人生の中で適切な福祉の措置を受けられなかったために犯罪や非行に至った者もある。けだし保護観察所は，犯罪をした者の立ち直りを完了させるというよりは，長期にわたる立ち直り支援を，刑事司法の枠組みから地域社会へ橋渡しする機関と考えるべきなのであろう。

第Ⅲ部　事例で見る保護観察処遇

第11章

薬物事犯者に対する処遇①

集団プログラムの活用事例

里見 有功

1　はじめに

保護観察所においては，2008（平成20）年度から，刑務所から仮釈放になった人（以下「仮釈放者」という）および裁判所で保護観察付き執行猶予を言い渡された人（以下「保護観察付執行猶予者」という）を対象に，覚せい剤事犯者処遇プログラムを実施している。そして，2012（平成24）年度からは，刑の一部の執行猶予制度の施行を見据えるとともに，刑事施設において実施されている薬物依存離脱指導との一貫性を図ることを目的として，プログラムにおける教育課程の一部見直しが図られている。

プログラムは，当初は，担当保護観察官（以下「主任官」という）が，保護観察対象者（以下「対象者」という）に対して個別に実施してきたが，大規模庁においては集団での実施が導入され，筆者の所属していた東京保護観察所（以下「当庁」という）においても，2012（平成24）年度に試行的に実施し，2013（平成25）年度からは原則として集団で実施することとなった。

本章においては，プログラムの集団処遇の現状を紹介するとともに，幾つかの事例を取り上げながら，本人の更生に資する要因や再犯リスク等について考察したい。

なお，事例に係る記載については，本人が特定されないように，本質を損なわない程度に改編してあること，そして本文中の意見については私見であることをあらかじめお断りしておく。

2　覚せい剤事犯者処遇プログラムの集団実施について

■概　　要

現在の覚せい剤事犯者処遇プログラムは，覚せい剤を自己使用した者を対象としており，仮釈放期間が6ヵ月以上の仮釈放者および保護観察付執行猶予者に対して，特別遵守事項として義務づけて実施している。したがって，対象者が自ら希望して受講するものではなく，覚せい剤の再使用の有無にかかわらず，プログラムの無断欠席がすなわち仮釈放等の取消しにつながる可能性があるという強力な指導監督の枠組みの中で実施されている。こうした側面は，精神保健福祉センター等の地域の機関で実施されている当事者プログラムとの大きな違いである。

保護観察所におけるプログラムは，教育課程と簡易薬物検出検査から成り立っている。当庁における集団での実施にあたっては，プログラムを専門に実施する薬物施策担当班の保護観察官のほかに，臨床心理士，精神保健福祉士，ダルクスタッフ等の外部講師の方々に協力をいただいている。

⑴教育課程の内容

教育課程は，全5課程から構成されており，基本的にはワークブックに基づいて，薬物の再使用を防ぐための具体的な方法を対象者に習得させることを目的としている。内容は，精神保健福祉センター等の一部の地域機関で実施されているものと同じく「マトリックス・モデル（Matrix Model）」を理論的基盤としたものである。

具体的な内容は，第1課程は，「薬物依存について知ろう」をテーマとして，薬物依存の特徴について理解させるとともに，薬物使用に対する両価性（メリット・デメリット）について考えさせている。第2課程は，「引き金と欲求」で，意志の力だけでは断薬できないことを理解させ，自分自身にとっての引き金を特定して対処法について考えさせている。この引き金の特定は，自分自身の薬物使用のきっかけになりやすいものを，人（仲間，売人等），場所（自宅，クラブ，ホテル，公園のトイレ等），時間（週末の夜，仕事に行く前後等），状況（睡眠不足の時，暇でやることがない時等），自分自身の状態（イライラしている，寂しい等）といった側面から考えさせるもので，再使用を防ぐために，非常に重要なポイントである。第3課程は，「引き金と錨」であり，引き金をさらに，場所や人物，できごとなどの外的なもの，感情や体調といった内的なものに分けて具体的に特定するとともに，断薬を継続させるための自分自身にとっての錨（自分自身を船，再使用を海に例え，その海に流されないために，自分という船を岸につなぎとめておくもの）について考えさせている。錨の代表的な例としては，家族や恋人などの自分にとっての大事な存在，また一緒に回復を目指す仲間といった存在が挙げられる。第４課程は「『再発』って何？」で，再使用の前兆として行動，認知，感情面の変化が生じていることを理解させ，対象者自身の再発のサインについて考えさせている。ここでは，認知行動療法的な考え方を取り入れており，認知面では，「いつでも止められる」，「１回だけだからいいだろう」といった合理化やコントロールの過信がなかったかどうか，感情面では寂しさや不満といった不快な感情が生じていなかったかどうか，行動面では仕事を休んだり，周囲の人に嘘をついたりといった変化が起きていなかったかどうか等に気づかせ，自分自身の再使用の直前の状況について理解させることを目指している。第５課程は，「強くなるより賢くなろう」であり，再使用に至りやすい危険な兆候について復習し，断薬を維持するための再発防止計画を立てることを目的としている。

これらをおおむね２週間に１回の頻度で，１回あたり約１時間30分で実施している。当庁においては，第１課程から第４課程までを集団で実施し，第５課程はこれまでの過程をふまえて主任官が個別で実施することとしている。したがって，平素から薬物担当観察官と主任官の連携は欠かせないものとなっている。また，教育課程については，必ずしも第１課程から実施しなくても理解できる構成となっていることから，対象者は，保護観察の開始にともない，原則として直近に開催される回から参加する形式をとっており，各回のメンバーを固定しないオープン方式のグループ運営をしている。

なお，仮釈放者については，全５課程が修了した後に，プログラムの内容の定着を図るため，月１回のペースで「フォローアップ・プログラム」の受講が義務づけられていることから，当庁においては，第５課程終了の約１カ月後から再び集団プログラムに参加させ，保護観察期間満了時まで継続して実施することとしている。

⑵プログラムの実施方法

集団プログラムの実施にあたっては，外部講師を含めた当日のスタッフの中から，あらかじめメインの進行役のファシリテーター（１名）およびサブのコファシリテーター（１～３名程度）を決めている。通常，ファシリテーターは臨床心理士や精神保健福祉士などの外部講師と薬物担当観察官が交代で担当し，コファシリテーターはダルクスタッフおよび当日のファシリテーター以外の薬物担当観察官が担当している。

対象者は，当日出頭すると，まず薬物担当観察官による簡易薬物検出検査を受ける。検査は，尿によるものと唾液によるものがあるが，当庁においては，唾液検査を第一義的に採用している。検査の目的は，あくまでも陰性の検査結果を検出することを目標として，断薬意志の継続および強化を図るものであるが，陽性反応が出た場合は，警察署へ任意で出頭して精密検査を受けるように促し，出頭を拒否した場合は，保護観察官が警察署に通報することとしている。集団実施においては，他の対象者への影響も考慮して，陽性反応が出た場合には主任官へ引き継ぐものとしている。

そして，全員の検査が終了した時点で，ファシリテーターの進行により，ミーティング形式での教育課程に移行する。なお，対象者のプライバシーの保護のために，全員がニックネームを用いて参加している。プログラムの開始に先立って，チェックインとして，全員が前回から今回までの間の近況報告を行い，話しやすい雰囲気を作るとともに，対象者の現状の把握を行っている。近況報告に際しては，毎回終了時にホームワークとして，自分自身の気分・感情を，セルフモニタリングしてチェックするためのシートを渡しており，それに基づいて報告を行っている。

その後，ファシリテーターが当日のテーマについて説明し，対象者にテキストを輪読させたり，内容に説明を加えるなどしつつ，対象者のこれまでの経験の中から考えさせたりしながら，自由に発言を促し，自己理解を深めさせながら進めていく。コファシリテーターは，適宜対象者の発言を板書したり，ワークシート記載時に介入したりしながら，ファシリテーターを補助していく。また，テーマによっては，スタッフと対象者が3～4人程度の小グループを作ってそれぞれが話し合って結果を発表することもある。

最後にチェックアウトとして，次回までのホームワークの確認とともに，対象者に本日の感想を述べさせて当日のグループワークは終了となる。そして，終了後に主任官に対象者を引き継いで面接を実施し，当日のプログラムは終了する。

3　事例紹介

ここでは，実際にプログラムを受講した３名の事例を紹介しながら，更生を促進した要因や，逆に再犯に至った要因について検討することとしたい。

■再犯のない事例

〔事例1〕保護観察付執行猶予者Ａ（40代男性＝懲役２年執行猶予４年保護観察付）

◆概　要

Ａは，高校中退後，長く飲食業に従事し，20歳前後に先輩の紹介で覚せい剤の使用を開始した。25歳の時に逮捕され，執行猶予付きの判決が言い渡されたが，半年も経たないうちに再び逮捕され，実刑判決を受けた。仮釈放となり，期間が満了した後も再使用することなく，売人からの連絡も無視するなどして断薬を続け，出所後約８年が経過した。

本件で逮捕される約１年前に，当時繁盛していたチェーンの飲食店に転職した。勤務は深夜に及び，休みも取れず，肉体的にも疲労が蓄積していたところに，久しぶりに売人からの連絡があり，以前覚せい剤を使用して疲れが取れたことや，体調が良くなったことを思い出して購入して再使用してしまい，逮捕されるまで使用を繰り返した。

◆プログラムの経過

Ａは，飲食業界での稼働歴が長かったこともあって，愛想も良く，人前で話すことにもほとんど抵抗がないようであった。初回から，受刑歴があることを自己開示し，「当時はプログラムも検査もなかったので，ずいぶん制度が変わったと実感している。せっかくの機会なので，しっかり勉強したい」とプログラムに対するモチベーションを語った。

２回目では，自分自身の引き金として，「仕事が忙しくていっぱいいっぱいになった時に，元気の前借りのように使っていた」と述べた。Ａは，保護観察開始後，逮捕前に稼働していた飲食店の上司が事情を理解してくれ，以前の店ほど忙しくない系列店に復職できていた。そうした事情もあって，「社長や母親が自分のことをいろいろ心配してくれていることがよくわかっているので，もう二度と使わない」と決意を述べた。

３回目では，別の対象者が，「仕事で車を運転し，ホテル街の近くを通った時に，思わず欲求が入ってしまった」と述べたことを受けて，「やりたくなった，という話をしてもいいのですね」と前置きして，「テレビで覚せい剤に関するニュースを見たりすると考えることはある。仕事でちょっと忙しい時に，あー使ったらもっと上がるのに，と思うこともある。でも実際に買おうとまでは思わない」と述べた。その発言を聞いた部外講師のダルクスタッフが，「20年近く止めている自分も，自分の中に薬のことを考えてしまうもう1人の自分がいる。でも，薬のことを考えるもう1人の自分は，昔に比べると小人みたいに小さくなっている感じがする」と助言し，Aは興味を持ち，頷きながらそれを聞いていた。

4回目は，集団での最後の参加となったが，警察官から職務質問されて尿検査をされたエピソードを披露し，「以前なら，やってもいないのにと頭に来ていたところだが，今は逆にやましいところはないし，それを証明してもらうくらいの気持ちになった」と述べた。そして，最後の感想として，「薬のことは誰にでも話せるわけではないので，こういう場があって良かった。これからなくなるのは少し寂しい気もするが，自分なりに頑張っていく」と述べた。

5回目の主任官実施のプログラムでは，「自分は注射じゃない，あぶりだから大丈夫だろう。シャブ中になっているわけじゃないし，止めようと思えばいつでも止められると思っていたけど，プログラムを受けてみて，甘く考えていたということが分かった。やはり，薬物依存だったと思う」と述べた。主任官が，プログラムは終了となるが，任意での薬物検出検査を継続的に受けることを提案したところ，本人は同意した。ダルクやNAの利用について勧めたところ，「関心はあるが，仕事の方もあるので，しばらくは保護観察所に月に一度検査を受けに来ることで歯止めにしたい」と述べた。

現在，プログラム終了後約1年が経過しており，Aは毎月1回検査を受けるために出頭している。なお，現時点での再使用はない。

〔事例2〕仮釈放者B（40代男性＝懲役2年）

◆概　要

高校卒業後，運送会社に就労し，トラックの運転手として稼働。22歳の時に，「シャブを使うと，夜中に仕事をする時に全然違うから」と勧められて使用開始。25歳時に初めて逮捕され，懲役2年執行猶予3年の言渡しを受ける。その後，10年間断薬していたが，夜勤明けの日に同僚と飲みに行くようになり，そこで刑務所出所者の暴力団員と知り合いになり，勧められて再使用し，休みの前の日に時々使うようになった。5年後に逮捕され，懲役2年執行猶予4年の言渡しを受けたが，ほどなく執行猶予中に再使用して逮捕され，受刑することとなった。

◆プログラムの経過

Bは，人前で話すことが得意ではないようで，自分から積極的に話すことはほとんどなく，ファシリテーターから質問されれば答えるといったように，初回はやや受け身の姿勢であった。ただ，受刑中に薬物依存離脱指導を受けていたこともあって，プログラムの内容についてはおおむね理解できているようであった。自分自身の引き金については，「休みの前の日や，薬物仲間の存在」と特定し，「仕事を変えて，今は薬を使わない人と付き合うようになっている」と述べていた。

2回目のプログラムでは，思考ストップ法のひとつである「輪ゴムパッチン」という方法を，「これは自分にピッタリ」と述べて，実施時に渡した輪ゴムを大事そうに腕につけて帰宅した。そして，以後保護観察終了時まで，その輪ゴムを毎回腕にはめて参加していた。

3回目，4回目のプログラムにおいては，「覚せい剤のことが頭に浮かんだ時には，すぐに輪ゴムパッチンをして，頭を切り替える」と述べ，他の参加者にも勧めるようになった。また，夜勤が終わった日には，缶ビールを飲むことで気持ちを紛らわせていることを報告すると，ダルクスタッフから，「覚せい剤よりはお酒の方がいいだろうと，クスリをやめてお酒を飲むようになる人も少なくないが，お酒が呼び水となって覚せい剤を再使用してしまうなど，アルコール依存になってしまう人も見てきたので，お酒との付き合い方は考えていく必要があるのではないか」との助言を受けた。Bは，「お酒は今の楽しみのひとつなので，止めることはできそうにもないが，付き合い方はきちんと考えてみる」と述べた。

5回目の主任官が実施したプログラムで，お酒との付き合い方がテーマとなり，Bは，「飲むのは夜勤明けの日だけ。量も缶ビール2本まで。仲間と一緒には飲まず，家に帰って1人で飲む」と決めた。

Bは仮釈放期間が約10ヵ月であったため，その後8回のフォローアップ・プログラム（おおむね月1回）に参加した。回を重ねるごとに振り返りが進み，「仕事に慣れて来た頃に，日頃感じていた退屈感を紛らわせたいと思って再使用してしまった。前にクスリを使った時のような高揚した気分を味わいたかったのだと思う。また，今の職場に慣れて来た頃が危ないかもしれない」と述べたり，「使い始めると，こんなに一生懸命に仕事をしているんだからいいじゃないか，とご褒美をあげるような気持ちだった。今から考えると言い訳なんですよね」と述べるなど，自分のリスクや正当化にも気づくようになっていた。

4回目のフォローアップが終わった後の主任官面接で，Bは「今は毎月ここに来ているので，絶対に再使用しないという気持ちをもつことができているが，仮釈放が終わったらそれもなくなるので不安になっている。NAに参加してみたいと思うが，知らない人ばかりのところに行くことには抵抗があるので，少し遠いけれど，グループに来ているダルクのSさんが参加しているNAに行きたい」と述べた。主任官から相談を受けた薬物担当観察官が，Sさんに相談したところ，「ぜひ一緒に同行したい」と快諾してもらえたため，5回目のフォローアップ終了後に，BはSさんとともにNAに参加した。

6回目のフォローアップでは，「NAに参加してみたところ，すごく歓迎してもらえてとても良かった。参加している人の話もとても参考になったし，自分一人ではないという気持ちにもなれたし，人とつながることがとても大事だと思った。ぜひこれからも参加しようと思う」と述べたところ，これまであまり関心をもっていなかったように見えたメンバーや初参加のメンバーも頷きながら聞いている様子が見られた。

7回目のフォローアップでも，同様にNAに行った話を報告するとともに，「最近は輪ゴムパッチンだけではなく，薬物のことを考え始めた時には，パンパンと柏手を打って切り替えている」と，新たな対処方法も紹介した。

そして，最後の8回目のフォローアップでは，「今まで行っていたSさんのいるNAは，電車で2時間近くかかるので，初めて地元のNAに参加してみたところ，同じように歓迎してもらえたのでとても嬉しかった。今日でここは最後なので，これからは地元のNAに通い続けてみようと思う。今まで，10年近く止めたことはあったが，なぜ止められたのかはっきり意識できていなかったし，だから結果的に使ってしまったのだと思う。ここで話したり，NAに参加することで，しっかりと止め続けることを意識していきたいと思う。皆さんも輪ゴムパッチンを試してみてください」と述べ，全員の大きな拍手を受けて最後のプログラムを終了した。

■再犯事例

〔事例3〕保護観察付執行猶予者C（20代女性＝懲役1年6月執行猶予4年保護観察付）

◆概　要

高校中退後，スナックやキャバクラ等に勤務。18歳時，キャバクラに勤務していた時に，馴染みの客から，「これを使うとすっきりするから」と覚せい剤を渡され，初めて使用する。高校を中退して水商売で働き始めたことに対して，同居していた実父や実兄から非難されることが多く，そこから生じるストレスを解消するために常用するようになった。当初は，客を経由して購入することが多かったが，インターネットのサイトを通じて売人と知り合い，自宅や店から離れた場所で売人と接触し購入するようになった。

なお，本人は，いつも「あぶり」で使用しており，注射器を使用したことはない。

◆プログラムの経過

Cは知的能力も高く，初回から「引き金」を始めとしたプログラムの概念や内容に対する理解もすぐれていた。グループ内でも物おじすることなく，冷静に自分自身のことを語る口調が印象的であった。

１回目のプログラムでは，身柄拘束中に家族が何度も面会に来てくれたことを話し，「今は家族との関係が良くなったので，覚せい剤への欲求はまったく入らなくなった」と述べた。一方で，「釈放されて戻って来てから，よく食べるので太ってしまった」と述べると，他のメンバーが，「そういう時って欲求入ることあるよね」と介入し，痩せることと薬物との関係が話題になった。そして，ダルクスタッフのメンバーが，「でも使って痩せたからといって，決して安心するわけじゃないよね。もっともっと……となってしまうことが多いよ」と述べると，大きく頷いていた。

２回目のプログラムでは，仕事を始めたことを報告した。本人は，「これまでと同じように，安易に水商売に行くとまた使い始めるかもしれないので，まったく初めてだけれど，介護の仕事を始めた」と話した。しかし，何もかも初めての経験で，ストレスが高まるとも語り，「覚せい剤への欲求は入らないけれど，毎日のようにお酒を飲むようになってしまった」とも述べたため，飲酒が引き金になる危険性についてスタッフから助言した。

３回目では，「欲求とまでは行かないけれど，漠然とクスリを使ったら楽しいだろうと思ってしまうことはある。ただ，今は家族との関係も変わってきたし，せっかく仕事も始めたところなので，今使ってしまったら失うものが大きいということが，使わない理由になっている」と述べた。それを受けて，ダルクスタッフも，「自分も10年以上止めているが，今でも使いたい欲求が入ることはある。どうしようもないくらい強い欲求が入ったら，この人に電話しようと決めているので，それが錨になっている。欲求が入ることを，この場で話せることは大事。どうしようもなく使いたくなったら，ダルクに電話するとか，何か決めておくといいと思う」と助言した。

４回目は，Cにとって最後のグループワークとなったが，セッションの最後に，「使うか，使わないかの選択肢は自分にあったが，使わない理由がなかった。自分のことを大切だと思えなかったし，大事にしたいものがなかった。今は，自分のことも家族のことも大切に思えるようになり，使わない理由ができた」と述べた。スタッフからも，「今後も使わない一日を積み重ねて行って欲しい」と伝え，Cは他のメンバーの拍手に送られて，４回のグループワークを終了した。

２週間後，プログラム最後の主任官とのセッションの当日，Cから主任官に電話が入り，「風邪を引いて38度の熱があるため，プログラムの日程を延期して欲しい」と述べた。主任官は，「原則として日程は変更できないが，発熱はやむを得ない事情と判断して，今回は延期する。ただし，病気であることを疎明するものが必要なので，本日中に病院を受診して領収書を受け取り，次回必ず持参するように」と指示した。そして，体調の回復を考慮して，１週間後に日程を変更した。

翌週，プログラム実施予定日の前日に，再びＣから主任官に電話が入り，「風邪で仕事を休んでしまったために，どうしても明日休んで出頭するのは難しい。再度延期して欲しい」と述べた。主任官は，「仕事は理由にならないので，延期はできない。必ず仕事の方を調整して，明日出頭するように」と指示した。Ｃは，「では，また後で連絡する」といって，電話を切った。主任官は，一連のＣの言動に不審を感じて，すぐにＣの自宅を往訪した。Ｃは留守であったが，実父が在宅していたので様子を聞いたところ，「風邪を引いたのは確かで，仕事を休んでいたのは事実であるが，自宅で安静にしていたわけではなく，何度も外出していた様子はある」と述べた。主任官からは，「生活状況が不安定になっている時は心配なので，Ｃの様子をよく観察して欲しい。何かあれば保護観察所に連絡して欲しい」と依頼した。

翌朝，Ｃの実父から主任官に，「昨夜，本人が帰宅した時の様子があまりにおかしかったので，とても迷ったが警察に連絡したところ，その場で本人のバッグの中から覚せい剤らしきものが出て来たため，連行された。結果的には覚せい剤の所持で逮捕された」との連絡が入った。さらに，その後，本人の尿からも覚せい剤反応が検出された。

4　事例に関する考察

事例１および２については，現時点では再使用はみられていない。２つの事例に共通しているのは，これまでの生活史の中で，Ａの場合は８年，Ｂの場合は10年といったように，相応の期間断薬していた経験があるということである。一定期間，自分の意思で断薬していた経験のある者は，再使用の危険について身をもって知っていることもあって，自分自身が依存症であるという自覚をもちやすく，プログラムを通じた回復へのモチベーションを維持しながら，前向きに取り組んでいくことができたといえるだろう。

また，Ａ，Ｂともに「プログラムを受けたからもう大丈夫。この先は自分だけでもコントロールできる」と過信することなく，逆にプログラムという枠組みがなくなってしまうことに不安を感じていた。その結果として，Ａは毎月検査を受けに来るという課題を自分に与え，それを実行して陰性の結果を出し続

図表11-1　わたしの再発のサインと対処法

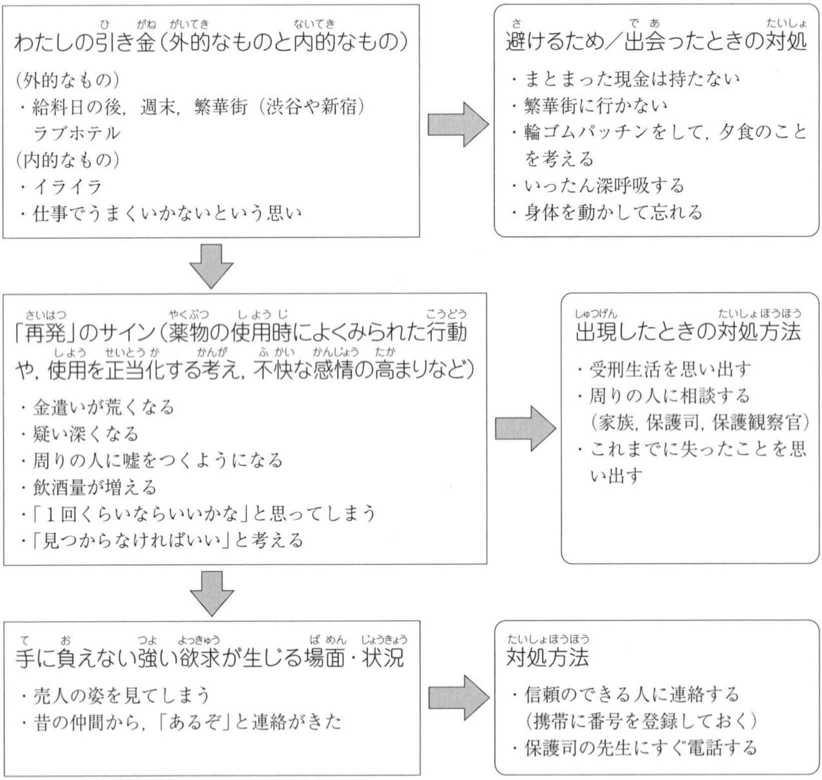

わたしの引き金（外的なものと内的なもの）

（外的なもの）
・給料日の後，週末，繁華街（渋谷や新宿）
　ラブホテル
（内的なもの）
・イライラ
・仕事でうまくいかないという思い

→ **避けるため／出会ったときの対処**

・まとまった現金は持たない
・繁華街に行かない
・輪ゴムパッチンをして，夕食のことを考える
・いったん深呼吸する
・身体を動かして忘れる

↓

「再発」のサイン（薬物の使用時によくみられた行動や，使用を正当化する考え，不快な感情の高まりなど）

・金遣いが荒くなる
・疑い深くなる
・周りの人に嘘をつくようになる
・飲酒量が増える
・「1回くらいならいいかな」と思ってしまう
・「見つからなければいい」と考える

→ **出現したときの対処方法**

・受刑生活を思い出す
・周りの人に相談する
　（家族，保護司，保護観察官）
・これまでに失ったことを思い出す

↓

手に負えない強い欲求が生じる場面・状況

・売人の姿を見てしまう
・昔の仲間から，「あるぞ」と連絡がきた

→ **対処方法**

・信頼のできる人に連絡する
　（携帯に番号を登録しておく）
・保護司の先生にすぐ電話する

けることで断薬を続けている。Bは，期間満了後を見据えて，早い段階から地域のNAにつながり，回復への場所を確保していた。両者のように，薬物に対する自分自身の無力感を認識し，援助者等の力を借りてでも，回復を目指そうとする意思が，更生に資する重要な要因であると思われる。

一方，Cの事例であるが，Cもプログラムへの理解度は高く，集団プログラムにはうまく乗っているように思われた。しかし，Cは覚せい剤の使用を始めてから，これまで長期にわたる断薬の経験はなかった。加えて，吸引のみの使用であったことから，自分自身の依存性に対して認識が乏しい面がみられた。さらに，高校中退後の数年にわたる家族との葛藤やまったく初めての領域での就労の体験は，グループワークでCが発言してきたほど，簡単に乗り越えらえるものではなかったと思われる。2回目の飲酒の習慣に関する発言は，その一端を示すものだったかもしれない。

Cにとって，こうした再使用への内的な引き金としての葛藤や緊張，不安などの不快な感情については，生活史ともかかわる深い問題であり，限られた回数のプログラムのみで扱うことは難しく，さらに，実父等の家族への働きかけも不可欠のものであったと思われる。セッションの中で語られた発言やセッション中の態度といった情報を主任官ともさらに綿密に共有し，たとえば，担当保護司が本人にとってのカウンセラー的な役割をとって面接を行い，主任官が定期的に家族面接を行って，本人の再使用を防ぐために家族の具体的な対応を話し合ったり，外部講師である臨床心理士や精神保健福祉士，ダルクスタッフにも協力を依頼して，地域の精神保健福祉関連の専門機関や自助グループなどの支援に早めにつなげるといった，本人のみならず周囲の環境までを含めた包括的な処遇のあり方も考える必要があったものと思われる。

また，最後の主任官とのセッションについて，Cは何かと理由をつけて延期しようとするなど，その枠組を破ろうとする言動がみられている。これは，4回のグループセッションが終了して，緊張感が薄れた面もあるかもしれないが，保護観察全体として捉えると，生活状況が不安定になり，遵守事項違反が起こりうるという危機場面であったともいえるだろう。結果的に再使用して逮捕されたことは残念であるが，主任官が家族にも協力を依頼し，危機的な状況を共有して対応したことは，さらなる連続使用への移行を防いだという意味合いで意義があったものと思われる。

5　保護観察所における集団プログラムの意義と課題

保護観察所で実施するプログラムの大きな意義は，特別遵守事項として受講を義務づけていることから，自分自身では断薬や回復への援助を求めにくいと思われる人に対しても，一律に受講させて取り組ませることができるという点にあるものと思われる。

第二に，当庁では参加者を固定しないオープン形式で実施していることから，フォローアップ段階に移行して何度も参加しているメンバーが，新しいメンバーに対して，先輩的な立場から発言することなどもあり，参加者の緊張感を和らげる効果をもたらすほかに，同じ経験をしているだけにその発言は受け入れられやすく，他の参加者が自分自身を振り返るきっかけともなっていると思われる。同様に，ダルクスタッフといういわゆる「回復者」の存在も重要である。自分たちの先を行く回復者の発言は，非常に説得力をもっており，対象者が腑に落ちたように頷いている場面を数多く見てきている。

これらの影響があいまって，当初は義務として不承不承参加していた対象者でも，回を重ねるごとにモチベーションを高めていき，結果として再発防止の道のりを真剣に考えられるようになった例も少なくなく，こうした点に保護観察所でプログラムを実施する大きなメリットが存在しているものと思われる。

一方で，課題としては，保護観察期間中しかかかわることができないという限界があるために，保護観察終了後の回復への支援を見据えて，どのように地域につないでいくかという点にある。地域には，精神保健福祉センターや保健センターといった公的機関を始め，薬物専門病院，ダルク，NAなどの機関があるが，事例Bのように，実際につながることのできたケースはまだまだ少数に留まっているのが現状である。保護観察所で実施しているプログラムを通じて，参加した対象者が何か得るものを感じて，「今後も自分にとってこうした場が必要だ」と感じ，一人でも多くの対象者が地域の機関へとつながることが理想である。そのためには，実施者側も実施体制をより充実させるとともに，平素から地域の機関のスタッフと顔の見えるインフォーマルな関係を構築し，実施者である保護観察官が地域への橋渡しが可能となれば，より一層プログラムを実施する意義も高まるものと思われる。

第12章

薬物事犯者に対する処遇②

ダルクや医療とかかわった事例

西江 尚人

1 はじめに

刑の一部執行猶予制度の導入を見据え，薬物依存のある保護観察対象者に対する処遇の充実強化を図るため，2012（平成24）年度から各保護観察所において，以下の取組が進められている。

①薬物依存の改善に資する医療（入院・通院）を受けられるよう医療機関と連携する取組

②ダルクなどの薬物依存症リハビリテーション施設への入所やグループミーティングへの参加を調整し，保護観察所で実施する覚せい剤事犯者処遇プログラムに引き続いて，地域で断薬を継続するため，当事者によるサポートの力を活用する取組

③保護観察所で実施する覚せい剤事犯者処遇プログラムの終了後に，精神保健福祉センターで実施する薬物依存からの回復プログラムを受けられるよう促し，調整する取組

薬物依存症の専門的治療が可能な医療機関の有無，活用できる回復プログラムの状況，ダルクの活動状況などは，地域によってまちまちであり，すべての保護観察所においてこれらの取組を一様に実施できるものではないが，これらの関係機関や団体との連携により，薬物依存のある保護観察対象者のもつさまざまなニーズに対応することは，回復を地域で支える視点から欠かすことはできない。そこで，本章では，これら地域の医療・保健・福祉等の関係機関や自助グループとの連携事例を中心に紹介していくこととする。

なお，事例については，プライバシー保護のため，主旨を損なわない範囲で適宜加工していることを予めご承知おき願いたい。

2　事例の検討

■ダルクに入所し，医療機関に通院した仮釈放事例

〔事例１〕仮釈放者Ａ（50代男性＝懲役３年）

◆概　要

累８入（前半は窃盗，後半は覚せい剤自己使用および売買）。本件は覚せい剤自己使用により懲役３年。両親死亡。兄弟はいるが疎遠。不眠症状，精神科病院通院歴，ダルク入所歴あり。元暴力団員。前回出所後再犯までの期間は１年１ヵ月。

◆生活環境の調整

本人は，頼るべき親族が皆無であったため，出所後に戻る場所となる帰住予定地が未設定の状態が続いていたところ，刑務作業の休憩時間中にラジオを聴いていた時，以前入所歴のある当時のダルクスタッフの１人が，刑務所最寄りのダルクの施設長として勤務していることをたまたま耳にした。そこで，断薬したいとの意思もあり，再度ダルクに帰住し，施設長に引受人となってもらうことを希望した。その後ダルク施設長の面会を受け，ダルクへの受け入れが決まり，しかも，薬物依存症への治療が可能な病院の協力が得られることとなったので，まずは通院治療を進める方向で調整を進めることとなった。

また，社会内移行調査（地方更生保護委員会において，薬物事犯受刑者個々の問題性に応じた帰住先の確保や，関係機関相互の情報の共有および薬物事犯受刑者とその家族に対する働き掛けの促進を図ることを目的に進めている取組）の一環として，地方更生保護委員会から医師に対し，専門的な所見を得るため面接を依頼し，病状の把握と出所後の治療計画の作成，治療への動機づけに役立てた。

なお，当該ダルクは，自立準備ホームに認定されていることから，保護観察所から出所後最初の数ヵ月間の宿泊保護を委託した。また，ダルク所在地にある福祉事務所に対し，生活保護費の受給や高額医療となった際の医療扶助調整の協力を得るため，事前に協議を行った結果，内諾を得るに至った。

◆保護観察

２ヵ月間弱の仮釈放が決定した。出所時は，ダルク施設長が同行し，保護観察所において導入面接を実施した後，ただちに病院へ行き診察を受けた。

なお，当初の処遇指針は以下の通りである。

①簡易薬物検出検査を保護観察所で２週間に１度のペースで実施する

②平日の日中は，薬物依存回復訓練としてダルクのプログラム（12のステップ）を受け，夜は通所タイプの自助グループである地域のNAに通所する

③概ね２週間に１度のペースで通院し，医師の診察と治療（精神療法および投薬）を受ける

これらの指針に基づき，随時医師と協議をしつつ，通院や心身の状況について，情報を共有した。本人によれば，医師との言葉の行き違いでトラブルになりかけることもあったが，保護観察所で定期的に実施している簡易薬物検出検査の機会を通じて，保護観察官による面接を繰り返した結果，仮釈放期間満了後に移行した更生緊急保護の期間も含めて仮釈放から総じて３ヵ月間，途中で指導等枠組みから離脱することもなく推移した。

その後も通院を継続するとともに，将来の施設長を目指し，ダルクのスタッフとして施設運営に協力しているとのことである。

薬物事犯者の処遇において，保護観察官および保護司の面接を中心とした，いわゆる通常の保護観察だけでは，将来にわたって再犯を抑止することには限界がある。薬物事犯者はその大半が依存症の問題を抱えており，各関係機関が連携し，それぞれの機関の得意分野を生かし，時には補いながら，多角的かつ有機的に依存症対策を講じていくことが，海外の事例からも有効といわれている。

本事例は，その関係機関の連携が，比較的スムーズに得られた事例といえる。

まずは医療機関との連携である。当庁管内には，薬物依存者に対する医療的支援を行う病院が存在している。その病院では，医師による精神療法による定期的な診察とともに，薬物依存症に起因する身体依存・精神依存に対する投薬治療が行われることはもとより，心理士を中心とした認知行動療法に基づく集団での回復プログラムをダルク施設長も同席の上で実施している。本事例では，短期間の仮釈放であったことから，保護観察所における覚せい剤事犯者処遇プログラムは実施しなかったが，医療機関において，定期的な診察や投薬治療に加え，回復プログラムも実施した。

続いてダルクとの連携である。当庁管内のダルクは，保護観察所や刑務所との連携に非常に積極的であった。本事例では，ダルクで実施する12のステップに基づくグループミーティングによるプログラムに当庁職員が同席したり，本人の生活状況について，施設長から情報提供を受けるなどした。なお，他に，保護観察所で実施する覚せい剤事犯者処遇プログラムに実施補助者として施設

長に同席してもらい，実施者である保護観察官を補助して，対象者に助言することを依頼した例もある。

本事例では，社会福祉事務所とも連携した。「薬物使用を反復し，受刑生活を繰り返している人を目の当たりにする。何とかならないかと考えていたところ」とは，福祉事務所担当者の弁である。ダルクで生活する場合，仕事よりも，ダルクプログラムの実践と健全な生活リズムの回復が優先されるため，生活を維持するためには，生活保護の受給が当面避けられない場合も多く，その支給にあたっての事前調整が求められる。

一方，たとえ関係機関の協力が得られたとしても，本人の個別事情を考慮した処遇を怠ると，再犯防止や自立更生には結びつかない。本事例の場合，薬物の自己使用だけではなく薬物売買歴を有するとともに，元暴力団員でもあり，本人の問題性は薬物に対する依存性にとどまらず，犯罪性が多方面に拡散しつつあった。また，過去に仮釈放となった際に保護観察から離脱した経歴があり，保護観察の枠組みから安易に離脱するおそれにも留意する必要があった。そこで，本人に対しては，刑務所入所中から，治療計画をわかりやすく具体的に提示した。さらには，出所後主治医となる専門医による診察を刑務所内で行ったり，本人の心情把握のために保護観察官による定期的な面接を実施するなど，枠組みの設定と継続的なかかわりにとくに配慮したことが，その後の円滑な移行につながったものと考えられるが，このことは「かかわってくれた人達に，失敗して迷惑をかけるわけにはいかない」と述べていた本人の感想からも，うかがい知ることができる。

その他，病院の仲介のもと，保護司や保護観察官のみならず，厚生労働省所属の麻薬取締官が定期的な面接を行い，本人に対する心理規制につながるとともに，相談窓口も確保され，さらに医師を含めた関係者が相互に情報交換を行った事例もある。

また，精神保健福祉センターとの連携事例として，たとえば，同センターにおいて，認知行動療法に基づく回復プログラムを同センター職員である保健師や看護師が実施しており，仮釈放期間が短く，保護観察所で実施する覚せい剤事犯者処遇プログラムの義務づけのない対象者にその受講を勧めたものがある。その事例では，回復プログラムの受講とともに，同センター職員を相談員

図表 12-1 県内の薬物依存症にかかる関係機関

カテゴリー	名　称	概　要
本人の自助グループ	ダルク	宿　泊
		グループミーティング
	N　A	グループミーティング
家族の自助グループ	ナラノン	グループミーティング
医療機関	病　院	診　察
		投　薬
		薬物依存症プロジェクト
国の機関	厚生労働省麻薬取締部	薬物相談 (麻薬取締官による面接)
		捜　査
精神保健福祉機関	精神保健福祉センター	当事者回復プログラム
		薬物相談 (専門医・相談員による面接)
		家族教室 (家族のための支援プログラム)
		家族のつどい (グループワーク・ロールプレイ・参加者の話し合い・スタッフからの情報提供等)
		相談支援に従事する者に対する研修(保護司・保健所・学校関係者等)

とした薬物相談面接を保護観察期間満了後も受け続けていたが,「ダルクでの共同生活は息苦しい時がある。何でも話を聞いてもらえてストレス発散になるし,気分転換にもなる」と語っていたことが思い出される。

それ以外にも,引受人である家族に対する支援を充実させるため,「家族のつどい」を開催し,家族の自助グループであるナラノンの協力を得て,グループワークやロールプレイ,参加者同士の話し合いを進め,また,同センター職員による情報提供を行うなどしている。たとえば,娘の薬物使用を警察に通報した母親の事例で,本人の言動に振り回され,疲弊しきっていた母親の肉体的,精神的な体力の回復と母子関係の修復の目的で,この「家族のつどい」を活用した事例もある。さらに同センターにおいて,相談支援従事者としての保護司を主な対象とした研修を保護観察所と共催で行ったり,更生保護施設に出向き回復プログラムを実施するなど,保護観察所との連携のパイプは月日とともに太くなっているといえる。

■特別調整となり，医療機関に入院した仮釈放事例

〔事例２〕仮釈放者Ｂ（40代男性＝懲役４年）

◆概　　要

刑務所受刑者，累５入（大半が覚せい剤自己使用），本件は窃盗・覚せい剤自己使用，IQ相当値60，実母と妹はいるが関係は疎遠。幻覚はあるが，精神科病院通院（入院）歴なし。前回出所後再犯までの期間は３ヵ月。

◆生活環境の調整

本人から実母に手紙を出したものの，音沙汰がなかったことから引受人を設定することができず，仮釈放を半ば断念していたが，本人は軽度の知的障害を有し，かつ，覚せい剤の反復使用の後遺症による幻覚症状が顕著であったことから，「特別調整」の対象者に選定されるに至った。

本人は，当初地元を離れ，刑務所所在地であるダルクへの帰住を希望したため，当該ダルクに帰住の上，医療機関へ通院することも検討されたが，ダルクへの入所歴がないことなどを理由に，当該ダルクへ直接帰住することは不可となった。

そこで，本人の同意に基づく任意入院について医療機関と協議したところ，受入れの内諾を得たことから，保護観察官と地域生活定着支援センターの精神保健福祉士が，刑務所に出向き，刑務所所属の社会福祉士も同席する中で，本人に対し，任意入院について説明を行ったところ，本人は快諾した。

なお，当該刑務所には常勤の精神科医が勤務しており，その精神科医に改めて社会復帰を視野に入れた診察を実施してもらった結果，詳細な診療情報の提供を受けることができ，さらに，精神障害者手帳の申請手続を進めることができた。

◆保護観察

数週間の仮釈放決定を認められ，初回面接が終了後，本人は保護観察所職員に同行してもらって病院に出向き，医師の診察を受けた結果，予定通り任意入院となった。

処遇計画は，以下の通りである。

①３ヵ月をメドに入院治療を行い，その間，病院が実施している薬物依存症治療プロジェクトのプログラムを受講するとともに，夜は地域のNAに通所する

②退院先としては，ダルク及び地域生活定着支援センターを調整の主たる担当者とし，近隣のダルクを念頭に置きつつ調整していく

出所１ヵ月後に，関係機関を集めての初回ケア会議が開催され，その後も月に１度のペースでケア会議が開催された。会議の後半部分では出席していた本人から，「こんなにいろんな人にかかわってもらい，とても感謝している。親孝行のためにもしっかり身体を治して２度と刑務所に入らないようにしたい」とたびたび述

べていた。
なお，数週間後に期間満了を迎えたものの，幻覚の症状が改善し切らなかったことから，予定より入院が長期化し，6ヵ月後にまずは病院付設のグループホームへ一旦退院し，そこから通院しながら，本格的な社会復帰を目指すこととなった。グループホーム入所中には，地域生活定着支援センターの調整によって，実母と妹と連絡が取れ，同センターと病院の精神保健福祉士の同伴のもと，県外にある実家への外泊を実施した。本人は率先して行事に参加したり，口数も徐々に増えるなど，グループホームでの生活に慣れている様子が窺えるものの，受入先の調整が難航しているのが現状とのことであった。

本事例の場合，長期間にわたって幻覚に悩まされ，刑務所内である程度時間をかけて身体の健康を回復した上で，断薬の動機づけを高める必要があること，さらに軽度知的障害が疑われ，総じて社会生活力が乏しく，単身生活は困難なことが容易に想像されたため，医師の専門的治療を受けながら，薬物依存症のケアを進めていくとともに，対人関係スキルを始めとした社会生活力を身に付けていくことが必要と考えられた。

そこで，定期的に受診しながら，幻覚の症状に対する投薬の調整を行うとともに，知的障害については，地域生活定着支援センターにおいて，退所先確保のパスポートともなり得る知的障害者手帳の取得に向け，精神障害者手帳とともに，関係機関との最終的な調整を行った。

また，病院内でのプログラムを受講する際には，本人の理解力不足を補うため，担当の精神保健福祉士が隣りに座って補足説明するとともに，別途個別の面談の機会を利用して，プログラムの復習を行うなど，社会生活力の向上に配意した。

その他，この病院では，医師・看護師・心理士・精神保健福祉士・作業療法士等の多職種による連携のもと，薬物依存症治療プロジェクトチームを結成し，回復プログラムのみならず，ダルクミーティング，運動療法や家族会，薬物勉強会などを開催しており，その取組みにも加わった。

なお，退所先については，本人に他からの誘いを断われない，強くいわれると迎合してしまうなどの特性が認められたことから，ダルクのもとへ退所する調整は行わず，本人が実母との接触の結果希望するに至った実家近くへの知的障害者グループホームへの入所調整を試みた。しかし，面接までは漕ぎ着けるものの，複数の受刑歴や罪名を理由に，多くの施設から入所を拒否され続けており，さらなる調整が求められている現状にある。

■関係機関につながることなく満期釈放となった事例

〔事例３〕満期釈放者Ｃ（30代男性＝懲役２年２月）

◆概　　要

累３入，本件は覚せい剤自己使用により懲役２年２月，IQ相当値66，近年実母と音信不通，幻覚症状顕著（覚せい剤精神病），アルコール依存症あり，精神科病院入院歴あり，前回出所後再犯までの期間は１日。

◆生活環境の調整

本人は，複数の更生保護施設を希望したものの，精神症状や再犯期間の短さを理由としてすべて「受入不可」となっていた。

そこで，更生保護施設担当保護観察官において，「特別調整」対象者に選定するとともに，病院に対して，事例の概要について伝えたところ，本人に面接した後に受入の可否について判断を行いたい旨の意向が示された。まずは，保護観察官および地域生活定着支援センターの精神保健福祉士が本人に面接したところ，当初は地元以外の病院への入院に対しては不安が大きく，支援を受けることには否定的であったものの，体調を回復したい思いは強く，複数回の面接を重ねた結果，刑務所所在地の病院への入院を希望するに至った。

その結果を踏まえ，刑務所において当該病院の医師による本人診察を実施したところ，診察数日前から本人の心身の状況が不安定化し，大声で叫ぶため静穏室[1)]への入室を繰り返す状態で，本人は入院を頑なに拒否する姿勢に終始した。

その後も，保護観察官による面接を繰り返したものの，入院のみならず通院についても拒否し続け，心身の状況もさらに悪化し，刑務官に強く反抗したり，大便を投げつけるなどしたため，保護室[2)]への収容が繰り返されるようになった。

前記のような状況により，精神保健福祉法26条に基づく矯正施設の長による通報が行われ，別途措置診察が行われたものの，措置入院の判断が下されることはなかった。満期釈放の当日は，刑務官によって刑務所最寄りのJR駅まで乗車保護がなされたが，任意入院に対しては本人が強く拒否したため，当該病院から受け入れについて全面的な協力が得られる見込みであったにもかかわらず，結果的に入院につながることはなかった。

図表 12-2　精神保健及び精神障害者福祉に関する法律に基づく入院形態

種　類	対　象	要件等
任意入院	入院を必要とする精神障害者で，入院について，本人の同意がある者	精神保健指定医の診察は不要
措置入院／緊急措置入院	入院させなければ自傷他害のおそれのある精神障害者	精神保健指定医２名の診断の結果が一致した場合に都道府県知事が措置（緊急措置入院は，急速な入院の必要性があることが条件で，指定医の診察は１名で足りるが，入院期間は72時間以内に制限される。）
医療保護入院	入院を必要とする精神障害者で，自傷他害のおそれはないが，任意入院を行う状態にない者	精神保健指定医（又は特定医師）の診察及び家族等の同意が必要（特定医師による診察の場合は12時間まで）
応急入院	入院を必要とする精神障害者で任意入院を行う状態になく急速を要し保護者の同意が得られない者	精神保健指定医（又は特定医師）の診察が必要であり，入院期間は72時間以内に制限される。（特定医師による診察の場合は12時間まで）

明らかに薬物使用による中毒性精神病の陽性症状を呈しており，治療の必要性が高い事例であった。

この事例の場合，治療したい気持ちと自暴自棄とも取れる行動から，薬物依存症者に特徴的な心理状態が窺えるとして，出所後の治療へ速やかに移行できるよう，生活環境の調整が実施された。しかし，精神疾患を理由としての入院の場合，自傷他害のおそれを要件とする措置入院等の強制的な入院が認められない限りは，医療に確実につなげられる仕組みは存在しない。保護観察の枠組みによってその強制力を代替させようとすることは，現在の保護観察制度や精神保健福祉制度の趣旨から外れることになる以上，このような事例の改善更生や社会復帰の効果を保護観察によって期待することはできないものと考えられる。

なお，薬物依存症患者を専門に治療する病院は，全国でも限られているのが現状である。たとえば，2014（平成26）年現在，全国でおよそ1600の精神科医療機関のうち，薬物依存者に対する認知行動療法に基づく回復プログラムを実施しているのはわずか25ヵ所にとどまっており，刑の一部執行猶予制度の導入に向け，今後の飛躍的な増加が望まれるところである。

その一方で，薬物依存症者と類似のメカニズムであり，治療プログラムを有するアルコール依存症者の治療を行っている病院は一定数存在する。そこで，本人の承諾を得て，アルコール依存症者の治療を専門に行う病院での診察に同席し，本人の薬物依存症について主治医と情報を共有するとともに，日中活動の場として，就労継続支援Ｂ型事業所[3]への通所を職業リハビリテーションの観点にて提案するなど，連携を進めていった事例もあるが，一定の限界があることは否めない。

3　おわりに

保護観察の究極の目的の１つは，保護観察期間中の再犯防止もさることながら，将来にわたって再犯なく，自立更生の道を歩んでもらうことにある。そのためにも，保護観察終了後も引き続き本人や家族が，地域の社会資源である薬物依存症者を支援する関係機関につながっていることが重要である。しかし，全国的に見ると地域医療等の支援体制は地域によってまちまちであり，決して一律に考えるわけにはいかない現状がある。

薬物依存者に対応できる医療機関については，前述のとおりである。精神保健福祉センターについても，全国69のうち回復プログラムを実施しているのは11ヵ所にとどまっており，関係機関と連携を確保したくともそれが不可能な地域も少なくない。今後，たとえば，薬物依存症の拠点病院の拡充，精神保健福祉センターにおける薬物依存者およびその家族に対する支援プログラムの充実，民間の自助グループであるダルクに対する支援の充実がなされるなどして，薬物依存対策の地域医療ネットーワークが整備されることが切に望まれる。

一方で，関係機関が存在するだけでは再犯防止には直結しない。いかに効果的に連携を確保していくか，また，適切に本人および家族を関係機関につなげていくかが鍵であり，個別の協議のほか，複数機関が集まってのケア会議や連絡会議の機会も活用している。また前述したとおり，家族支援という観点から，必要に応じて関係機関につながってもらうことを念頭に，「引受人会」として，薬物事犯で刑務所に入所している受刑者の家族や雇用主の引受人に対し，その機会を設けている。その内容としては，当庁職員による保護観察制度説明・家族の自助グループであるナラノンによる体験談，ダルクによる体験談，精神保健福祉センターによる取組状況説明，病院による薬物依存症治療プロジェクト説明等であり，年に数回の実施を続けている。

ある医師の次の言葉が印象的である。「“まず１人”の立ち直りを，“まず１

つ”の成功事例をつくり，これを地道に積み重ねていくことが大切である」。

保護観察所の体制や関係機関には地域における処遇力に大きな制約があり，かつ，有限である。それを認識しつつ，まさにこの言葉の通り，官民を問わずオールジャパンで1つひとつ事例を丁寧に重ねていくことが，薬物事犯者の再犯防止と自立更生のためには，一番の近道であろう。

1）防音設備のある個室で，基本的に故意ではないところで大声を出したり，騒ぎ立てることで，他の収容者に悪影響が危惧される場合に収容される部屋のことをいう。

2）基本的に故意により，自身を傷つけるおそれがあるとき，または刑務官の静止に従わず，大声または騒音を発するとき，他人に危害を加えるおそれがあるとき，刑事施設の設備・器具その他の物を損壊しまたは汚損するおそれがあるときなど，刑事施設の規律および秩序を維持するために特に必要があるときに強制的に収容される部屋のことをいう。

3）通常の事業所に雇用されることが困難で，かつ，雇用契約に基づく就労が困難である障害を抱えた人に対し，就労および生産活動の機会の提供を行う福祉事業所。なお，A型事業所は，雇用契約に基づく就労である点でB型事業所とは異なる。

第13章

薬物事犯者に対する処遇③

更生保護施設の活用事例

岡本 泰弘

本章では，更生保護施設に入所した薬物事犯者に対する処遇の事例を取り上げたい。

更生保護施設は，刑務所出所者等の円滑な社会復帰を促進する上できわめて重要な役割を果たしているにもかかわらず，その存在は広く知られていない。そこで，まずは，更生保護施設がどのような施設か，そこではどのような処遇が行われているのかなどをご理解いただいた上で，事例の紹介をしたい。

なお，事例の考察等の意見に関する部分は，筆者の個人的な見解に基づくものであるので，あらかじめお断りしておきたい。

1　更生保護施設とは何か

■ 更生保護施設の概要

更生保護施設は，帰るべき場所がない刑務所出所者等を一時的に保護し，生活訓練・指導や就労支援等を行うことにより，彼らの社会復帰を支援するとともに，再犯を防止することを目的とした民間の施設である。更生保護の淵源ともされており，古くは明治時代から存立している施設もある。

その設置に当たっては，法務大臣の認可が必要となっており，全国で103の施設が運営され，各都道府県に1ヵ所以上設置されている。また，運営する法人は，更生保護事業法（平成7年法律第86号）に基づき設立される更生保護法人が100施設を占め，その他に社会福祉法人，NPO法人，一般社団法人が各1施設である。全国の更生保護施設の定員は2349人で，そのうち男子定員が9割以上を占めている。また，施設の規模はさまざまだが，平均的な施設は定員20人前後であり，社会福祉施設と比べると小規模な施設が多い。更生保護施設には，実務に当たる幹部職員として，その実務の執行を総括する責任者（施設長），入所者の生活指導を行いその相談に応ずる責任者（補導主任）が置かれ，その他に入所者の処遇を行う補導職員等が置かれている（いずれの数値も2015〔平成27〕年4月1日現在のもの）。

更生保護施設では，保護観察所からの委託を受けて，年間で約8000人の刑務所出所者等を保護しており，仮釈放者の約3割を収容保護[1]するなど，刑事政策上不可欠な施設である。とりわけ，近年は刑事施設出所後に帰るべき場所がない者が多数に上っているところ[2]，再犯防止のためには住居を確保することが重要であることから[3]，その社会的使命を果たすため，更生保護施設では積極的な受入れを進めている。

■更生保護施設の入所者と処遇の実施状況

更生保護施設は，生涯そこで生活するといった，終の棲家ではなく，帰るべき場所がない刑務所出所者等の一時的な居場所という位置づけである。したがって，特別処遇[4]における高齢者や障害を抱えた者の受入れを除き，基本的には稼働能力のある者を受け入れて，就労自立を目指す点に重きを置いて社会復帰に向けた処遇を行っている。

更生保護施設では，施設職員の不断の努力や関係機関・団体の協力を得て，処遇施設としての機能強化が図られている。具体的には，一般的な生活指導や金銭管理等の指導のほか，SST（Social Skills Training：社会生活技能訓練）や就労支援講座といった社会適応力を高める処遇や，施設退所後の住居確保支援，福祉や医療機関による支援の確保のための調整など，施設退所後の自立に向けた支援も行っている。また，自活できるよう料理教室を開くなどのユニークな活動もあり，地域の実情に応じてさまざまな処遇が展開されている。これらの処遇は，保護観察所と連携協力しつつ，地域の関係機関や団体の協力を得ながら実施されている。

2　更生保護施設における薬物事犯者に対する処遇

■重点処遇の概要

法務省では，刑の一部の執行猶予制度（以下「一部猶予制度」という）の施行を見据え，2013（平成25）年度から，法務大臣により指定された更生保護施設に薬物依存からの回復訓練施設としての機能を持たせ，帰るべき場所がない薬物事犯者の受入れを進め，専門的な処遇プログラム等を実施する取組を開始している。この取組を，薬物依存からの回復に重点を置いた処遇，略して「重点処遇」とよび，「重点処遇」を実施する更生保護施設として指定された施設を「重点施設」とよぶ。

重点施設は，2013（平成25）年度に5施設から開始し，毎年度5施設ずつ増え，2015（平成27）年度までに全国で計15施設が指定されている。

一部の更生保護施設では，従前から「薬害教育」などのかたちで，医療関係者を招くなどして，薬物依存に関する知識を付与したり，地域の社会資源の情報提供を行うなどの取組を実施しているが，重点施設では，薬物依存に関する専門的な知識や経験のある「薬物専門職員」を配置し，薬物依存からの回復に重点を置いた専門的な処遇を実施していることが特徴である。薬物専門職員には，精神保健福祉士や臨床心理士等の資格を有していることや，たとえば，医療機関等でケースワーカーとして勤務した経験が有ることなど，当該業務遂行に必要な知識，経験を有していることが求められる。

重点処遇の具体的な内容として，就労，住居，医療などの確保に必要な支援のほか，薬物依存からの回復に向けた処遇として，認知行動療法に基づく専門的なプログラム（以下「回復プログラム」という）や，ダルクなどの自助グループの協力を得て，薬物使用経験者らによるグループミーティングが行われている。

■重点処遇の実際

更生保護施設は，前記のとおり就労自立を目的とした施設であり，一部の高齢・障害者を除き，施設在所中は，社会復帰に向けた生活基盤を整えるため就労することが基本となる。この点については重点処遇対象者も例外ではなく，稼働能力のある者は早期の就労自立を目指している。ダルクの中には，就労に優先してミーティングを実施し，薬物依存からの回復を進めているところもあるが，重点施設では「就労しながら薬物依存からの回復を進める」というパターンが基本的な処遇モデルである。就労を確保した重点処遇対象者は，通常，仕事が終わった夜間や休日に回復プログラムやグループミーティングに参加する。回復プログラムが集団で実施される場合，対象者ごとに就労状況が異なるため，日程調整に苦心される薬物専門職員も多いと聞く。

また，重点処遇対象者の中には，医療や福祉の支援が必要な者も多く，その場合は，薬物専門職員が中心となって，医療や福祉の関係機関・団体の協力を得て，重点施設入所後の円滑な支援につなげている例が多い。

回復プログラムは，「SMARPP-16」(以下「スマープ」という[5]) を標準とするものとされ，おおむね週2回実施されている。スマープは全部で16回のセッションがあり，1回のセッションに要する時間はおおむね1時間である。回復プログラムは薬物専門職員により実施されており，施設によっては他の補導職員の協力を得ている例もある。対象者の中には，自身が依存症であるとの認識に乏しく，特別なプログラムは不要と考え，回復プログラムへの参加に拒否的な者も少なくないが，施設によって，受刑中の生活環境の調整段階で，薬物専門職員が矯正施設で面接し，回復プログラムの受講の動機づけを高めたりするほか，プログラムの参加ごとに「ご褒美のシール」を参加記録書に貼付したり，お菓子やジュースを用意したりして，プログラムに参加しやすい雰囲気を作ったりするなどの工夫をしている。

保護観察所の行う薬物処遇プログラムは，回復プログラムと同様，認知行動療法を理論的基盤としたワークブックを活用した教育課程が実施されており，両プログラムは内容面で酷似しているが，薬物処遇プログラムの受講が義務づけられた重点処遇対象者の場合，それぞれのプログラムの実施状況を保護観察所と重点施設で情報共有したり，一方のプログラムで十分に考えられていない点をもう一方のプログラムで補完したりと，より効果が上がるように並行して実施されている。

また，薬物使用経験者等によるグループミーティングは，ダルクスタッフらを招いて自らの過去の薬物使用体験を発言したり他者の体験を聴いたりするものが想定されており，回復プログラムと並び，薬物依存からの回復に向けた重要なアプローチとなるものである。薬物依存から回復した人たちの話を聴くことで，同じ境遇を経験し，同じ問題を抱えながらも新しい生き方を獲得したロールモデルが提示されることとなり，回復への動機づけにつながるといった効果が期待されている。回復プログラムが薬物専門職員により実施されている点と異なり，グループミーティングは外部の専門家やダルク等と連携協力して実施されるものである。おおむね週1回実施されるが，その実施場所は，重点施設内に限らず，外部の協力団体に出向くこともある。重点施設ごとに創意工夫され，その地域事情に即した取組が展開されており，たとえば，「新しい生き方を始める」ことをコンセプトに，ダルクスタッフのほか，医療関係者等が講師となって，円滑な社会生活を送るために役立つ実践的な対処方法を学ぶ講義などが開催されている施設もある。

薬物専門職員は，回復プログラムの実施や，グループミーティングの実施のための調整等を行うほか，重点処遇対象者に限らず，全入所者に対して，その専門性を生かして医療支援のための医療機関との調整を行ったり，施設退所後の住居確保のため，福祉機関との調整を行ったりしている。就労支援を含め，重点処遇対象者の日常生活の指導等については，薬物専門職員も含め，施設職員全員がチームで対応していることが多い。

■重点施設に求められる役割

重点処遇の取組は，前記のとおり一部猶予制度の施行を見据えて導入されたものである。一部猶予制度施行後には，薬物事犯者に関して，①帰るべき場所がない者の増加，②薬物依存の進んだ対象者の増加，③保護観察の長期化といった課題を抱えることが見込まれている。そのため，重点処遇は，それぞれの課題に対応して，「受入れ機能」，「処遇機能」，「（地域支援への）橋渡し機能」といった3つの機能を有していると考えられる。具体的には，①の課題に対応するため，彼らを受け入れる受皿としての機能（「受入れ機能」），②の課題に対応するため，専門処遇を実施する施設としての機能（「処遇機能」），③の課題に対応するため，重点施設退所後の継続的な地域支援につなぐ機能（「橋渡し機能」）である。

重点施設では，これら3つの機能を高めつつ，それぞれの機能を有機的に連結させることが重要である。すなわち，帰るべき場所がない薬物事犯者を一人でも多く受け入れて重点処遇を実施し，その後，継続的な地域支援へと円滑に移行させ，これにより空いた定員に次の者を受け入れる，といった「受入れ→処遇→橋渡し→受入れ……」のサイクルを強化することが重要であると考える。

■重点処遇の課題

薬物にかかわらず，依存症は精神疾患のひとつに分類されており，薬物依存からの回復には長期間を要する上に，医療機関等による継続的な治療や支援が必要な慢性疾患である。そのため，重点処遇の実施に当たっては，医療機関を中心とした地域の関係機関や団体と連携協力しながら行う必要がある。しかし，全国的にも医療機関等の支援体制が十分ではないことなどから，多くの重点施設では，専門の医療機関による支援が必要な者や，重篤な薬物依存の問題を抱える者の受入れが困難であること，重点施設退所後の継続的な地域支援につなげることが進んでいないこと，といった点が主な課題として挙げられる。

3　事例検討

それでは，本題である事例の紹介をしたい。まずは，重点施設に入所したものの，薬物の再使用に至った２事例，続いて，重点処遇を受け，医療等の地域支援につなげられた２事例を紹介したい。また，各事例について，重点処遇実施の観点からの考察も行いたい。

なお，各事例については，個人が特定されないよう，要点となる部分以外は変更を加えている。

■薬物の再使用に至った事例

⑴先行きの不安等を理由に薬物再使用に至った事例

〔事例１〕仮釈放者Ａ（30代男性＝懲役２年６月）

◆概　　要

覚せい剤取締法違反。少年時の非行歴なし。20歳時に初めて覚せい剤を使用。22歳時に覚せい剤の自己使用により執行猶予の判決を受け，同期間中の再使用により受刑する。仮釈放後は実姉のもとに帰住。その５年後に覚醒剤の再使用で２回目の受刑。仮釈放後は再び実姉のもとに帰住するが，その２年後に本件を惹起して３回目の受刑となる。

心身に特段の問題はなく稼働能力もあり就労意欲もある。これまで土木関係の仕事を中心に稼働している。本件時も土木会社で就労。

25歳時に結婚し1子をもうけるが，26歳時に離婚。両親は他界し，頼れる親族は実姉のみ。

◆生活環境調整時の状況

実姉からは，今回で受刑3回目になり引き受けられないと受入れを拒否され，他に頼れる親族や知人がないため，地元の隣県にある重点施設を帰住予定地に希望。重点施設の職員が面接に赴き，断薬意思等を確認し，受入れの調整が整ったものである。本人は本件逮捕直後にダルクに手紙を出して出所後の相談をしており，釈放後は重点施設に入所しながらダルクへの通所を希望。

◆重点施設入所中の経過

刑務所仮釈放後，重点施設に入所。保護観察期間は約4ヵ月。保護観察期間中は保護観察所で簡易薬物検出検査を受けることに同意。当初3ヵ月は毎日ダルクへ通所し，その後は就労して自立資金を貯めたいと述べる。出所時の所持金は約10万円。

当初，ダルクへの通所を欠かさず，表面的には前向きに取り組んでいた。また，保護観察所に定期的に出頭し，簡易薬物検出検査を受け陰性反応が続いていた。

仮釈放から2ヵ月が経過したとき，突如，ダルクのメンバーやプログラムが自分に合わない旨を施設職員に報告し，ダルクへの通所を止めたいと述べる。その事情を話し合うため，担当の保護観察官の指示により，保護観察所に出頭する。その際，簡易薬物検出検査をしたところ，陽性反応が出る。本人は覚醒剤の使用を否定したが，警察署の鑑定結果でも覚醒剤の陽性反応が出たため緊急逮捕に至る。

逮捕後の担当保護観察官による質問調査において，「ダルクへ通所していたため就労できず所持金がわずかとなり，先行きに不安を感じるようになった。また，ダルクが自分に合わないと感じストレスを抱えていた。さらにインフルエンザに罹患し，お金のない生活に余計に「しんどい」と感じ，ダルク通所を止めた翌日に昔の仲間に声を掛け，覚せい剤を購入し使用した。」などと述べる。

(2)男性に誘われて薬物再使用に至った事例

〔事例2〕仮釈放者B（30代女性＝1刑：懲役2年，2刑：懲役1年6月）

◆概　　要

覚せい剤取締法違反。中学時にシンナー乱用を繰り返し，17歳で覚せい剤の使用を始める。妊娠時以外はほぼ覚せい剤使用を続ける。覚せい剤を止めたくて自ら警察に出頭し，執行猶予となったものの，同期間中に本件を惹起する。

10代で結婚し，4人の子どもをもうけるが離婚。子どもは夫のもとに引き取られる。両親は健在であるが疎遠である。これまでアルバイト等の短期の勤務経験はあるが，多くの時間を家事と育児に費やしてきたため，就労経験に乏しい。

◆生活環境調整時の状況

頼れる親族や知人がいないことから重点施設を帰住予定地に希望。重点施設の職員が刑務所まで面接に赴き，今後の生活計画を中心に話し合う。本人は，調理員の仕事をして自立したいと話す。また，ダルクに通所したいなどとも述べる。

◆重点施設入所中の経過

刑務所仮釈放後，重点施設に入所。保護観察期間は約８ヵ月。保護観察期間中は保護観察所が実施する薬物処遇プログラムの受講が義務づけられた。当初はダルクへ通所し，その後，生活が落ち着いたら就労して自立資金を貯めたいと述べる。出所時の所持金は約20万円。

保護観察所と重点施設で実施する両プログラムの受講態度等に特段の問題は見られなかった。重点施設入所直後に就労を開始し，真面目に稼働する。

入所して３ヵ月程度が経過した後，他の入所者から「薬物使用の疑いがある」旨の報告があったり，施設に預けていたお金をもっともらしい理由で引き出すなど，不審な言動が見られたが，簡易薬物検出検査の結果は陰性反応であった。しかし，その１ヵ月後，重点施設内の自室に覚せい剤を所持していることが発覚し逮捕される。

逮捕後の担当保護観察官による質問調査では，「数ヵ月前に男性にナンパされ，その男性と度々会うようになった。その後，誘われるまま一緒に覚せい剤を使用し，残りの覚せい剤を男性から預かった。それをどう処分すれば良いかわからず，そのまま所持していた。」などと述べる。

事例１では，就労よりも薬物治療を優先するダルクに休みなく通っていたが，自立資金が貯まらず所持金も次第になくなり，自立の見通しが立たない中，過度のストレスが引き金となり，自ら昔の仲間に連絡して薬物を再使用したものである。重点施設では，基本的に就労を確保しつつ，回復プログラムやグループミーティングといった薬物依存からの回復に向けた処遇を実施しているが，この事例では，当該重点施設が近隣のダルクと連携体制を構築していたこともあり，本人の希望もあって，就労よりもダルクへの通所を優先したものである。事例２では，比較的，順調に稼働していたものの，ナンパされた男性との遊興にふけり，誘われるまま薬物の再使用に至ったものである。

薬物依存症者への治療に当たっては，治療者との良好な治療関係のもと，正直な気持ちを安心して話せる場の提供が重要であるといわれている。そのため，重点処遇の実施過程においても，担当者（担当保護観察官または薬物専門職員）と対象者の間で良好な関係が築けているか，回復プログラム等を通じて，薬物への渇望も含め，正直な気持ちを安心して話せることができているか，といった点を念頭に置いて処遇する必要がある。

事例１，２ともに，筆者が関係記録で確認した限りでは，対象者の心情や生活実態について，施設側の把握が必ずしも十分ではなく，薬物再使用後にさまざまなことが発覚している。両事例とも熱心に担当者がかかわっていたものの，果たして，対象者と担当者との間に正直な気持ちを安心して話せるまでの関係が築けていたか，回復プログラム等の場での薬物専門職員とのやり取りが表面的ではなかったか，彼らの薬物への渇望，生活上の不安や不満などの心情が十分に聞ける環境であったか，といった点を検証する必要があろう。また，一般に薬物事犯者の生活実態の把握は困難であるといわれており，日々の言動に不審な点があれば，本人の言い分と合わせて，たとえば買物のレシートなど証拠書類等の提出を求めることのルール化を検討することも必要であろう。

■医療等の関係機関や団体につながった事例

(1)退所先である隣県の専門医療機関につながった事例

〔事例３〕仮釈放者Ｃ（30代女性＝懲役２年）

◆概　要

覚せい剤取締法違反。20代後半ころ，交際相手から勧められ大麻を乱用し，ほどなくして大麻取締法違反で逮捕（懲役８月執行猶予３年）。執行猶予期間中，窃盗事件を惹起して初めての受刑。満期釈放後，交際相手から誘われて覚せい剤使用を開始し，その後，本件により逮捕され２回目の受刑となる。

20代前半に交際相手からDVを受け，その影響で精神に不調を来たし，精神科通院歴がある。また，コンビニ等でアルバイト経験はあるが，継続して就労した経験はほとんどない。実母がＡ県に居住しているが，本人と不仲のため引き受けを拒否され，Ｂ県所在の重点施設に帰住したものである。

◆重点施設入所中の経過

入所当初，担当保護観察官との面接で，施設退所後は実母のもとに帰りたいとの希望があること，受刑中，実母と定期的に手紙のやり取りを続け，関係改善の兆候が見られたことから，担当保護観察官からの働きかけで，Ａ県に居住する実母との関係調整を行う。就労については，ハローワークで就職活動するも決まらず，協力雇用主[6]のもとで働き始める。当初は順調に働いていたが，次第に幻覚や幻聴といった不調を訴え，重点施設と連携関係にある地域の精神科病院に通院することとなり，そのために仕事が休みがちとなり，仕事を始めてから数ヵ月後に退職する。その後，調整していた実母との関係改善が認められ，実母からは施設退所後の受入れの意思表示があった。そのため，実母が居住するＡ県の薬物治療を専門とする医療機関と調整し，重点施設在所中から通院を始める。その後，欠かさず通院し，重点施設退所後も当該医療機関に継続して受診することとなったため，保護観察期間満了のタイミングで実母のもとへ円満退所する。

(2)グループミーティングで協力関係にあるダルクに入所した事例

〔事例４〕仮釈放者Ｄ（20代男性＝１刑：懲役１年６月，２刑：懲役２年）

◆概　　要

覚せい剤取締法違反。高校中退後，パチンコ店員等を転々とし，仕事がうまくいかずストレスを抱える中，知人の勧めもあり20代前半で覚醒剤使用を開始する。その後も数年間，継続的に使用して逮捕。保護観察付執行猶予となるが，その期間中に本件を惹起し初めての受刑。家族は遠方に居住し，本人との関係が不仲であるため，重点施設を帰住地に希望。受刑中，幻覚等の症状があり，覚せい剤後遺症の疑いと診断され，抗精神薬等を服用する。

◆重点施設入所中の経過

受刑中に矯正施設でダルクミーティングを受けていたこともあって，薬物依存等への理解が進んでおり，回復プログラムでは積極的に発言するなど，入所当初から断薬の意識が高かった。求職活動をしていたものの，入所してしばらく経って幻聴等の症状を訴えるようになり，重点施設の近隣の精神科クリニックへ通院を開始する。本人がダルクへの入所を希望したことから，重点処遇のひとつであるグループミーティングで連携協力関係にあるダルクスタッフに相談し，重点施設退所後の同ダルクへの入所を調整する。あわせて，同ダルク入所中に通院可能な医療機関も確保でき，退所先の受入れが整ったため，保護観察期間満了前に重点施設を円満退所し，ダルクに入所する。

事例３では，仮釈放直後から，担当保護観察官や施設職員が本人と実母との関係調整を進めた結果，かなり早い段階で，実母のもとへの帰住にめどが立ったことが，その後の医療機関に円滑につながることができた要因のひとつであろう。

事例４では，重点施設入所後，幻聴等の症状が悪化し就労自立が困難となったため，薬物専門職員を中心として，日ごろから連携するダルクスタッフと調整し，円滑にダルクへ入所できたものである。

事例３，４ともに，担当保護観察官および薬物専門職員を中心に，本人の意向を尊重しつつ，関係機関や団体との調整を粘り強く続け，施設退所後の地域支援が得られたものである。

両事例も踏まえ，継続的かつ適切な地域支援を円滑に受けられるようにするための重点施設における留意点として，以下のとおり整理できる。

・地域支援の体制を構築し，円滑な地域移行を図るためには，平素から，定期的な会合等の場で当該関係機関や団体と協力関係を深め，双方がお互いの事情をよく理解しておくこと。
・退所後の地域支援の必要性について，本人の理解が得られるようにするため，可能な限り早い段階（理想的には受刑中の生活環境の調整段階）から働きかけること。
・退所先の地域ごとに地域支援を担う社会資源が異なるため，可能な限り早い段階で退所先のめどがつくよう住居確保支援を行うこと。
・円滑な地域支援への移行を図るため，施設在所中に少なくとも１回以上は当該関係機関や団体に通所，通院等するよう調整すること。

重点処遇の取組は，緒に就いたばかりであり，重点施設退所後，医療機関や自助グループといった地域支援につなげられた事例は限定的であるものの，重点処遇の取組の効果を維持・強化し，重点施設退所後の将来にわたる再犯を防止するためには，継続的な地域支援を確保することが不可欠であると考える。それぞれの地域事情が異なるため，すべての重点施設に効果的な即効薬はなく，また，医療等の支援体制の構築は保護観察所や重点施設だけで解決できる課題ではない。しかし，一部猶予制度の施行を見据え，行き場のない薬物事犯者の再犯を防止するためには，引き続き，地域の関係機関や団体に薬物依存への対応等の理解と協力が得られるよう努めるとともに，各重点施設での１つひとつの成功事例を通じて得られる関係機関や団体との調整のノウハウを蓄積することが必要であると考える。

1） 2014（平成26）年に保護観察が開始された３号観察対象者（１万3925人）のうち，開始時に更生保護施設に居住した者は，4167人（29.9%）である（保護統計年報による）。

2） 2014（平成26）年に刑事施設を満期出所した１万726人のうち，帰るべき場所がない者が5696人（53.1%）に上っている（矯正統計年報による）。

3）「宣言：犯罪に戻らない・戻さない」（犯罪対策閣僚会議決定〔2014（平成26）年12月16日〕）では，年間6400人（2013〔平成25〕年）の受刑者が帰るべき場所がないまま刑務所を出所し，そのうち３人に１人は２年以内に刑務所に戻っているとし，このような犯罪・非行の繰り返しを食い止めるためには，「仕事」や「居場所」の確保が重要であり，そのため，更生保護施設の受入れ機能の強化等の取組を推進するとされている。

4）「特別処遇」とは，高齢又は障害により特に自立が困難な刑務所出所者等を，指定された更生保護施設で受け入れて，必要な福祉サービス等を受けることができるように調整し，その円滑な社会復帰を図ることを目的とする取組である。2009（平成21）年度から開始されており，全国で57の更生保護施設が指定され，当該指定施設には，特別処遇に中心的に従事する職員として社会福祉士等の福祉の専門的知識や経験のある者が配置されている。

5） 米国で薬物乱用者に対する包括的外来プログラムとして開発されたマトリックス・モデルを参考にして，神奈川県立精神医療センターのせりがや病院のスタッフにより開発された，薬物やアルコール依存症のための治療プログラムである。「SMARPP」は，Serigaya Methamphetamine Relapse Prevention Programの呼称。近年，薬物治療プログラムとして注目を集め，スマープをベースにして，全国の医療機関や保健機関等が独自に若干の修正等を加えながら活用されている。特徴は，専用のテキスト（全16回）を用いて実施され，担当者の臨床経験等に大きく左右されずに，一定の処遇効果が期待できることにある。

6） 刑務所出所者等の前歴等を承知の上で雇い入れる事業主をいう。協力雇用主は，全国の保護観察所に登録され，2015（平成27）年４月１日現在で，約１万4448社が登録されている。

第14章

性犯罪者に対する処遇

小森 典子

1　はじめに

2006（平成18）年９月，全国の保護観察所において性犯罪者処遇プログラムが実施されることとなった。これまでの保護観察処遇は，さまざまな施策はあってもその内実は保護観察官や保護司の個人の力量に頼ることが多かったが，プログラムが開発され，処遇の実質的な内容に踏み込んで方向性が示されたことは，画期的であった。そして，プログラムの受講は特別遵守事項によって義務づけられることになったため，正当な理由なくプログラムを受講しない者は，仮釈放または執行猶予の取消しの対象となる。このような強い枠組のもとで，保護観察官は，再犯防止を最優先とする姿勢で対象者と向き合えるようになった。

本章では，性犯罪者処遇プログラムの概要と事例を通じて，保護観察処遇の一端をお伝えできれば幸いである。

なお，本文中の意見の部分はすべて私見であり，その内容は本人が特定できないよう一部を変更してある。

2　性犯罪者処遇プログラム

性犯罪者プログラムの全体像は，図表14-１のとおりである。

■コアプログラムの進め方

コアプログラムについては，保護観察所ごとに事件数やマンパワーが異なるため，各庁の事情に応じて実施されており，その方法は異なる。ここでは，東京保護観察所の進め方について述べる。

図表 14－1　性犯罪者処遇プログラムの全体像

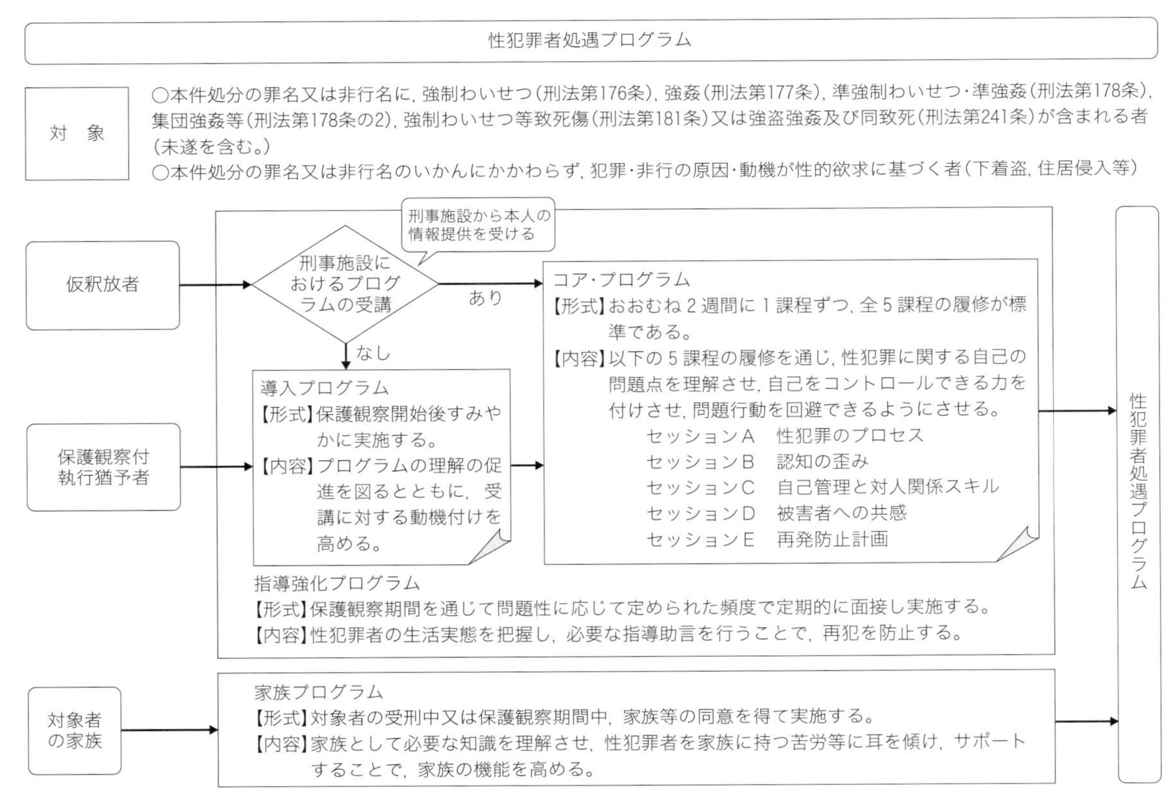

コアプログラムは，２週間に１回のペースで５回，１回につき約２時間，コアプログラムを担当する保護観察官が実施する。セッションＡは個別の面接，セッションＢからＤはグループワーク，セッションＥは前半をグループワーク，後半を個別の面接で行っている。毎回セッション終了後には，本人の保護観察を担当する保護観察官がクールダウン（プログラムでは事件当時のことを詳しく思い出して話すため，プログラム終了後にそれを引きずらないよう気持ちを切り替えること）や近況を聞くための短時間の個別面接を行っている。

グループは，メンバーが４名前後のクローズド（メンバーを固定したグループ），ニックネームで参加する。ファシリテーター（司会者）は，男女の保護観察官がペアを組んで担当し，リーダーとサブは設定しない。これは男女が対等に役割を担っている姿をメンバーに示していくことを目的としている。また，メンバーが発言しやすい環境を作るため，グループのルール（「プライバシーを守ること。」「メンバーはここだけの関係とすること。」「誹謗中傷しないこと。」など）を設定している。そして毎回ホームワークを出し，プログラムで学んだことを日常生活で振り返る機会をもたせている。

■コアプログラム終了後

コアプログラムを終了した者に対しては，毎月面接をしている保護司からの報告書や，定期的な保護観察官の面接により，再犯リスクが高まっていないかを確認し，必要な指導や援助を行っている。

なお，東京保護観察所独自の取組として，コアプログラムを終了した者を対象としたメンテナンスグループを月１回実施している。メンテナンスグループは，メンバーはオープン（メンバーの入れ替えがあるグループ）で，コアプログラムの復習をしたり，１ヵ月の生活を振り返り，事件に近づくことはなかったかなどを話し合ったりしている。参加は任意のため，毎回参加する者，都合がつくときに参加する者，一度休んでいたが再び通い始める者などさまざまである。

■リラプスプリベンション（relapse prevention再発防止）

リラプスプリベンションとは，認知行動療法の一技法で，再発防止とも訳され，コアプログラムの中心となる考え方である。もともとはアルコールや薬物

図表 14－2　事件のサイクル

「問題のない状態」

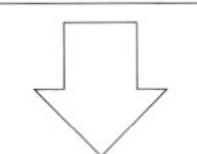

「日常のできごと・きっかけ」

まだ自分をコントロールできている。
しかし，
・仕事や職場の問題
・家族や恋人との問題
・人づきあいの問題
・その他，生活上のうまくいかないこと
などが起こる。

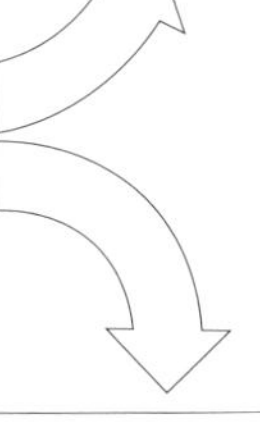

「ためこみ」
（気持ち，事件の空想や考え）

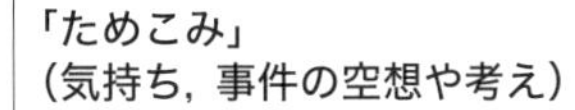

・ストレス，イライラ，怒り，ゆううつ，不安，さびしさといったマイナスの感情，嫌な気持ちがたまっていく。
・解消や発散のため，性的なものを求める。（ポルノ，ナンパ，風俗，事件の想像）
・女性や子どもに対しての誤った考え方や信念，価値観を身につける。

「実行後の状態」
（自分への言いきかせ，考え，気持ち，行動）

事件を実行した結果と向き合う。
・自分にとってプラスに考えると，
　→次も同じことをしようと思う。
・自分にとってマイナスに考えると，
　→その考えが新たな「きっかけ」となり，
　　嫌な気持ちを「ためこんで」しまう。

「実行」（事件を起こす）

実際に事件を起こしてしまう。
（心の中で自分の行動の言い訳をしたりすることもある。）

「危険な状況・ひきがね（背中を押すできごと）」
（実行回避の失敗やあきらめ／被害者に近づく）

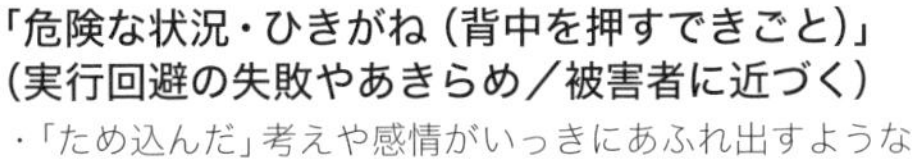

・「ため込んだ」考えや感情がいっきにあふれ出すような「背中を押す」できごとが起こる。
・事件の空想を実行に移すチャンスに出くわす。
（被害者になりそうな相手がいる，飲酒する，性欲や嫌な気持ちが大きく高ぶる）

などの依存症治療に使われており，「やめたいけどやめられない」という行動を改善する方法である。性犯罪を繰り返す者は，事件を「たまたま」とか「衝動的だった」などと述べることがよくある。しかしながら，よくよく事件前の

生活を聞いてみると，日常の問題にうまく対処できず，イライラや不安などマイナスの感情をためこみ，アダルトビデオを観るなど性的なことに没頭することが増え，性犯罪への空想を膨らませたり，空想を実現するための方法を考えたりしている。そして次第に，たとえば仕事の帰り道にわざわざ遠回りして人通りの少ない道を歩いたり，満員電車に乗る前にはホームで抵抗しなさそうに見える女性に近づいたりなど，自分に言い訳しながら空想を実現するための状況を作り上げ，いざ条件がそろったときに事件を起していたということがわかる。リラプスプリベンションとは，事件はこうしたいくつもの段階を経た結果であり，できるだけ早い段階で事件の兆候をつかみ，対処することで再犯を防いでいくという考え方である。

コアプログラムでは，事件とは一見関係ないと思われる日常のストレスの段階から，実際に事件を起こす直前までのさまざまな段階を細かく振り返ることで，その人なりの事件を繰り返すパターンがあることに気づかせる。そのパターンを「事件のサイクル」(図表14-2)とよび，どのような出来事，認知(頭に浮かんだ考え，物事のとらえ方，価値観など)，行動，感情があると事件に近づきやすいのか，事件のサイクルを進めてしまうのかを本人自身が知ることを最初の目標とする。次に，今後同じような状況になったときに事件のサイクルから脱出できるよう対処方法(認知や行動)を考え，そして実践していくことで再犯を防ぐことを目指している。

3　事例紹介

■再犯なく期間満了を迎えた事例

〔事例１〕保護観察付執行猶予者Ａ(28歳男性＝懲役１年６月保護観察付執行猶予３年)

・本件概要

住居侵入(入浴している女性を覗くために家の敷地内に侵入したもの)を繰り返した。

・保護観察開始当初(導入プログラム)

Ａは，事件について「何度もこんなことをしてはだめだと思ったが，覗きたいという欲求を抑えることができなかった。どうしてよいかわからない。性欲をなくしたい。」と述べた。

(1)コアプログラムへの動機づけ

Aのように「止めたいと思っているのに止められない。」「性欲をなくしたい。」と訴える者は少なくない。事件を起こしたいという衝動を抑えることができないと困っている者，事件の原因を性欲のみと考えている者である。こうした者については，コアプログラムで，事件をしないように自分自身をコントロールしていくことは可能であり，事件は性欲だけが問題ではないと学んでいくことで，変化が期待できる。本人自身が困っている現状にあり，変わりたいと考えていることは，コアプログラムを受けるにあたっては，動機づけという観点からはプラス要因となる。

反対に「事件はもう繰り返さないから大丈夫です。」と述べる者がいる。大丈夫と思う時点で考えることを止めてしまい，変わることへの抵抗を示す者である。再犯をしないためにはこれまでの認知や行動を変えていかなければならないため，プログラムの目的や内容を丁寧に説明しながら，大丈夫と思う理由を聞き，その者の課題について，より考えを深めさせていくことが必要となる。

・コアプログラム

セッションA「性犯罪のプロセス」では，事件のサイクル図を作成した。セッションB「認知の歪み」では，事件のサイクルを進める認知について，セッションC「自己管理と対人関係スキル」では，事件のサイクルを進める行動や対人関係を含めた対処方法について，セッションD「被害者への共感」では，被害者に与える影響について話し合った。セッションE「再発防止計画」では，A～Dを踏まえて，再発防止計画を作成した。

・事件のサイクル（〈　〉内は事件のサイクルを進める認知）

Aは，事件のサイクルについて，「〈どうせ自分は何をやってもうまくいかない。〉と考えると，何もやる気が起きず，定職に就かずにときどきアルバイトをするという生活をしていた。暇な時間に覗き専門のアダルトサイトを観ているうちに〈女性は覗かれたい願望があるのかもしれない。〉などと考えるようになり，アダルトサイトを観る時間が増えていった。そして配達のアルバイト中に〈この家にはどんな女性が住んでいるのだろう。〉などと空想や想像をしていた。そのうちに〈この家の風呂場なら見つからない。〉と覗けそうな家を探すようになり，夜になると目立たない服を着て，目的の家に向かって本件を起こした。覗いた後は，達成感があり〈自分は捕まらない。〉〈被害者は覗かれていることに気づかなかったから，傷つかない。〉と考えて，事件を繰り返していた。」と述べた。

自分で書いたサイクル図を見て「書くことで頭の中が整理できた。」「性欲が高まってすぐに事件をしていたのではなく，当時は意識していなかったが，事前に事件をするための準備をしていたことに気づいた。」と振り返っていた。

・事件に求めていたこと

Ａは「覗くことによって，単に性的な満足だけを求めていたのではなく，日常のうまくいかない生活に対して覗きだけは思いどおりにできるという達成感や，無気力で退屈な日常から脱出できる刺激や集中力を求めていた。」と述べた。

・対処方法

事件のサイクルを進めないための対処方法として，イライラしたり，退屈だと感じたりしたときには，「アダルトサイトを観ないで，リビングでテレビを観る。」また，道を歩くときに覗けそうな家を探すことが習慣になっていたため，「キョロキョロせず，音楽を聞くことに集中して歩く。」「大通りを歩く。」「帰宅時間を家族に伝えてから外出する。」などを挙げていた。

⑵事件に求めていたこと

最初は「性欲を抑えられなくて，衝動的に事件を起こした。」と思い込んでいても，プログラムの中で，事件当時の仕事，家庭環境，交友関係，性生活などを細かく聞いていくと，性犯罪は，単なる性的な満足を得るためだけでなく，性的行動を通して，支配欲を満たす手段であったり，女性への仕返しであったりすることがわかる。

Ａの場合は「思いどおりにできたという達成感」，「退屈な日常から脱出できる刺激や集中力」を求めて事件を繰り返していたことに気づいた。このような気づきがあると，事件という性的行動を通してではなく，日常生活の中で達成感や刺激を得るためにはどうしたらよいか考えるようになる。また，性的なこと以外でイライラや暇を解消できるよう生活習慣を変えていくことも大切である。事件へのリスクを高めるのは，性欲それだけではなく，「性」という手段を使って，達成感や刺激を得ようとしたり，イライラなどのマイナスの感情を発散しようとしたりすることである。

⑶事件のサイクルを進める認知と対処方法

〈　〉内は事件のサイクルを進める認知で，本人が性犯罪をしやすくする考えである。生活している中でこのような考えが出てきたときには，事件に近づいていることを自覚させる。たとえば〈被害者は覗かれていることに気づかなかったから，傷つかない。〉と考えると罪悪感をもたずに済むため，事件をしやすくなるということを理解させる。グループでは，その認知が正しいか間違っているか，事実かそうでないかを議論すると対決を招きやすく，再犯防止のために得られることは少ない。したがってその認知が事件に近づきやすいかどうかに焦点を絞って話を進め，それが事件に近づくのであれば，認知の修正を図るよう促していく。たとえば「被害者は覗かれているときには気づかなくても，後で庭の足跡を見てショックを受けるかもしれない。」というように別の考えや可能性を探る。

また，認知の修正だけでなく，行動で対処していくことも大切である。たとえば，事件を空想するようなことが頭に浮かんだときに，「音楽を聴く。」「ジョギングする。」など行動することで意識をそらしていく。さらに事件を起こしやすい状況を避けるための対処方法，たとえば電車の痴漢であれば「つり革をつかむ。」「満員電車に乗らない。」なども有効である。対処方法については，具体的なこと，簡単ですぐできること，続けることが重要である。1つ1つの対処方法は些細なことではあるが，対処することを止めたときに再犯は起きている。

・グループワークの状況

グループでは「一度事件に向かうスイッチが入ってしまえば，自分を止められない。」「性欲を抑える薬がほしい。」などとメンバー同士で意気投合していた。こうした話し合いを通して，Aは「自分だけではなかった。」「こういう話は他ではできないので，話せて良かった。」と感想を述べた。

⑷共感すること

このようなメンバー同士のやりとりは，一見「再犯するのではないか。」「事件を防ごうという気持ちはあるのか。」などと受け取られがちである。しかしながら，自分の正直な気持ちを話し，他のメンバーと「自分も同じだ。」と共感しあうことで安心感が生まれる。こうした感覚をもつことは再犯防止には有効で，日常生活で人間関係をうまく築いていくためにも必要な力である。さらに共感する力を養うことは，最終的には被害者への共感につながる。

⑸事件への不安がある者とない者

事件への不安な気持ちを話す場があることは再犯防止にはプラスに働く。不安を一人で抱え込むよりは，話をすることで気持ちが落ち着くことは多い。また，不安があるということは，自己の問題点や再犯の危険性を認識しているという点で自己理解が進んでおり，問題に応じた対策を考えることができる。

反対に「今は事件をしたい思いはないから大丈夫です。」などと述べる者は，今，事件の欲求がないことで安心してしまい，自己の問題点に目が向きにくい。先のことを想像することが苦手であったり，今後起こりうる問題への見通しが甘かったりする。再犯の危険性を認識せずに対策をとらないままでいると，次に事件に近づくような状況に遭遇した時に再犯につながる危険性は高いため，処遇者側からその者に考えうるリスク場面を設定するなどし，本人に投げかけて，問題への対処方法を考えさせるようにしている。

・仕事と家族

Aは，就職活動をしたが，採用されない状況が続いたため，保護観察所から紹介された協力雇用主（犯罪や非行の前歴を承知の上で雇用し，改善更生に協力する民間の事業主）の工場で働くことになった。仕事は，ミスをして叱られることが多く，また社会性も乏しかったため，社長から礼儀や言葉遣いなど細かいことまで注意され，落ち込むことが多かった。それでもまじめに取り組む姿勢が評価され，２年後には，グループのリーダーになった。

Aは「ここまで叱ってくれた人はこれまでいなかった。社長を尊敬している。」「覗きへの欲求が生じたときも『社長を裏切りたくない。』『この職場を失いたくない。』という思いが事件の歯止めになっている。」と述べた。

険悪だった家族関係については，仕事中心の生活が継続してくると，会話が増えるなど少しずつ改善されていった。

⑹社会における居場所

Ａのように家族関係が改善され，職場で活躍の場があることは，再犯防止に欠かせない要素である。たとえ事件への欲求が生じても，今の環境を失いたくない，人とのつながりを断ちたくないという思いが事件の歯止めとなるからである。Ａの場合は，仕事を続けることで，社会性や対人スキルが徐々に養われ，本人の自信につながったことも自立更生を促す要因となった。

・メンテナンスグループ

Ａは，コアプログラム終了後，メンテナンスグループに参加した。

覗きの欲求について「事件当時は毎日あったが，今は月１～２回に減った。欲求の強さは事件当時を100とすると今は50くらい。」と述べていた。どういうときに欲求が生じるかを細かく聞くと，「仕事でミスをして落ち込んで気分が一番下のときではなく，そこから気分が少し上向きになったときに，ミニスカートの女性を見て〈誘っているから覗いても良い。〉と考えたり，アダルトサイトを観たくなったりして，事件のサイクルが進んでいると気づいた。」などと細かい感情の波，認知，行動を自覚し，客観的に自分を見ることができるようになった。そして，欲求があったときにどのようにして事件をしないで済んだかについても毎回確認した。

反対に，欲求が生じにくいときは，「仕事が忙しいとき，ジョギングにはまっているとき，パソコンをどの機種に買い替えるか迷っているときなど，何か別のことに意識が向いているときである。」と述べていた。

・繰り返すこと

Ａは，時折「対処することに気を使わない生活がしたい。」などと後戻りともとれるような発言をしたり，メンバーが替わるごとに同じような議論をしたりすることがあったが，期間満了前の最後のグループで，「同じことでも繰り返し考えることが，自分のためになった。事件のことは忘れてはいけないし，ここに来ると気がひきしまる。また，今対処していることが間違っていないと確認することや，話すことで自分の考えを整理することもできた。」と述べていた。

⑺自分の専門家になる

Ａのように，自分の事件のパターンを知り，自分の現在の状態に気づき，対処方法をとる，そしてそれを繰り返し続けていくことが再犯防止につながる。犯罪をした人自身が自分の専門家になることを本人も処遇者も目指している。

「日常の問題に適切に対処する。」「ストレスを性的なことで発散しない。」「趣味など事件以外のことに意識を向ける。」「事件を実行しやすい状況を避ける。」など事件のサイクルを進めにくい生活を続けることで，事件への欲求の頻度や強さは確実に減っていく。

Ａから，期間満了後も事件のことを話せる場がないかと相談があった。認知行動療法をベースにした治療プログラムを行っている医療機関や精神保健福祉センターなどの公的機関の情報を提供したが，性犯罪に関しては，地域の社会資源は乏しく限られていることに苦慮している。保護観察が終了してからの受け皿の充実が課題である。

■保護観察付執行猶予中に再犯し，執行猶予が取り消された事例（その後の仮釈放では再犯なく期間満了を迎えた）

〔事例２〕保護観察付執行猶予者→仮釈放者Ｂ（35歳男性＝懲役１年６月保護観察付執行猶予４年）

・本件概要

窃盗，住居侵入（住居に侵入して女性ものの下着を盗んだもの）を繰り返した。

・執行猶予中の保護観察

Ｂは，事件について「父の会社で働き〈父の期待に応えたい。〉と遅くまで残業していたが，〈父からも周囲からも認めてもらえない。〉とイライラしていた。誰にも相談することができず，仕事帰りに酒を飲んで紛らわしていた。酔った帰り道，干してある下着を見て〈何歳くらいの女性が住んでいるのか。〉〈派手な女性かな。〉などと想像しながら歩くようになり，そのうち〈被害者は恥ずかしくて警察に訴えないだろう。〉と考え，下着盗を繰り返した。盗むときはスリルがあり，憂さ晴らしになった。」と述べた。

父との関係については，「『父は父，自分は自分』と割り切って考えるようにして，気持ちを楽にしていくことをプログラムで学んだ。」と述べた。

・再犯そして受刑

コアプログラムが終了して２ヵ月後，Ｂは同種再犯を起こした。懲役１年の実刑判決を受け，執行猶予が取り消されたことで，執行猶予取消刑１年６月と再犯刑１年を受刑することとなった。

(1)自分の感情に気づきにくい

Ｂは，執行猶予判決後も事件当時と同じ環境である父のもとで働いた。父との関係については，本人なりに認知を修正して対処はしていたが，実際には割り切れない気持ちを抱え，それを自覚できないまま再犯に至っている。

早い段階で問題に気づき，対処することが再犯防止につながることから，まずは，自分の感情の変化に気づくことが重要である。自分の感情に気づきにくい者には，過去にマイナスの感情が生じたときの自分に起こる変化に注目するよう助言している。たとえば，「怒鳴りやすくなる。」「アトピーが出てくる。」「お笑い番組を観ても笑えなくなる。」「飲酒が増える。」「マスターベーションの回数が増える。」などである。こうした自覚しやすい変化は，自分の状態に気づくためのサインとなる。

⑵問題点がグループに出る

Bは，プログラムで「〈期待に応えたい。〉と努力しても認められないことで，イライラやプレッシャーを感じやすい。」と述べていた。ファシリテーターの期待に沿うような発言も積極的にしていたが，まさにこれはBの問題点がグループで現れていたとも考えられる。一方，グループを運営する側としてはBの発言が他のメンバーにも良い影響となることから，ついBに発言を求めがちになっており，負担をかけていなかったか反省点として残った。また，Bには，期待に応えたいと思って努力することは，Bの長所であるが，がんばりすぎて自分を追い込んで事件に近づくのであれば，短所にもなりうることを伝えていた。さらにもう一歩踏み込んで，ファシリテーターの期待に応えようとしているBに対して「今，無理をしていないか。」と打ち返し，その場で問題点を指摘することができたら，グループでの効果も上がっていたのではないかと思う。

・仮釈放中の保護観察

その後，Bは刑期終了の６ヵ月前に仮釈放となった。仮釈放の期間中は，保護観察を受けることになる。Bにとっては，２度目の保護観察で，再び性犯罪者処遇プログラムの受講が義務づけられた。

Bは，２度目のプログラムで再犯事件について「仕事をためたことで，同僚から父と比べられモヤモヤしていた。父の存在は自分なりに整理していたつもりだったが，やはりプレッシャーになっていた。事件当日は，仕事の後，モヤモヤした気持ちを抱えたまま酒を飲み，その帰りに〈憂さ晴らしをしたい。〉という思いで，〈酔いを冷ますため。〉と言い訳しながら，住宅街を歩いて，下着を探していた。そして，コインランドリーの乾燥機に入っている下着を盗んだ。事件直前にはプログラムで学んだ対処方法のことを思い出すことはできなかった。酒を飲んだことで，気が緩んでしまった。今は，下着を盗みたいという欲求はないが，何かプレッシャーを感じたときには，盗みたい欲求が生じるかもしれないという不安はある。まずはプレッシャーを感じにくい環境で生活し，イライラなどを感じたときには『人に愚痴をいう』など飲酒以外の方法で早めに対処をとっていきたい。」と述べた。今回は，父の会社では働かずに，自分で探した仕事に就き，期間満了を迎えた。

⑶飲酒の問題

性犯罪をする前に飲酒している者は非常に多い。記憶がなくなるほど飲んでいた者からほろ酔いの者までおり，また，事件との関係についても，飲酒を事件の言い訳にする者，自分にアルコールの問題はないと言い張る者などさまざまである。いずれにせよ，性犯罪と飲酒が密接に関係している場合には，性犯罪だけでなく，アルコールの問題についても向き合っていく必要がある。保護観察では，特別遵守事項に飲酒の禁止が設定されている場合には飲酒について指導しているが，医療機関にかかり，アルコール依存症の治療を受けるなど問題意識の高い者はわずかで，酒を止める決心がつかない者も多い。

Bについても，1度目のプログラムでは「酒を飲んでいないときも盗んだことがあるので，飲酒は事件と関係ない。」と述べ，飲酒に問題を感じていなかった。しかし，2度目のプログラムでは，しらふの時は事件を防ぐことができても，飲酒することで気が大きくなり，歯止めがかかりにくくなるという危機意識をもつに至った。そして，Bにどのようなときに飲酒したくなるのか，どういう飲酒が事件につながりやすいかを考えさせたところ，「イライラしたときに酒で忘れたいと思う。」「酒を飲んでもイライラが解消されない場合には，事件を起こしてすっきりしたくなる。」などと述べ，飲酒が再犯のリスクを高めることへの自覚を深めることができた。Bは「イライラしているときには酒を飲まない。」「職場の飲み会があるときには帰宅時間を妻に連絡する。」など本人なりの飲酒についてのルールを決めていた。

⑷矯正との連携

Bが受刑している間に刑事施設から保護観察所に送付される書類を通じて，再犯事件の直前の状況や動機，執行猶予中であったことやプログラムで学んだことをBがどうとらえていたかなどを知ることができた。こうした情報と１度目の保護観察の情報を踏まえ，２度目の保護観察では，何に焦点を置いてBに働きかけていくことが再犯防止に有効であるかを準備することができた。このような刑事施設と保護観察所の間での情報の引継ぎは，処遇の一貫性や実効性を高めるために有効なものであり，より一層の連携強化が求められる。

4　おわりに

今回，コアプログラムを中心に事例を御紹介した。結果は期間満了と再犯であるが，いずれの事例もコアプログラムに対する動機づけや理解度は高く，限られた回数や期間の中で自己を振り返り，今後の再犯防止につながるものを得ることができた。コアプログラムは，再犯を防ぐことができる絶対的な魔法ではないが，再犯をしたくないという者にとっては助けとなりうる。

なお，性犯罪者処遇は，コアプログラムに加え，医療，福祉，就労面で充実を図るための援助，保護観察官や保護司との定期的な面接，家族とのかかわりなどさまざまな形で処遇が行われており，そうしたことが相乗効果となって再犯防止に寄与していることはいうまでもない。

第15章

窃盗事犯に対する処遇

前川 洋平・西平 俊秀

1 はじめに

窃盗は，一般刑法犯認知件数の大半を占めており，国民が最も被害に遭いやすく，身近に不安を感じる犯罪のひとつである。しかも，窃盗事犯者は，5年以内累積再入率が覚せい剤取締法違反者と同程度に高く，窃盗を繰り返す傾向が認められる[1)]。

平成26年版犯罪白書で試みられた分類によれば，窃盗事犯者は，前科のない万引き事犯者の問題性その他の特性等に焦点を当てると，①生活困窮型（安定収入や資産がない者，借金・債務がある者など経済状態が不良で生活困窮に陥っている者），②社会的孤立型（住居不定者，交流のある近親者がいない単身居住者等），③精神疾患型（気分障害〔鬱病等〕，摂食障害，アルコール依存症の既往歴がある者），④女子高齢者，⑤若年者といった類型に概念化できるとされる。このうち，最も多くを占める①生活困窮型や⑤若年者については，改善更生を果たす上で，就労による自立した生活を構築することが基本的要素のひとつになると考えられる。窃盗について，2013（平成25）年における保護観察終了人員の終了事由別構成比を終了時の就労状況別で見ると，仮釈放者，保護観察付執行猶予者のいずれにおいても，取消しで終了した者の割合は，保護観察終了時に無職であった者の場合の方が，有職であった者と比べて，顕著に高い。

他方，就労は，賃金の獲得にとどまらず，社会における自己有用感の獲得，ひいては自己実現につながるものであり，人と社会をつなぐ重要な要素であるが，就労の前提となる要素としては，客観的要素として稼働能力を有していることのほかに，主観的要素として就労意欲を有していることが必要であることはいうまでもない。

しかしながら，保護観察実務においては，保護観察に付された後，稼働能力を有しているにもかかわらず無職のまま特段の理由なく就労自体を強く忌避する者や，就労意欲はあるものの職種を選り好みして早期の就労に至らない者，場当たり的に就労した結果離転職を繰り返して職場への定着が困難な者など処遇困難な者も多く存在する。

一方，③精神疾患型については，医療に確実につなげる特別な枠組みが必要な場合も多いと考えられるが，現行の保護観察は，そのような枠組みを想定しておらず，処遇が困難になる場合が多い。

そこで，以下では，窃盗事犯のうち，生活困窮型・若年者型から２事例，精神疾患型から１事例を取り上げ，保護観察の実情を紹介し，その可能性と限界について論じることとしたい。

なお，各事例は，プライバシー保護の観点から，趣旨を変えない範囲で適宜加工していることについて，あらかじめお断りしておきたい。

2　事例紹介

■切れ目のない支援（更生保護就労支援事業）[2]により早期の就職と職場定着を実現した事例

〔事例１〕仮釈放者Ｘ（20代男性＝懲役２年４月）

保護観察対象者Ｘは，20代後半（保護観察開始時）の男性。22歳ころから生活費欲しさに侵入盗を開始し，23歳時に初受刑。仮釈放されるが，居住すべき住居に居住せずに仮釈放を取り消された。今回は，刑の執行猶予期間中（懲役１年６月単純執行猶予）に無為徒食の生活を送る中で，生活費や遊興費欲しさから侵入盗を繰り返し，住居侵入，窃盗等により懲役刑に服したもので（再犯刑：懲役２年４月），今回が２度目の受刑である。

反社会的集団との関係はなく，心身の状況にも特段の問題はないが，犯罪傾向は進んでいる。学歴は中卒で，保有している資格・免許はない。

15歳から22歳にかけてタイル工，ラーメン店員，造園工など（いずれも最長で１年程度）に従事し，26歳以降は魚市場作業員，イベント会社アルバイト（それぞれの就業期間については不明）に従事した職歴を有する。

刑事施設に収容された期間は３年弱。収容中の規律違反はなく，刑事施設内では炊事作業に従事していた。職業訓練の受講歴はない。

刑事施設釈放後は土木関係の仕事に就くことを希望するが，具体的な就労先の当てはなく，結局求人案内等で探して，見つからなければ親に頼むこととして，実父のもとへの帰住が認められた。

仮釈放を許可されて約６ヵ月間の保護観察に付され，就労に関する特別遵守事項が設定された。

仮釈放後，最初の面接時において，Xは，なお就労意欲に欠けている感があり，これまでもまともに就労できていないことから，今回，就労支援制度を利用して継続的に就労するよう保護観察官から助言したところ，刑務所出所者等総合的就労支援対策事業[3)]および更生保護就労支援事業の支援を受けることを希望した。

刑務所出所者等就労支援事業について，Xは，犯罪等の前歴を開示することに同意した上で就労支援を希望したため，直ちに保護観察所からハローワークに対して支援の協力を依頼した。

また，仮釈放されてから１週間後には更生保護就労支援事業による就職活動支援を開始。就労支援員との面接において，Xは，①毎日働ける仕事であれば，どんな仕事でもよいこと，②資格はないが，体力には自信があること，③自宅からの通勤，寮への住込みのいずれでも構わないと述べた。

就労支援員は，協力雇用主へ電話をかけて，２週間後の採用面接を予約するとともに，Xに対し，面接に向けて，履歴書，採用面接当日の行動計画，服装の準備と，採用後の出勤時間等を十分に考慮してから判断することについて助言した。

就労支援員の引率・同席の下で一次採用面接が実施されたが不採用となる。しかし，不採用の結果通知の翌日，就労支援員がXへ電話をかけて，他の協力雇用主の仕事内容および採用面接の日程等について説明し，Xは採用面接を受けることに同意した。

数日後，就労支援員がXと面談し，採用面接について助言した後，就労支援員の引率・同席の下で採用面接が実施され，当日のうちに採用が決定した（土木・建築，常用雇用，身元保証システム[4)]を利用。日給8000円）。

Xは，数日後に許可を得て就労先の寮へ転居し，稼働を開始した（以後，職場定着支援に移行）。

仮釈放から１ヵ月が経過したころ，就労支援員がXへ電話をかけて，就労状況を確認した。また，引受人から就労支援員に対し，Xの就労状況等にとくに心配事はないが，稼働日数が少ない場合には金銭管理に注意している旨の連絡があった。同時期に，就労支援員がXの就労先へ電話をかけて，現場責任者に対してXの就労状況を確認したところ，現場責任者からも，「最初は辛そうに仕事をしていたが，時間が経つにつれて元気に働いている。会社の戦力になってきた。」旨の報告があった。Xは，保護司に対して，稼働日数が少なく今後が不安であり，このままだと転職も考えざるを得ないが，もう１～２ヵ月様子を見てから考えたいと述べている。これに対し，担当保護司の所見では，Ｘの仕事に対する考え方は，今までと違って簡単に諦めることはせず，ぎりぎりまで頑張ってみて決めるという考え方になっているようであり，今後もできるだけ相談に乗りながら，前向きに生きていくよう指導することとされた。

仮釈放から２ヵ月が経過したころ，Ｘから保護司に対して，①直近の３週間はほぼ毎日仕事があったこと，②父親の体調不良を考えると，いずれは自宅から通勤できる仕事を探したいことについて報告があった。保護司からは，今のところまじめに働いて普通の生活をしたいとの意識が感じられるが，今後安定して収入を得られる仕事が不可欠であるとの所見が示された。就労支援員は現場責任者にＸの就労状況を確認したところ，「仕事にも慣れて元気に働いている。地域の行事にも参加し，会社としては助かっている。」旨の報告を得た後，引受人にもＸの就労や保護司宅への訪問の状況を確認した。

仮釈放から３ヵ月が経過したころ，Ｘから保護司に対して，仕事は忙しいが，上司から「役に立つようになった」と言われた旨の報告があった。就労支援員はＸの雇用主に確認したところ，雇用主からは，「休まずよく働いている。」との報告があったので，同月，職場定着支援を終了した。

仮釈放から４ヵ月が経過したころ，Ｘから保護司に対して，上司・同僚との関係も良好である旨の報告があった。保護司からは，今後立ち直れるかどうかは仕事次第であるので，①仮に職を変える場合でも次の仕事の目途を付けてからにすること，②現在の就労先にも十分配慮することを助言した。

Ｘは，その後，再犯なく保護観察期間を終了した。

本事例のポイントは，就労支援員とＸとの接触頻度をはじめとする，いわゆる「寄り添い型」の支援手法のメリットが大いに発揮された結果，Ｘが保護観察期間の満了まで就労および来訪を継続するなど安定的に推移した点にあると考えられる。

具体的には，就労支援員とＸとの数日間隔での接触と，Ｘが当初希望していた就労先に不採用となった後，就労支援員が直ちに他の就労先の採用面接を取り付けて，支援開始後３週間で協力雇用主の下での就職が実現できたことや，就職後の就労支援員と担当保護司によるフォローアップが大きな支えとなったといえる。

とくに，就職活動の支援開始から稼働開始までの３週間は，おおむね週に２

～３回の頻度で就労支援員が対象者と接触し，きめ細かな助言を行いながら採用面接の段取りを整えるなど機敏な動きを見せており，就労支援員としての専門性・機動性がよく発揮されている。

また，最初の採用面接が不採用となった翌日には，次の面接に向けて動き出している就労支援員の迅速な対応は，支援計画を立案する段階から支援の段取りをある程度想定できていなければ困難であろう。実際に，本事例の支援計画書では，「最初に，若い従業員であるなら面接可能というＡ社に就労支援。不採用の場合には，次にＢ社の面接を支援する予定である。」と明記されている。

さらに，就職後は，就労支援員が就労先のフォローアップや引受人との接触に軸足を置く一方で，担当保護司が中心になって対象者のケアを行い，対象者の就労に対する態度・姿勢の変化を敏感に読み取るなど，適切な役割分担の下で効率的な処遇がなされているといえる。

■金銭に困窮して不法収入を得るために同種再犯に至った事例

〔事例２〕仮釈放者Ｙ（30代男性＝懲役２年）

保護観察対象者Ｙは，30代半ば（保護観察開始時）の男性。刑の執行猶予期間中（懲役１年８月単純執行猶予）に，サラ金の借金を返済できずに自己破産し，その後就業できず，裏サイトの仕事に飛びつき，偽造した自動車運転免許を使い，架空名義で消費者金融会社のキャッシングカードを作成し，金銭の交付を受けようとした。しかし，消費者金融会社の従業員に看破され，有印私文書偽造・同行使，詐欺未遂により執行猶予を取り消されて初めての懲役刑に服した（再犯刑は懲役２年）。

学歴は高卒で，心身の状況に特段の問題はなく，反社会的集団との関係もない。また，郵便配達，コンビニエンスストア従業員及びパチスロの製造・組立・分解にそれぞれ３年ずつ従事したほか，倉庫内の軽作業に１年従事した職歴がある。

刑事施設では，規律違反はなく，紙細工工場での作業に従事していたほか，入所前から情報処理３級の資格を有していたこともあり，情報処理関係の職業訓練を受講した。Ｙは，釈放後の計画として「父が自営するハンドバッグ製造の仕事を手伝い，生活を立て直したい。」旨を述べており，生活環境の調整の結果，実父のもとへの帰住が認められた。なお，仮釈放審理段階における作業報奨金・領置金は４万円弱であった。

仮釈放を許可され，約９ヵ月間の保護観察に付された[5]。特別遵守事項には「就職活動を行い，又は仕事をすること」が設定されている。

仮釈放後の最初の面接時において，Yは，両親からは，自営の鞄製造業ではなく他の仕事に就くようにいわれているが，今後の職についてはとくに希望はないと述べ，やや投げやりな態度であった。また，保護観察官から刑務所出所者等総合的就労支援対策事業[6]について説明したが，必要になった時に利用したいと述べるのみで曖昧な姿勢に終始した。

その際の保護観察官の見立てによると，Yは，①能力的な問題はないが甘えが強く忍耐力に乏しいため，就労しても長続きしないこと，②年を追うごとに就労期間は短く不安定になってきていること，③就労意欲が低く，就労支援を受けることにも消極的であることから，早期に就労を開始させなければ徒食生活に陥る可能性が高いと考えられるため，保護観察開始後１ヵ月以上仕事探しをしない場合には，就労支援の対象者として仕事を探させるとの計画が立てられた。

Yは，仮釈放から約２週間後に，レンタルビデオ店で働き始めるが（１日６時間，時給800円），２ヵ月が経過した頃には収入に満足できず離職し，新たなアルバイト（ポスティング，引っ越し作業）を始めた。

このころ，Yの希望により，保護観察所からハローワークに対し，就労支援を依頼したところ，ハローワークの担当官から，①IT関係への就職希望者は多く，技能レベルの高い人が就職できること，②実務経験が少ないと就職に不利なので，職業訓練でスキルアップする必要があることについて助言があり，その後は家業を手伝いながら職業訓練の受講を開始した（ウェブデザイン基礎養成の３ヵ月〔週５日〕コース）。

しかし，仮釈放後７ヵ月を経過した頃，携帯電話のサイトを通じて知り合った共犯者と架空名義で携帯電話の契約を行おうとして逮捕され，その後詐欺未遂により公訴を提起され，同時に仮釈放も取り消された。

その際に，保護観察官が行った質問調査に対し，Yは，①職業訓練は，授業内容に付いていけなかったため３回程度しか受講していなかったこと，②自ら受講を希望した手前，やめたことを切り出せなかったため，親や担当保護司に職業訓練を受講し続けていると虚偽の報告をしていたこと，③小遣いが不足していたため収入の多い仕事が欲しくなり，違法であることを知りながら再犯に及んだと述べた。

Ｙは，具体的な就労計画を立てられないままアルバイトを開始した結果，１ヵ月程度で離職し，職業訓練の受講に方針転換したが，早々に挫折するなど場当たり的な行動を繰り返している。

その就労意欲は保護観察開始当初から乏しく，実質的には就労を忌避する状態に近かったともいえる。Ｙには短期間ではあっても保護観察中の就労実態があり，離職後は公共職業訓練に従事するなど就労のレールから著しく逸れることはなかったため，介入の適機を探ることは容易でなかったことは否めないが，その就労意欲の低さは再犯リスク要因として当初から注意を向けていたのであるから，対象者の生活実態（とくに，職業訓練の受講や職業訓練受講給付金の受給の状況など）について，同居家族等を通じて，より詳細に把握するなどの工夫の余地があったのではないかとも考えられる。

他方，Yのように，一見すると保護観察の枠組みに乗るかのように振る舞いつつも，実は生活実態を正しく報告しようとせず，また，利用しうる各種支援のメニューを提示してもそれに応じようともしない事例については，現行の保護観察の枠組みの中では一定の限界を感じざるを得ない。

また，社会内で生活するに当たって，就労上の具体的な目標を定めることなく推移する事案については，同居家族等の監督能力や監督状況が不十分であるほど再犯リスクは高まっていく。この場合，保護観察期間中に本人の就労実態を把握し，就労意欲を喚起し続けることができる支援者が存在しているかどうか等の要素にも着目していくことが重要なポイントになると考えられる。

■病的な窃盗癖を有する事例

〔事例３〕保護観察付執行猶予者Ｚ（30代女性＝執行猶予３年保護観察付）

◆概　要

女性。30代後半（保護観察開始時）。窃盗（万引き）により３年間の保護観察付執行猶予判決を受ける。過去にも窃盗で単純執行猶予歴（経過）あり。保護観察開始時点で，統合失調症の疑い，摂食障害（拒食症）の診断あり。

無職で生活保護を受給して単身でアパートに入居するとともに，居住地近くの総合病院で精神科の通院治療を受けている。結婚歴はなく，両親は他界しており頼れる親族等は存在しない。月に１回程度，福祉事務所のケースワーカーが本人の居住先を訪問している。本人は摂食障害が影響して血管が浮き出るほど全身痩せ細っており，一人で移動する際は帽子を被り厚着をして杖をついているため，一見すると異様な雰囲気を有している。

日常会話を行う上でのコミュニケーションに関する支障はないが，他人への警戒心が強く，知らない人の前では極度に恐れや緊張を高める傾向がある。記録等では，本人が心を許している人物として，通院先の主治医（精神科医）のＡ氏，福祉事務所のケースワーカーのB氏，国選弁護人のC氏が挙げられていた。

◆保護観察の経過

⑴保護観察開始時の状況

執行猶予の言渡し後，本人が保護観察所に出頭。本人によると，主治医であるA氏には保護観察中であることを明かしているが，ケースワーカーのB氏を含む福祉事務所には保護観察中であることを秘匿しているとのこと。精神疾患を有する処遇困難ケースであり，かつ，対人関係に不安の強い対象者であるため，保護司を指名せず保護観察官（主任官）による直接担当とし，毎月2回程度，主任官が本人宅を往訪の上面接することを処遇の方針とした。

⑵初期の状況

毎月の主任官による往訪での面接を通じて，主任官と本人との信頼関係は構築できた。保護観察開始から数ヵ月経過後，通院先での診察の結果，摂食障害の状況が悪く，同病院に任意で入院することとなったため，主任官は入院先へ毎月1回程度見舞いに行く方法により本人および主治医との面接を継続していた。

その入院の途中で人事異動により主任官が交代することとなり，前任の主任官から本人に対して退院したら必ず電話で後任の主任官に報告することを指示した。

⑶後期の状況

約3ヵ月程度の入院を経た後，本人から後任の主任官に対して退院した旨の報告の電話があり，再び主任官が本人の居住先へ往訪する方法で面接を行うこととなった。後任の主任官とも信頼関係を構築でき，毎回面接の度に，本人は「他人に迷惑をかけるし，刑務所にも行きたくないので，二度と窃盗など悪いことはしません」と述べるとともに，通院，服薬も継続している様子で，生活保護費により問題なく衣食住を確保し，主任官とのやり取りの中では統合失調症を疑わせるような幻覚，妄想等は見受けられなかった。そのような状況が継続していたが，退院から約3ヵ月経過したころ，本人が突然自宅からいなくなり所在不明となった。主任官が本人の通院先の病院に問い合わせても所在はわからなかった。

それから約1ヵ月後，警察から主任官あてに電話があり，本人は約1ヵ月半前（最後に主任官が本人と面接をした日の数日後）に，居住地近くのコンビニ店で食料品等の万引き窃盗を惹起し，店からの通報を受けて警察官が駆けつけたところ，本人が自分の舌を噛み自殺を図ったので，精神保健福祉法に基づく警察官通報により，本人の通院先とは異なる郊外の精神科病院に措置入院となっていること，本人が保護観察中であることの把握が遅れ情報提供が遅くなったとの連絡があった。

以後，約2年弱にわたり，同病院の閉鎖病棟での強制入院（途中で措置入院から市長同意による医療保護入院に切り替え）が継続し，本人が退院後は間もなく保護観察の期間が満了した。

本事例は，本人が措置入院となった後に，当該入院先の主治医から，病的な窃盗癖（クレプトマニア）の疑いがあるとの指摘がなされたものである。クレプトマニアとは，精神疾患に関する診断基準として用いられている米国精神医学会によるDSM-5の「秩序破壊的・衝動制御・素行症群」の「窃盗症」として，また，WHOによるICD-10でも「習慣および衝動の障害」のF63.2「病的窃盗（窃盗癖）」としてそれぞれ位置づけられている。たとえばDSMカテゴリーにおけるクレプトマニアの概念は，「Ⅰ（1952）で採用され，Ⅱ（1968年）では消滅，Ⅲ（1980年）で復活」するなど流動的であり[7]，わが国では専門病院である赤城高原ホスピタルとその関連医療施設である京橋メンタルクリニックが2008（平成20）年から窃盗癖症例の統計を取り始めるなどしているが，「全国的に，万引き，窃盗癖を治療対象として積極的に通院，入院患者を受入れる医療施設は上記の両施設以外にはほとんど存在しない[8]」など，歴史的にも浅く，現時点においてクレプトマニアに係る医療的な体制はきわめて不十分な状況であるといえる。

筆者は，主任官として本人にかかわったが，本人は窃盗を犯罪であり，してはならない行為であると十分に認識しており，むしろ一般的な窃盗事案の対象者以上にその認識は強いと感じた。保護観察は，遵守事項に違反した場合に刑務所に収容される可能性があることを心理的強制として，当該遵守事項を守るように指示等（更生保護法57条参照）を行うことで行動を自制させながら，内省を深めさせつつ，専門的処遇や補導援護により問題性を解消して改善更生と再犯防止を図るものである。ところが，精神疾患であるクレプトマニアを有する者は，「衝動制御の障害によって弁識に従って行動する能力が障害[9]」された状態にあるため，保護観察が前提としている心理的強制による行動の自制が働く余地がきわめて限られているともいえる。むしろ本件の事例では，保護観察下におかれたことで，遵守事項に違反してはならないという強いプレッシャーが，衝動制御の障害が原因のために窃盗をしてしまう本人をかえって追い込む結果を招いたのではないかとも危惧される。

クレプトマニアに罹患した者については，障害を克服して日常生活を営ませるためには，医療や保健福祉の領域で十分な対応を行うことが必須の条件となる。そのための体制が不十分な状況下において，保護観察で再犯を防止することは困難であると考えられる。今後，医療や保健福祉の領域でクレプトマニアに対する治療や支援の手法を確立させ，これに対応できる受入れ機関・団体等を全国に広まることが期待される。その上で，保護観察として何ができるかを十分に分析・研究した上で，何らかの有効な専門的処遇の手法が開発できれば，クレプトマニアに対する治療や支援を行う保健医療機関等と保護観察所が連携することで，初めて再犯防止の効果をあげることができるであろう。

1） 平成26年版犯罪白書208頁。

2） 就労の確保が困難な刑務所出所者等について，矯正施設在所中から就労後の職場定着までの支援を行うとともに，協力雇用主の開拓や支援を推進する事業（2011〔平成23〕年度～）。2012〔平成24〕年度からは，事業実施庁の拡大，新たに定住支援業務が付加されている。
　民間のノウハウを活用した継続的かつきめ細かな支援を行う点が特徴的であり，国が公募により民間の法人を選定し，当該法人に委託する形式で行われる。国から委託された民間法人は，「更生保護就労支援事業所」を設置し，就労が困難な者の就労支援または雇用管理に関する専門的知識および経験を有する「就労支援員」を２名以上配置した上で，①就職活動支援業務，②職場定着支援業務，③雇用基盤整備業務等を実施する。
　①の就職活動支援業務とは，矯正施設在所中から，支援対象者の希望および職業適性等を把握し，出所後の帰住予定地域の雇用情勢や就職活動の対象となる業種および事業者に関する情報を収集するなど，支援対象者が適切に就職活動を行うことができるように支援する業務である。就労支援員は，マンツーマンによる支援を行うほか，協力雇用主に対しても支援対象者を雇用する際の留意点について助言等を行う。
　②の職場定着支援業務とは，支援対象者が，協力雇用主の下で就職した場合に，就労支援員が職場訪問，面接，電話連絡等により，支援対象者の就労状況を把握し，支援対象者と協力雇用主の双方に適切な助言を行うなど，支援対象者が職場に定着できるようフォローアップを行う業務である。
　③の雇用基盤整備業務とは，就労支援事業所の事業区域の雇用情勢を把握し，関係機関等との連携による協力雇用主となる企業等の拡大，同区域における雇用の開拓等のための年間計画の策定・推進や，協力雇用主に対する研修等を行う業務である。

3） 2006（平成18）年度から，法務省と厚生労働省が連携して実施している，刑務所出所者等に対する総合的な就労支援対策。矯正施設入所中から，充実した職業訓練や，ハローワーク（公共職業安定所）職員による職業講話などを行うとともに，出所後は，保護観察所とハローワーク（公共職業安定所）等が就労支援チームを組んで，職場体験講習，トライアル雇用奨励金，身元保証制度等のメニューを活用した就労支援を実施する。

4） 雇用主が安心して支援対象者を雇用できるよう，身寄りがないなどの理由で，就労時に身元保証人がいない支援対象者について，雇用主に業務上の損害を与えた場合等に累計で200万円を上限とする見舞金が支払われる制度。

5） 2013（平成25）年における仮釈放者の保護観察期間について，「６月超１年以内」の者は全体の２割弱である。

6） 前記注３）参照。

7） 永野潔「クレプトマニアについて――積極的養生のすすめ」日本嗜癖行動学会誌アディクションと家族23巻３号（2006年）244-251頁。

8） 竹村道夫「窃盗癖への対応と治療，700症例の経験から」日本嗜癖行動学会誌アディクションと家族29巻3号（2013年）207-211頁。

9） 竹村道夫「窃盗癖の概念と基礎――臨床と弁護活動の協力について」日本弁護士連合会編『平成24年度研修版日弁連研修叢書　現代法律実務の諸問題』（第一法規，2013年）827-854頁。

第16章

未熟な若年者に対する処遇

牧山 夕子

1 若年犯罪者について――若年犯罪者の定義・犯罪傾向

犯罪や非行をした少年や若年者の再犯については，平成19年版や平成23年版の犯罪白書が特集を組んで取り上げているが，平成23年版の特集「少年・若年犯罪者の実態と再犯防止」においては，若年（20歳以上30歳未満の者）の保護観察付執行猶予者（以下，若年猶予者と略）の約半分に保護処分歴があることが指摘されており，若年猶予者が少年時から何らかの問題があり，その問題が解消されずに再犯に至ったために執行猶予となるケースが少なくないということが推測される。また，少年時に保護観察のみを受けた者より少年院送致歴がある者の方が執行猶予取消しの比率が高く，さらに，少年院送致歴がある者においては，回数が増すにつれ，よりその比率が高くなる傾向があると指摘されており，少年時に重い保護処分を受け，あるいはそれが繰り返されている者は，執行猶予となっても予後が悪いことが示唆されている。

本章では，若年猶予者の事例を取り上げるが，一般的には青年期・初期成年期という発達段階にあると考えられる若年者の特性を踏まえつつ，保護観察処遇における可能性や限界について考察したい。

なお，事例は本質を損なわない範囲で改変を加えていること，そして，本章中の考察は筆者の個人的見解であることをあらかじめご了解願いたい。

2　保護観察事例

■紆余曲折がありつつ期間満了で終了した事例

〔事例１〕保護観察付執行猶予者Ａ（20代男性＝懲役1年執行猶予5年保護観察付）

住居侵入，窃盗（遊興費を得るために，友人と一緒に侵入盗を繰り返していたもの）。

特別遵守事項に「共犯者との交際を絶ち，一切接触しないこと」「就職活動を行い，又は仕事をすること」を設定。

母親と同居。

本人が３歳時に両親離婚（離婚原因は父親によるＡや母親に対する暴力）。高校中退後，占有離脱物横領で審判不開始となった。塗装工やアルバイト店員など職を転々としたが，その原因は，人間関係がうまくいかないためとＡは認識していた。本件当時は無職状態で，消費者金融からの借金返済に追われ，母親に小遣いをせびって生活する一方，パチンコ等に耽溺していた。

◆保護観察の状況

Ｘ年：就労継続，不良交友の断絶，金銭管理の実施，家族関係の改善を処遇方針として保護観察開始。

Ｘ＋２月：Ａは本件のことを友人達がいいふらしていると人間不信を募らせ，うつ状態になりリストカットを繰り返し，保護司に対して暴言を吐くようになった。

Ｘ＋３月：Ａは自宅に帰らず音信不通となったが，２週間程度で帰宅。保護観察官が呼出しをすると，仕事を理由に出頭を拒否したため，出頭命令書を送付したところ，Ａは面接に応じた。Ａは家出中野宿をしており，将来のことを考えると押しつぶされそうな気持ちになると述べたが，家出中の生活実態を隠している様子も見られた。また，母親から保護観察官に対し，Ａから金銭の無心があり，断ると家で暴れるとの相談があった。

Ｘ＋５月：保護観察官が再度呼出しをしたところ，Ａから電話があり，仕事を理由に出頭を拒否した。保護観察官が出頭するよう指導すると，Ａは激高したが最終的に出頭を承諾した。その後母親から保護観察官に対し，Ａに暴力を振るわれ骨折したとの相談があったため，警察に被害届を出すことを助言。その後Ａは警察署に逮捕された。

Ｘ＋６月：母親が被害届を取り下げたことから，Ａは不起訴となり釈放。保護観察官はＡを呼出し，質問調書を作成し指導を行った。Ａからは，母親に対する暴力についての反省の弁は少なかったものの，生活環境を変えたいという発言が見られた。以後保護観察官の直接担当とし，就労支援制度を利用し住込就労を目指すことになった。協力雇用主を何社か調整し採用面接を受けさせたが，就職には至らなかった。

Ｘ＋10月：Ａは母親宅の近くにある飲食店に就職。直接担当を終了し，以前とは異なる保護司に担当指名をした。保護司はＡに給与明細の提示を指示し，給与の管理について助言したほか，母親とも定期的に連絡を取り，Ａの生活状況の把握に努めた。当初面接で堅さや感情的になる様子が見られたＡも，就労が継続するにつれ，保護司宅訪問の際には笑顔が見られるようになった。

Ｘ＋２年：保護観察官面接実施。Ａは貯蓄まで手が回らず，職場の送迎は母親に頼っているものの，収入の範囲で生活している様子であった。また，母親に対する暴力について振り返ることができるようになるなど，内省の深まりが感じられたほか，客とのやりとりで立腹する場面があっても，自分なりに感情をコントロールしようと努力していると述べていた。

Ｘ＋２年２月：Ａは工場作業員に転職。保護司との面接では，同僚との人間関係に苦慮していると述べた。その後，時々来訪を怠るようになった。

Ｘ＋３年３月：Ａは就労先と労働条件で揉め退職。再就職が決まらず来訪に消極的になったが，保護司の働きかけで接触は保たれていた。

Ｘ＋３年８月：Ａは建設作業員として就職。会社の寮に入居することになり，保護観察所の許可を得て転居した。その後は交際相手を伴って来訪するなど接触も保たれ，就労も継続していた。

Ｘ＋４年８月：Ａの稼働先が倒産。派遣社員となり就労は不安定な状況になるが，保護司との接触は保たれていた。

Ｘ＋５年：期間満了で終結。

Ａの問題点は感情統制の悪さであり，母親に依存しつつ暴力を振るうという点で，母親からの自立が課題となった事案である。感情の起伏が激しい保護観察対象者（以下「対象者」と略）は，処遇者の対応如何で急に感情を高ぶらせ，暴力的な反応をしてしまうこともあるため，担当保護司とのマッチングにも留意する必要がある。ここでいうマッチングとは，性別や性格，職業や経験などを踏まえての対象者との相性であり，マッチングは処遇効果に少なからず影響すると考えられる。とはいえ，保護司のマンパワーには限りがあり，接触のしやすさ（距離）なども考慮すると，毎回ベストな組み合わせを調整できる訳ではない。また，良くも悪くも予想していた展開にならないこともあり，容易に結論を出すことは難しい問題である。

この事例の場合，Aが精神的に不安定になり，家出や母親へ暴力を振るうなどの危機場面が生じたことや，担当保護司に暴言を吐くなど保護司が担当することが難しい状況下となったことから，保護観察官が介入し直接担当することになった。母親への暴力は不起訴となったが，このタイミングで直接担当に変更したことは，本人に対し保護観察への緊張感を高めさせたほか，自分自身の問題点への直面化につながったと思われる。なお，本事例のように，処遇の転換を図るために，保護観察官が一旦直接担当とし，その後新たな保護司に担当変更することは少なくない。

ちなみに，二度目に担当指名した保護司は男性であるが，本人に場当たり的に対応するなど結果的に依存を助長させるかかわりをしてしまう母親に対して，接し方について丁寧に助言していた。また，一貫してAに給与明細を提示させ，定期的に母親と連絡を取って本人の報告と齟齬がないか確認するという枠組を維持し続ける一方，来訪の際はAに暖かい言葉かけをし，生活指導の際は権威的な言い方にならないよう配慮していた。保護司がこのような処遇方針で面接したことは，自分を虐待した父親とは違う男性像を本人にもたせたであろうし，安定した大人としてAと関わるというメッセージを，Aに非言語的に伝える結果になったと考えられる。Aはそれを明確に意識していた様子はないが，Aが次第に落ち着いて保護司との接触を保つようになったことが，それを裏付けていると思われる。加えて，保護観察官と保護司とで役割分担をし，保護観察官が経過の途中で面接指導を行い，Aの生活状況の中で「できていること」を評価しつつ，緊張感を喚起する働きかけが行われた。これも，関与が長期間となる保護観察付執行猶予対象者に対してよく実施される工夫である。

とくに，保護観察終了前に稼働先が倒産するという危機場面にAが直面した時の態様が，Aの成長ぶりを表している。以前のAであれば，危機場面が生じると母親に怒りをぶつけたり，自傷行為や家出をしたりするというパターンに陥ったであろうが，母親に暴力を振るうことなく保護司に自分の状況を相談しているからである。また，経過の最後には，Aは交際相手という新たな支援者を獲得している。若年対象者は浮き沈みが激しい一方で，このように大きな成長を見せるのが特徴ともいえよう。

■接触不良のまま期間満了した事例

〔事例2〕保護観察付執行猶予者B（20代男性＝懲役3年執行猶予5年保護観察付）

組織的な犯罪の処罰及び犯罪収益の規制等に関する法律違反（振り込め詐欺グループに荷担）。

特別遵守事項に「仕事を続けること」，生活行動指針に「不良仲間とはつきあわないこと」を設定。

両親，兄（本件共犯で同処分），内妻，子と同居。

Bは中2の頃から暴走族と接触。中学卒業後，16歳時に窃盗事件により保護観察処分（約1年半で解除により終結）。19歳時に窃盗事件で再度保護観察処分。その4月後に強盗致傷事件により少年院送致決定。収容期間満了で少年院を退院。とび職などを経験した後，無職となった時に知人に声をかけられ，報酬欲しさに本件惹起。グループを抜け，塗装工として稼働を始めてすぐ逮捕。

◆保護観察の状況

X年：就労先の定着による経済的安定，共犯者と交際が復活しないよう交友関係に注意させ，一家の大黒柱としての自覚をもたせることを処遇方針として保護観察を開始。Bは両親宅で生活を開始したが，まもなく内妻との同居を理由に市内アパートに転居した。

X＋1年：Bが社長と喧嘩し離職。再就職するが接触が途絶えるようになる。

X＋1年10月：Bがアパートに住んでいない様子のため，保護司はB宅の近隣にそれとなく尋ね，本人が夜逃げしたとの情報を得るが，その後もBと連絡が取れなかった。Bの兄は別の保護司が担当し，接触が保たれていたため，保護観察官から兄にBとの接触について協力を依頼した。

X＋2年：Bから保護司に連絡が入る。その後Bが保護司宅を来訪。両親宅にいると述べるが，落ち着きがない様子が見られた。

X＋2年3月：保護観察官面接実施。Bは塗装工として独立し多忙であること，内妻と別居していること，両親宅と会社寮を行き来して生活していることなどを述べた。しかしその後も接触が途絶えがちだった。

X＋2年6月：Bとまったく連絡がつかなくなる。保護司が両親宅を往訪したが，父親は非協力的な態度であった。

X＋3年3月：保護観察官面接実施。Bは塗装の仕事は人に任せ，とび職として稼働しており，会社の寮に住んでいるが保護観察を秘匿しているとし，保護司に不満はないと述べたが，会社の寮から保護司宅はかなりの距離があるため，別の保護司へ担当を変更した。しかし，担当変更後も接触不良は変わらず，保護司は度々会社寮を往訪し，本人との接触を試みた。

X＋3年10月：Bが初めて保護司宅を訪問。「いつも保護司が来てくれるので悪いと思った」と述べたが，その後また接触が途絶えた。

X＋4年2月：保護観察官が何度か呼出しをし，保護観察官面接実施。Bは接触不良の理由として，仕事で忙しく携帯電話が壊れても修理に出す暇もなかったと述べ，最近は両親宅で生活していること，内妻とはよりを戻し，来年同居するつもりであること，来年保護観察が終了するのはわかっているので，できるだけ来訪するつもりであると述べた。しかし，その後も接触不良は続き，保護司が両親宅や会社寮を往訪しても本人と会えないことが続いた。

保護観察終了前日：保護観察官が何度か呼出しした結果，Bが保護観察所に出頭。Bは「仕事が忙しすぎて保護司宅に行く暇がなかったし，保護司のところに行かなくても別にいいと思っていた」と述べ，その理由として「悪いことはしないと自分の中で決めていた」と述べた。

X＋5年：期間満了で終結。

この事例の課題として挙げられるのは，接触不良の場合の対応である。

対象者が保護観察官または保護司の面接を受けることは，一般遵守事項によって義務づけられている。遵守事項違反に対しては，保護観察所の長は検察官に執行猶予取消の申出を行い，検察官は裁判所に取消請求を行い得るが，刑法第26条の2第2号は「遵守すべき事項を遵守せず，その情状が重いとき」，刑の執行猶予を取り消すことができると規定している。情状が重いかどうかの判断は，遵守事項違反の背景にある生活状況が，「前刑の犯行時と同様の生活状況に陥っていた」など，将来の再犯可能性を予測させる状況だったかどうかが重要な観点となる（東京高裁平成22年3月5日第7刑事部決定事件）。

しかし，保護観察中にまったく生活実態が把握できず，再犯リスクの可能性すら判断できない場面が生じたり，わずかに対象者の生活状況が窺える中で対象者が前件当時の生活に逆戻りしていることが判明する場合もある。このような時は，保護観察官が指導のために呼出しを行うが，それでも対象者が保護観察官の指導に従わず，保護観察による更生の可能性がないと認められる場合は，執行猶予取消申出の可能性を検討することになる。

ただし，遵守事項違反のみを理由にした取消申出に対するハードルは決して低くはない。取消事案の多くは，執行猶予中の再犯による必要的取消し（刑法26条）である。安部哲夫教授は前述の判例を取り上げる中で，「保護観察の担当者がすでに保護観察に無理を感じている状況から最後の措置として取消しの申し出をすることに理解を深め，施設内での改善処遇に期待をつなぐことは評価すべきであろう[1)]」と述べている。執行猶予取消の際，保護観察所と検察庁および裁判所がこのような認識を共有することは非常に重要なのではないかと思う。

本事例の場合においては，Bが前件当時とは異なり仕事を続けていたという点や，兄の協力が得られていたこと，毎回ではないがBが保護観察官の呼出しに応じていたことから，再犯リスクは高くないという判断のもと，執行猶予取消の申出には至らなかった。

なお，保護観察終了間際にBは「犯罪はしないと決めていた」と述べているが，実際にBは執行猶予中再犯することなく期間満了で終了している。Bは就労先の社長と喧嘩して離職したり，住居に住めなくなった後内妻と別居した時期があり，おそらくこの頃がBの危機場面だったのではないかと思う。保護観察実施者がBの相談相手として介入することができれば，この後Bは保護観察実施者との接触を保持した可能性はある。対象者の中には，公的機関への不信感や，言語化が不得手であるなどの理由で，困ったことがあってもそれを口にしないことが少なくない。ただ，筆者の経験では，そのような者であっても，非言語的な方法で何らかのサインを出していることがある。あくまで推測であるが，Bも危機場面の時，困った状況であることのサインを出していたのかもしれないが，保護観察実施側がそれを受け流してしまい，Bは「相談しても仕方ない，自分でやるしかない」と思ったのかもしれない。そうすると，最後に言ったBの言葉は，「相談できないから，犯罪はしないと自分で決めて行動するしかなかった」と取ることもできる。彼らの思いをくみ取ることの難しさを実感する一方で，Bが完全に保護観察から離脱せず，結果として再犯せずに終了したのは，保護司の地道な働きかけや，保護観察官が呼出しを行い続けたことが少なからず影響していると思われる。保護司の訪問や保護観察官の呼出しが行われる度に，Bは執行猶予中であることを認識し，再犯しないという決意や心理規制が働いたと推測されるからである。

接触不良の場合，何度往訪しても対象者に会えなかったり，会っても拒否的な対応をされることもあり，そのような場合は徒労感もより強まる。こうした状況は保護観察において決して珍しいことではない。処遇の最前線にいる保護司がこのような徒労感や無力感に襲われないためにも，保護観察官と保護司の間で，刻々と変化する対象者に対する見立てや処遇方針を常に共有していくことは重要である。

■執行猶予中に再犯に至った事例

〔事例３〕保護観察付執行猶予者C（20代男性＝懲役３年執行猶予５年保護観察付）

窃盗（無職時に振り込め詐欺グループに加わり，いわゆる出し子として不正に入手したキャッシュカードで現金を引き出したもの）。

特別遵守事項に「共犯者や暴力団関係者と接触しないこと」「就職活動を行い，仕事をすること」を設定。

実母（外国人），養父と同居。内妻と子がいるが別居。

両親はCが３歳時に離婚し，以後実父とは没交渉。Cは小学生高学年から万引きやバイクの無免許運転などの問題行動が始まる。中学校入学後は夜遊びや飲酒，対教師暴力などがあり，不良グループを結成し他校生に暴力を振るったことにより，児童相談所が関与。その後も問題行動が続いたため，児童自立支援施設送致となる。15歳で施設退所後，まもなく傷害事件で逮捕され，初等少年院送致。16歳で少年院を仮退院し，実母の許に帰住。実母が養父と再婚し養子縁組。その後も傷害事件などを起こし，18歳の時家裁で保護観察処分決定。しかしその２カ月後に再び傷害事件を起こし，中等少年院送致決定。１年後少年院を仮退院となり，実母と養父の許に帰住。３月経過後くらいから保護司との接触に消極的になり，その後所在不明のままCは20歳となり，期間満了で終結。この時期に本件を惹起していた。

Cは能力は中の上程度だが，基礎学習の不足により一般常識に欠ける。仲間内に自分を認めさせたい気持ちが強いため，無理難題でも自分はできると強がることが多い。活動性は高いが飽きっぽく，地道な努力が続かない。

◆保護観察の状況

X年：仕事の継続による生活の安定，暴力団関係者との交際が復活しないよう交友関係に注意させる，接触不良や無断転居防止のため，執行猶予取消しについて意識させ，気の緩みが生じないようにさせることを処遇方針として保護観察を開始。実母と養父宅で生活し，当初は約束通り保護司宅を来訪し，土木作業員として勤務しているとして給与明細を持参していた。

X＋４月：Cから保護司に，地元暴力団につきまとわれているので，家に戻れず来訪できないと連絡があった。

X＋5月：Cが保護司宅を来訪。服装が派手になっており，飲食店の経営を任されるかもしれないと述べるが，詳しいことは話さなかった。

X＋6月：保護観察官面接実施。面接前に何度もCから「なぜ呼ばれるのか」と確認の電話があった。面接でCは，暴力団につきまとわれている理由として，本件の振り込め詐欺グループは地元暴力団から声をかけられたものだが，逮捕前に組の取り分の金を使い込んでしまったことや，裁判時に組の顧問弁護士がついてくれたことを理由に因縁を付けられてしまっていると述べ，自分が地元の有名な不良なので，暴力団は自分を引き入れたいのだと述べた。ただ，組の兄貴分とは釈放時に話がついており，地元をうろつかないようにしているとして，暴力団との関係再開は否定した。また，飲食店経営については，紹介者が暴力団とつながっていることがわかったのでその話はなくなったと述べた。面接中は猜疑心の強さを窺わせる発言が何度もあったが，その理由についてCは，以前ドラッグをやっていた影響であり，現在は使用していないと弁明した。保護観察官は，今後も定期的に呼出しをすること，また遵守事項違反の疑いがあれば呼出しの上指導を行う旨説示した。その後Cは保護司宅を来訪したが，生活状況の報告には消極的だった。

X＋7月：Cから保護司のところに何度もメールや電話が入った。その中で，自分がパスポートを取得できるかと質問があった。しかし，来訪の約束は結局実現せず，翌月も同様の状況だった。

X＋9月：保護観察官がCあてに来訪指示書を送付。また保護司が実母に連絡し，Cに来訪するよう伝えてほしいと依頼。その後Cが保護司宅を来訪。パスポートの件は詳細を述べなかった。

X＋10月：保護司が何度もCに電話するが，応答なし。

X＋11月：検察庁から詐欺未遂による再犯通知書受理（中国人の詐欺グループに荷担）。

X＋1年2月：執行猶予取消しで終結。

本章の冒頭において，若年猶予者には保護処分歴がある者が多く，かつ，そういった者は執行猶予取消率が高いという特徴があることを述べたが，この事案はまさにその典型的な例である。

若年猶予者の処遇方針を立てる上で，犯罪傾向，性格，資質，生育歴，前件保護処分時の状況等の情報は重要である。しかし，執行猶予の言渡しの際裁判所から送付される「保護観察言渡連絡票」の内容は，本人の氏名や住所，同居家族氏名，前科前歴程度である。参考書類として裁判書や起訴状，冒頭陳述要旨等が添付されることもあるが，アセスメントには不十分である。

本事例については，後日再犯により実刑となった後に刑務所が作成した身上調査書に，Cが18歳の時統合失調症に罹患し通院歴があったことや，薬物使用歴があったことが記載されていたが，すでに少年時の記録は廃棄されており，これらの情報を保護観察所で事前に把握できないまま，保護観察が開始された。

次にCの問題点について検討してみたい。Cは少年院仮退院後の保護観察においてすぐに接触困難になっているが，過去の保護観察の接触状況が不良の場合，執行猶予がいくら成人としての刑罰であり，次は実刑が控えていることを理解させることで心理規制をかけようとしても，接触を維持するのは困難なことが多いように思う。少年時の保護処分としての保護観察を経験していると，その時と同じ感覚で保護司と接触する気持ちをどうしても持ってしまうためである。あわせて，Cの行動化しやすく飽きっぽい性格もあって，保護観察の枠組は威嚇力とはなりにくかったものと推測される。

また，経過の中でCは不審な言動をしているが，Cは以前かかわっていた暴力団とは距離を置いていると述べていたほか，保護司との接触を完全に断つのはまずいという危機感が少なからずあり，保護観察を離脱するまでには至らなかった。保護観察官は，面接で見せたCの疑り深さについて不審に思っていたが，性格や資質の問題によるのか，薬物の影響によるのか，それとも別の違法行為に手を染めていた後ろめたさからなのかを，この時点でもっている情報で判断することは困難であっただろうし，Cの不審な行動の理由を突き止めたり，新たな不良集団とかかわっていることを把握するには限界があった。

Cのように少年時にこれだけ保護処分を受けながら，行動が改善されないまま成人になった場合，反社会性に染まった対象者を変容させることは容易なことではない。交友関係は反社会性の高い者ばかりで構成されていることが多く，既存の人間関係を断ち切り，孤独に耐えて新たな人間関係を築くだけのスキルは，とくに若年者の場合，その未熟さゆえに獲得されていないからである。さらに，非行少年や犯罪者は「自分は不良（犯罪者）だから，普通の人とは付き合えないし，受け入れてもらえない」と自分自身にラベリングをしていることが少なくないため，新しい関係を開拓していくことができにくい傾向があることも影響している。

もしかしたらCは，新たな反社会的集団（中国人の詐欺グループ）とつながることでしか，暴力団と距離を置くことができなかったのかもしれない。Cが反社会的な人間関係から距離を置きたいと保護観察実施側に相談したなら，たとえば，遠方の協力雇用主を調整するなどの方法で，支援することが可能だっただろう。ただし，Cのように自分の価値観にこだわったり，保護観察を軽視してその支援を受けることを頑なに拒むようであれば，社会内処遇の効果を発揮することは容易ではないと思われる。

3　おわりに

厳罰化の潮流の中で，保護観察を厳しく行うべきという意見をよく聞く。とくに被害者の方の心情を思えば，自分や家族等に被害を与えた加害者に厳しく接してほしいと願うこともあるだろうし，保護観察付執行猶予の場合は，刑罰の言渡しを受けた以上応報的に実施すべきという考え方があって当然と思われる。

しかし，保護観察を実施する行政機関として第一義的に考えなければならないことは，犯罪をした者に再び犯罪をさせないことである。犯罪をさせないために必要なのは，犯罪に至る原因の解消や変化であろう。ただし，どんなに公的機関が権力的にその人を変化させようとしても，その人自身が変わろうという思いがなければ変えることはできない。むしろ，強制的に本人に変化を要求した場合，その時はその場しのぎで上辺だけ変化したように見せるだけで，本質的に何も変わっていないことが多いのではないだろうか。しかし，それでは再犯防止の意味をなさないし，刑務所と社会を何度も行き来している多くの累犯者の存在が，そのことを裏付けていると思われる。

つまり，再犯防止のための変化は，犯罪をした本人が実際に行動することでしか発現せず，変化のための行動は，その人自身が変わりたいという思いや，自分の問題点は何なのかという気づきによって始まるのではないかと思う。そうであれば保護観察は，犯罪をした者が，社会の中で自身の問題点に気づき，変化しようと思うきっかけや，またそれに気づかせる働きかけである。そして彼らがその変化のための行動を始めた時，それを見守る伴走者である。

しかし，保護観察官や保護司が，対象者の近くに変化のきっかけがあるのだと対象者に伝えようとしても，対象者がなかなか気づいてくれないことも多い。とくに若年者は，その未熟さ故に失敗や不安，孤独から逃避しようとし，または一時的な成功や享楽に浮かれてしまい，振り子のように良い状態と悪い状態を行ったり来たりする。そしてその不安定さの中で，すぐそばにあるきっかけを見過ごしてしまいがちである。

若年者は発達段階において青年期・初期成年期にあり，「児童期を過ぎたことでいったん大人に従属する子どもとしての在り方を放棄したが，しかしまだ社会の担い手としての大人の在り方を獲得していないという点で，社会構造に属さない不安定な境界期[2]」であり，「ライフサイクルの中でももっとも心理的混乱が生じやすい時期[3]」でもある。若年猶予者に保護処分歴が多いのは前述のとおりだが，保護処分を受けた少年は生育歴や資質，家庭環境等に問題を抱えており，思春期に達成すべき親からの心理的自立や，社会適応能力の獲得が不十分であることが少なくない。このような背景下にある若年猶予者は，まだ自分のアイデンティティを獲得できないまま，問題を抱えて混沌としている状態にあると考えられる。

アイデンティティが人も含めた環境との相互作用の中で確立していくものであるとするなら，保護観察に付されるということは，保護観察官や保護司が彼らの環境の一要素になるということではないだろうか。そこで重要なのは，保護司という存在である。さまざまな人生経験を経て地域社会の中で重要な立場を担い，そのことから地域で推薦を受け，法務大臣から委嘱される保護司は，社会の中でのロールモデル（模範）といえる。そういう人物が彼らに対し，地道に変化のきっかけについての働きかけを続けることは，彼らが前述した気づきを獲得するための重要な仕組みである。そして，その仕組みが地域社会と社会から断絶状態にある彼らをつなぐことができれば，彼らが善良な一市民としてのアイデンティティを獲得し，社会を支える立場になることが期待できるし，それが再犯防止におけるゴールなのではないかと思う。

ただし，保護司は非常勤の国家公務員という立場ながら，実態は無報酬のボランティアである。処遇の最前線に立つ保護司が過度の負担にさらされているという意見も多く，また近年保護司の確保が困難になってきているという問題も生じており，保護司を中心とした保護観察制度を今後維持していけるかどうかが課題となっている。実際，保護司からは「執行猶予者は特に期間が長くて大変だ」という声をたびたび耳にする。刑の一部の執行猶予制度が導入されれば，担当保護司が関与する期間も長くなることから，より負担増となることが懸念されるところである。

1）　安部哲夫「執行猶予取消しに係る保護観察遵守事項違反の『その情状が重いとき』にあたると判断された事例」刑事法ジャーナル25号（2010年）78頁。
2）　下山晴彦編「教育心理学Ⅱ　発達と臨床援助の心理学」（東京大学出版会，1998年）183頁。
3）　前掲注２）183-184頁。

第17章

知的障害者と保護観察処遇

坂根 真理

1　はじめに

保護観察対象者の中で，知的障害を有している者の存在は決して珍しくない。また，保護観察という枠組みのかかわりを通して知的障害が疑われ，補導援護の一環として地域福祉支援につなぐケースも見られる。ただし，これらの対象者の保護観察は困難な処遇となることが多く，保護観察を実施する保護観察官や保護司を悩ませることが多い。なぜなら，知的障害をもつ対象者を改善更生へ導くには，彼らの変化よりも保護観察官や保護司に発想の転換や対応の変化を求められることが多いからだ。

知的障害をもつ対象者を担当した場合には，対象者のもつ障害特性への理解をより深め，相手に理解できる助言や指導のあり方を検討することが必要となる。対象者の知的制約から通常の助言や指導が浸透しづらいために，対象者と噛み合わないということが起こりやすい。「伝えたつもり」でも，対象者が理解していなければ意味がない。こちらが指導を積み重ねているつもりでも対象者の理解が積み重なっていなければ，一方通行のコミュニケーションとなってしまう。互いの理解不足からズレが生じ，そのズレが誤解やトラブルを招くこととなる。噛み合わないままの助言や指導はむしろ状況を悪化させることの方が多く，保護観察官や保護司を疲弊させてしまう。そのような状況を改善，または未然に防ぐには，こちらが対象者の理解をすることから始めなければならない。たとえば，「〇〇をしにないようにしよう。〇〇のようにするといい。」と指導する場合にも，対象者の障害特性を考慮し，理解されやすい伝え方を工夫することが必要となる。わかりやすく優しい言葉で伝えた方が理解につながる対象者は耳からの情報取得を得意とするタイプであるし，箇条書き文章のメモや絵や写真，図などに示した方が理解につながる対象者は目からの情報取得を得意とするタイプであり，同じ障害でも得意不得意には個人差がある。面接場面において，どのような方法でコミュニケーションを取るのがその対象者にとって有効であるかを見極めることが，大切である。いずれにしても，シンプルでわかりやすい表現を用い，優先順位等を整理することで，対象者の理解度は上がることが多い。

知的障害をもつ対象者を担当する保護観察官は初回の面接や事前の資料から可能な限り障害についてのアセスメントを行い，保護観察の実施計画に反映させることが大切であるし，その後の経過を見ながら必要な見直しを行うことが求められる。

2　事例紹介

次に具体的な事例を挙げながら，知的障害をもつ対象者の保護観察について考察していきたい。事例1では保護観察中の状況から知的障害等が疑われた対象者を福祉支援につなぐまでの経過とその後の状況について，事例2では知的障害が疑われた対象者の再犯に至る経過と処遇上の問題点について検討していく。

〔事例1〕仮釈放者A（42歳男性＝懲役3年）

◆概　　要

（心身の状況）軽度知的障害・ギャンブル依存症・自閉傾向

（犯罪概要）同居していた実母に対する傷害。被害者は全治6月の傷害を負った。

（犯罪動機および原因）無職であることを日々実母から責められ，本人はストレスを溜めていた。本人が実母の預金を無断で引き出し，ゲームセンターで使ったことが発覚したことから実母と口論となり，怒りを爆発させた本人は実母が動けなくなるほどの暴行を加えた。

（生活歴）小中高と普通学級に在籍し卒業した。学業成績は良くなかった。国語が苦手で，文章読解では人の気持ちを読み取る類いのものが難しかった。算数も分数あたりから理解しづらくなっていった。それでも勉強すれば何とか追い付けることもあった。人間関係では，いつもうまくいかなかった。原因やきっかけとして思い当たる事はないが，人に嫌われることが多く友人もいなかった。原因はよくわからないが，小中学校ともにいじめを受けた。高卒後は仕事に就いたが，人間関係がうまくいかずに逃げ出してしまうことやクビになることが多かった。ギャンブルは何事もうまくいかないことに対するストレスのはけ口として，のめり込んでいった。ギャンブルやゲームをしている時だけが，嫌な事から逃げられて安心できた。
仕事がうまくいかなくなると転職を繰り返していたが，その都度どうしてもうまくいかない人間関係に疲れていた。実母から注意されることは事実なので言い返すこともできない自分を情けなく思っていたが，どうすることもできずに，ただただギャンブルに逃げることしかできなかった。（本人述）
（特別遵守事項）
1　更生保護施設の規則で禁じられた無断外泊及び飲酒をしないこと。
2　被害者等に一切接触しないこと。
3　パチンコ店やスロット店に出入りしないこと。
4　就職活動を行い，又は仕事をすること。

◆保護観察の経過

本ケースは，更生保護施設を帰住地として仮釈放となった。保護観察開始当初は，通常の社会復帰（就労に就き，金銭を貯めて，1日も早い自立を目指す）を促し，指導することを保護観察の実施計画としていた。しかし，Aの言動や行動の特徴から何らかの障害があるのではないかと思われたために，本人の全体像について見立て直しと方針転換を図り，本人同意の上で，福祉支援調整を開始するに至った。

⑴保護観察官としての気づき

当初Aを担当した更生保護施設担当保護観察官は，本人の希望する早期就労を支持し，就労支援対象者として選定し，関係各機関等に協力依頼を行った。委託先である更生保護施設の担当者も同方針のもと，Aへの助言指導を行っている。ハローワークの協力を得て，仮釈放から1ヵ月後には倉庫内作業の仕事に採用され働き始めた。

ところが，稼働から2週間を過ぎた頃，Aは2泊の無断外泊をした。自ら施設に連絡し帰寮したAに対し，早速，担当保護観察官が質問調査を実施した。Aは仕事に行くため施設を出た後，無断欠勤し，そのままゲームセンターでスロットゲームに没頭していたと述べた。週払いで得た数万円の給料も使い果たしてしまっていた。この質問調査を通して，担当保護観察官はいくつかの違和感を覚えた。それは「ゲームセンターでスロットゲームをしたのであり，スロット店に出入りしないという特別遵守事項に違反していない。決まりはしっかり守っている」，「無断欠勤や無断外泊は良くないので反省しているが，今後も時間とお金の余裕があれば，少しくらいは遊んでもいいと思う」というAの主張である。居直りの言動というわけではなく，場の空気を読まずに正直に答えてしまう幼さのようなものを感じたという。この時点で，ギャンブル依存や本人のもつ若干の知的制約に注目してAの保護観察の実施計画を見直すことの必要性について，本人の主任官であった更生保護施設担当の保護観察官と福祉支援を担当する保護観察官[1]との間で協議がなされた。書面化された遵守事項に対しては本人なりの理解と意識をもっていたことから，書面化した約束事は有効であると判断し，「ゲームセンターやゲームコーナーに出入りしないこと」という生活行動指針を新たに設定し，A同意の上で更生保護施設職員に，担当職員による金銭管理援助（１日分渡し）を依頼した。

⑵ 対象者への動機付け支援および見立て

福祉支援を担当する保護観察官が再度Aとの面接を実施し，Aの生きづらさや生活の困難さがどこにあるのか改めて聴き取った上で，Aが困っている事について以下のように整理した。

・金銭管理ができない

稼働時も含め，本件前まで金銭管理は母が行っていた。本人がもつとすべてギャンブルに使ってしまうため，Aも納得して母に任せていた。所持金が１万円を超えると「たくさんある」というイメージとなり，ギャンブルに行っても良いと思ってしまう。

・対人関係の問題に対処できない

職場で上司や同僚から厳しく注意を受けると，パニックになってしまい，逃げることしか考えられず欠勤や退職をしてしまう。

・ギャンブルやゲームがやめられない

ギャンブルやゲームをするきっかけは，職場の対人関係の困難である。厳しくいわれたり怒鳴られたりすると，そのストレスをギャンブルやゲームで晴らしたくなる。そして，所持金をすべて使い果たすまでやめられない。

そこで，福祉支援担当の保護観察官はAに対し，それらの解決に向けた以下のような方針転換を提案した。

・更生保護施設担当保護観察官から福祉支援担当保護観察官へ担当を変更すること。

・精神科を受診し，ギャンブル依存治療を試みること。

・今後の自立に向けて，複数機関からなる福祉支援チームの支援や見守りを受け入れ，自身の希望や考えも伝えていくこと。

Aは「やってみたい。今はギャンブルはやめられないという気持ちでいるが，治療で何かが変わることに期待したい。また，これまで友達もおらず，本件で被害者である母をはじめとする家族との関係が絶たれてしまったために，自分の生活を見守ってくれる存在が欲しい。」と述べて，提案を前向きに受け入れた。

後に保護観察官が受診同行した精神科クリニックにおいて，いくつかの検査も受け，軽度発達遅滞，ギャンブル依存症，自閉傾向等の診断がされた。ギャンブルへの衝動性をコントロールするための処方もされた。Aはこれまで病気や障害について指摘を受けたことがなく，自分の努力不足や性格の問題と考え自信を喪失していたが，診断を受けたことで安心をしたと述べていた。

⑶ 多機関連携と支援チーム作り

Aは精神科クリニックにおいて，医師の診察以外に臨床心理士のカウンセリングも受けるようになり，対人関係スキル向上を目的としたデイケアへの参加もするようになった。Aにとってカウンセリングやデイケアは自分に無理なく参加出来る場であり，自分の居場所を見つけられたことに満足感や安心感を得たようであった。Aは更生保護施設職員や保護観察官に，これらの経験を報告することで徐々に回復してきた自信を自覚し，諦めていた自分の将来への希望を語るような変化が見られた。更生保護施設退所後の支援については他機関へも協力を働きかけ，保護観察所と更生保護施設から始まった支援は協力機関が増え，本人を取り巻く1つのチームとなっていった。

（協力・連携機関と主な役割）

精神科クリニック：ギャンブル依存症治療，カウンセリング，デイケア実施
区役所福祉課：生活保護支給，生活状況確認
区役所支援課：自立支援医療（精神通院医療[2]）および障害福祉サービス支給
障害者生活支援センター：障害福祉サービス利用計画作成および見直し
地域生活定着支援センター：支援チームのマネージメント，施設入所調整
グループホーム：対象者の受け入れ検討および準備・調整
更生保護施設：対象者の見守りおよび励まし，金銭管理支援，各種手続き同行支援

⑷ 自立への一歩

「母親に認めてもらえるような自立した生活をしたい。」福祉支援調整開始時にAが述べたニーズである。被害者が実母であり，自宅に帰ることは不可能であっても，やはり実母に認めてもらうことが本人の最大の希望であった。

支援チームはAのニーズを理解し，その希望を叶えるための福祉支援であることをAとも共有した上で，就労・自立を焦らないよう助言した。当初は，これまで同様に就職活動をしなくてよいのかと焦りを見せたAも，多くの関係者からの助言で，取り組むべき事の優先順位を理解するようになった。

通院，カウンセリング，デイケアへの参加，更生保護施設での役割や行事への参加，保護観察官との面接，グループホームの見学，社会貢献活動（福祉施設の清掃）等に意欲的に取り組みながら，リズムある生活を送るようになった頃に，グループホームへの入所が決定し，更生保護施設を退寮した。

⑸ 残された課題

今後もＡの課題として残されているのは家族との関係である。被害者が実母であることから，被害者の心情に配慮し慎重に進める必要があり，安易に改善を目指すという状況ではない。被害者からは本人が受刑中から「加害者処遇状況等に関する通知[3]」がされていたこともあり，Ａの保護観察終了を通知するとともに，Ａに対して行われている福祉支援と今後の生活について，被害者担当保護観察官から被害者に説明したところ，「今後も本人をよろしくお願いしたい」と，一定の理解を得ることができた。

また，グループホームへの入居にあたり本人の荷物を自宅に取りに行く際には，事件後初めて親子が顔を合わせる場となった。そのため，被害者の心情に配慮が必要であることから，被害者担当保護観察官と福祉支援担当保護観察官が同行した。泣きながら謝罪するＡに対して，被害者は黙って荷物の整理を手伝ってくれた。まだまだ被害者の受けた傷が癒えるには時間の経過が必要であるが，実母が本人を受け入れる気持ちがわずかでも残されているのではないかと思える場面であった。Ａからは，返事はいらないので時々近況報告をしたいとの申出をして，自宅を後にした。Ａにとっては，新しい生活へ踏み出すためのひとつのけじめとなったようであった。今後，家族関係の課題は地域の支援機関に引き継がれる。

⑹ 地域移行後の様子

Ａは，地域生活に移行し半年以上が経過した現在も，変わらぬ支援体制のもと元気に生活している。グループホームでは，早速サテライト型住居[4]に移行し，希望の単身生活に移っている。生活上の悩みや困り事は，グループホームの職員に相談できているとのことである。近況報告に立ち寄ったＡは，福祉支援担当保護観察官に「今は気持ちがとても楽になったので，ギャンブルをする必要もなくなった。」と笑顔で述べていた。

■考　察

事例１のＡは，軽度の知的障害や自閉傾向からくる生きづらさや生活上の困難さを抱えていることを周囲に気づかれずに生きてきており，漠然と「何かうまくいかない。」と感じていた。生きづらさや困難が積み重なった結果として二次的にギャンブル依存症を引き起こしており，その延長線上に本件が起きたことが推測される。誰かがＡのもつ障害に気づけていたならば，本件のような事件を起こさずに済んだのかもしれない。障害や疾病が周囲に理解され，適切な対応と環境調整がされることの大切さを痛感する。

事例１では，本人を更生に導いたことについて，保護観察実施上ポイントとなった点がいくつか存在する。

第一のポイントは，Aの行動や言動に施設担当保護観察官が違和感をもったことを見過ごさずに，福祉支援担当の保護観察官と協議をして保護観察の方針転換を図ったことである。

第二のポイントは，本人の生育歴についての丁寧な聴き取りと動機づけ面接および精神科受診である。これまで障害を認識せずに生きてきたAにとって自分の障害や疾病を受容し，福祉支援を受けることは，本人の価値観や生き方に大きな影響を与えることになる。本人自身の意思がなければ進められない作業であり，本人の同意を取り付けるためには慎重で丁寧なかかわりが求められるため，保護観察官にとっては時間とエネルギーを割くことが必要となるが，これが犯罪の背景にある問題の本質を見極めることにもつながる。

第三のポイントは，支援チーム作りとその連携である。多くの機関がかかわることによって，それぞれの視点で本人を多面的に捉えることができる。各機関の立場や役割の違いを関係者間が理解し合うことも欠かせない。保護観察の目的は「再犯防止」であるが，福祉支援の目的は「人権擁護」やその人らしい生活を送る「自己選択・自己実現」である。目指すところが異なっているように見えるが，再犯は対象者が自分らしく生きることを阻害する大きな要素であり，再犯防止の視点を取り入れた支援は福祉支援が目指す自己実現（個人の幸福の追求）と同じ方向に向かっており，その目的は関係機関チームが共有できるものである。今後はAが適切な医療と地域福祉支援を受けながら，自分らしさを取り戻して，二度と犯罪に追い込まれない生活を送ることを期待したい。

〔事例２〕仮釈放者Ｂ（64歳男性＝懲役２年）

◆概　　要

（心身の状況）アルコール依存症の疑い，IQ相当値43で知的障害も疑われる。

（犯罪概要）①飲食店において，支払い能力がないのに生ビール等８点の飲食物の交付を受けた詐欺。②支払いを求めた同店店員の胸ぐらを掴んで揺さぶる暴行を加えた。

（犯罪動機および原因）空腹であり，酒も飲みたかったという理由で支払代金を持ち合わせていないのに飲食店に入店し飲食したところ，気が大きくなり，そのまま逃げ帰ろうとしたが店員に止められたため，店員への暴行に至った。自宅に帰れば支払う代金はあったという。
(生活歴) 高齢であるため，本人幼少時の生育歴は詳細不明。勉強は苦手で成績は下位であったという。地元公立中学校を卒業後は，運転助手，食品製造工，産業廃棄物処理作業員等の仕事を転々としながら50代後半まで稼働してきた。60歳前からはシルバー人材センターに登録し，週３日程度の除草作業に従事していた。30代で１度婚姻歴があるが，数年で離婚に至っており，その後は兄と同居してきた。5，6年前から飲酒下の詐欺 (無銭飲食) を繰り返すようになった。
(特別遵守事項)
1　自宅以外の場所で，酩酊するまで飲酒しないこと。

◆保護観察の経過

本ケースは，実兄を引受人として仮釈放となったが，わずか２週間後には同種再犯をし，仮釈放取消となったケースである。Bは，本件を含め飲酒下で無銭飲食を繰り返していることから，アルコール依存症が疑われる。また，IQ相当値からは知的障害が疑われた。保護観察の実施計画においては，医療および福祉の支援につなげていくタイミングを検討していくことになっていたが，具体的な援護を実施する前に再犯となり，残念な結果となった事例である。

⑴ 初回面接

保護観察初回面接時の本人はおとなしく素直な印象であり，口数は少ない。コミュニケーションに問題はないが，会話の内容から理解力の乏しさが感じられた。Bは「もう絶対にしませんから。お酒は飲みません。」と何度も頭を下げていた。今後は何らかの仕事をして，兄に負担をかけないように生活していきたい旨を述べた。引受人である実兄は「昔から仕事に就けばまじめに働く。お酒の問題さえ無ければ。」と，述べた。これまでの詐欺について改めて状況を確認すると，すべて飲酒下の犯罪であるという。アルコール依存症について本人は「依存症かどうかはわからない。でも今は飲みたいと思わないので大丈夫だと思う。」と述べ，実兄は「多分依存症でしょうね。お酒がすべての元になっている。でも結局は本人次第。」と答えた。医療機関等への相談や受診について，保護観察官が関与し援助できることを助言するも，本人，引受人とも消極的な態度であったために情報提供のみとし，推移を見ながら改めて検討することとした。また，「自宅以外の場所で，酩酊するまで飲酒しないこと」という特別遵守事項に掲げられた条件付きの飲酒については，本人の知的制約から考えれば，理解が困難であると思われたため，再犯リスクを低下させる意味からも自宅でも自宅以外でも基本は断酒に努めるよう指導した。

⑵ 自宅での生活状況

担当保護司の報告によれば，Bは就職活動に意欲的であるが，高齢のためかなかなか仕事が見つけられないでいるとのことであった。保護観察官との面接では「飲みたいと思わない。」と述べていたが，担当保護司には「今はやめているが，酒はやめられないと思う。」と本音を伝えたようであった。担当保護司は特別遵守事項に沿い，自宅以外の場所で飲酒はしないよう指導をしている。

⑶ 再犯によって見えてきたこと

仮釈放となって２週間後にBが起こした再犯は，本件と同じパターンの同種再犯であった。再犯事件については，本人に支払い能力があり実際に支払いをすれば不起訴となる可能性も考えられた。しかし，Bに対して質問調査を実施した結果，仮釈放となってわずか２週間後の同種再犯であることから，保護観察所としては，更生意欲が著しく欠けていると判断せざるを得ず，仮釈放取消申出を行うこととした。

質問調査において明らかになったBの生活状況は以下のとおりであった。

・夕飯時，兄はいつも晩酌をしていたが，自分は飲まないよういわれて，我慢していた。兄とは会話することもほとんどなかった。
・ハローワークに通ったが，自分にできる仕事はなかなか見つからなかった。
・ハローワークからの帰り道に無料で入浴できる高齢者センターで風呂に入ったところ，喉が渇いて我慢できずにビールを注文した。
・期間満了までは，とにかくお酒を飲まないと決めて我慢していた。

元々従順でおとなしいBは，兄のいいつけを守り自宅で飲酒することはなかったが，目の前で兄が美味しそうに飲酒する姿を毎日見ていたことになる。また，日中にすることがなく，就労を望んでいたものの高齢者がすぐに就ける仕事がないというのが現実であり，何事も思うようにならないストレスを抱えていた。仮釈放直後から，再犯リスクの高い生活状況であったことが想像できる。

■考　　察

Bは，元々知的障害を有していたものと思われるが，これまで障害が認定されることも，福祉支援を受けることもなく人生の大半を生きてきた。素直で真面目な性格から，これまでは仕事を中心とした枠組みの中で本人の生活ペースが築かれていた。仕事に就いていた間は，大きな問題が起きることはなかったが，加齢に伴って仕事が無くなり始めるという環境の変化が生活のペースを狂わせ，自身の力で日々の生活を組み立てることができずに，アルコール依存症を引き起こしたのではないかと推測される。知的制約もあり，もやもやした気持ちをうまく言語化できない中でストレスの発散を外での飲酒に求めたものと思われる。

改めて，Bが再犯することなく更生するためにどのような点に工夫すべきであったかを考察していきたい。

⑴生活環境調整の充実

生活環境調整の時点で，身上調査書の情報から本人の知的障害とアルコール依存症の疑いは予測がつくことから，施設入所中から面接を実施するなどして，専門機関への相談や治療への動機づけを高める働きかけを行い，釈放された後には確実に専門機関へつなぐ等の具体的な調整を行う。あわせて，引受人に対してもＢのアルコール依存治療の必要性や日中の過ごし方について伝え，一緒に対策を検討する。引受人からＢの幼少時のエピソードが聴取できれば，障害者（療育）手帳の申請についても可能性が出てくる。

⑵保護観察開始時の聴き取りや指導内容の工夫

Ｂから，どのような時（季節，時間帯，気持ちや行動面の状態などをできるだけ詳細に）に外食や飲酒をしたくなるのか，どの程度の量で変化（気が大きくなる等）が起きるのか，サインとなるものについて具体的に確認する。仕事と飲酒以外にしたいことや趣味はあるのか等も聴き取り，就労できない場合の日中の過ごし方も検討する。特別遵守事項に対するＢの理解度の確認を行い，さらに，理解できるようにわかりやすい言葉で具体的な生活行動指針を設定する。専門相談機関や医療機関のリスト等，より具体的でイメージがもてる情報提供を行い，保護司や保護観察官の同行についても提案する。

知的制約があるＢに対しては，⑴⑵のような工夫と取り組みがあれば，再犯に至らない可能性もあったかもしれない。Ｂの犯罪行為を含む生活環境をアセスメントし，生活環境改善の視点を取り入れた保護観察実施計画が再犯リスクを下げることにつながる可能性があるという認識をもちたい。

Ｂの場合は，たとえばアルコール依存症の診断がされれば，医療機関のデイケアやＡＡや断酒会等の自助グループへの参加，知的障害の認定を受けることができれば，障害者枠での無理のない就労やその訓練機関通所等の障害福祉サービスの利用，65歳を過ぎれば高齢者福祉サービスの利用等の可能性も出てくる。しかし，これら実際の資源やサービスにつながるまでには，本人の動機づけを高め同意を得るための援助と，かなりの期間が見込まれる手続きに多大なエネルギーを要することとなる。限られた保護観察期間の中で，目標まで辿り着かないことも考えられるが，目標に向けて少しでも前進することはできる。ただし，保護観察官は多岐にわたるさまざまな業務，保護観察と生活環境調整それぞれについて多くのケースを担当しており，対象者ひとりひとりに多くの時間を割くことには困難が伴うという現実もある。タイミングを逃さずに必要な措置を行うためには，常に優先順位を確認しながら業務を進める必要があるのはもちろんのこと，保護観察官と保護司が積極的に他機関と連携し，保護観察期間を有効に活用して地域福祉支援につなげるという視点をもちたい。その視点を活かし，限られた保護観察期間中に次の事を行う必要がある。

①福祉的課題をクリアすることが生活の改善や安定につながり，再犯しない生活を送れる可能性があるかについてアセスメントをする。

②①の可能性がある場合，対象者本人が理解できるような方法で助言指導し，福祉支援調整を受けることへの動機づけを高める。

③対象者のニーズに即して，地域福祉支援につなぐため関係機関への相談や同行を含むソーシャルワークを行う。

保護観察所は地域福祉支援機関が持たない権限を活用できる立場であることを自覚し，①②③に取り組む事が重要である。保護観察官の自覚と取り組みが，結果的に対象者を社会で孤立させないことにつながり，ひいては再犯防止となるのであれば，果たす役割は大きい。

3　おわりに

事例 1, 2 を通して改めて感じるのは，司法と福祉の連携の必要性である。事例 2 の考察でも触れているが，司法関係者，福祉関係者が互いの視点を取り入れ，活用することは再犯防止への大きな効果と対象者の生き直し支援につながると思われる。対象者が犯罪の背景に障害の問題を抱えている場合は，根本的な問題解決をしなければ，いわゆる累犯障害者となってしまうリスクが高い。ここでいう根本的な問題解決とは，対象者のもつ障害特性への理解と適切な対応がなされる環境を整えることである。これまで社会の中で，福祉支援対象者として認識されてこなかった者については，保護観察となったことを契機として，福祉支援をすべき対象者であることを地域社会に伝えていく必要があるだろう。

あわせて，保護観察官が「同じ過ちを繰り返さない。」という目標を対象者と共有することが，対象者の福祉支援を受けるという動機づけを高めることにも有効であることを意識しておきたい。その後の地域福祉支援へのつなぎについては，2009（平成21）年に地域生活定着支援事業が制度化され，全都道府県に設置された「地域生活定着支援センター」との協働が可能であり，良い効果が期待できる。障害を抱えた対象者が，保護観察中の再犯のみならず，保護観察終了後も罪を犯さない生活を送るための準備としても，地域関係機関と積極的に連携していくことを大切にしていきたい。

1）福祉支援を担当する保護観察官とは，さいたま保護観察所処遇部門内に構成された福祉支援班に所属する保護観察官のこと。高齢および障害を抱えた対象者に対して，埼玉県地域生活定着支援センターと協働し，多機関との連携を図りながら，福祉的な調整を行うことを業務としている。

2）自立支援医療（精神通院医療）とは，心身の障害を除去・軽減するための医療について，医療費の自己負担額を軽減する公費負担制度。

3）加害者処遇状況等に関する通知とは，被害者等の申出に基づき，矯正施設収容中および保護観察中における加害者の処遇状況等について通知するという犯罪被害者等のための施策における制度。

4）サテライト型住居とは，障害者総合支援法において2014（平成26）年４月から新たに創設されたグループホームの形態。共同生活であるグループホームの趣旨を踏まえ，本体住居と連携しながらも，一人で暮らしたいという利用者のニーズに対応した形の住居。

あとがき

日本でも外国でも，犯罪者処遇において社会内処遇の比重が増している。その有効性と経済性から保護観察への役割期待が増し，従前よりも大きな資源が振り向けられている。そのような折に，本書によって現場からの発信という形で保護観察制度の体系と実務の実態を報告することは，日本の保護観察の現在の到達点と制約を社会に問い，同時に内部から制度と実務の課題を再確認し今後の発展の方向を見定めるという点で，意義がある。

周知のとおり，日本の犯罪率の低さや治安の良さは世界から高い評価を得てきた。ただし，国外で実務家や研究者の生の声を聞くと，治安の良さは国民の規範意識や集団の凝集性の（並外れた）高さに依るのであり，日本社会の特殊性から来ているから，所詮自分達と同じ土俵では語れないといわれることが少なからずあった。また，更生保護が誇ってきた保護司制度も，保護司側の崇高な善意や献身が高く評価される一方で，保護司制度を前面に据えた保護観察制度全体としては必ずしもプラスの評価を得ているわけでないと感じてきた。それが，近年は日本の保護観察の仕組み自体を高く評価する言葉を聞くようになった。保護観察官と保護司の協働体制は決して制度の後進性を示すものでなく，むしろ長所として評価されていると感じるようになったのである。

このような日本の制度への評価の変化は，諸外国での犯罪者処遇を巡る政策の変化から来ていると思う。すなわち，世界の多くの国で「社会防衛」が犯罪者処遇の最も重要な目的とされ，その手段として，「再犯リスク管理」と「犯罪者の福利の向上」の二方向の方法が採られている。後者の「福利の向上」は，1）住居と雇用（収入），2）所属と関係性の二要素から成るといえる。うち，「所属と関係性」の更生促進機能への着目は，「Desistance（立ち直り）研究」の知見に基づく。そして，保護司制度とは犯罪者に「所属と関係性」を再付与する仕組みのひとつである。こう考えると，保護司制度を前面に据えた日本の保護観察制度は単に経済的であるだけでなく，犯罪者処遇の目的に叶う合理性な制度だといえる。「Desistance（立ち直り）研究」が隆盛になり，各国の政策に影響を与えるようになったのは2000年代半ば以降であるから，若干のタイムラグを経て日本の保護観察官・保護司の協働体制が再枠付けされ，その結果，日本の保護観察制度に対する世界での評価が向上したのであろう。

さて，犯罪者の「福利の向上」のために，保護観察が社会政策や地域福祉につながり，多機関連携が進展している。処遇ツールの多様化と充実という点で，大いに歓迎したい。ただし，多機関連携を充実・発展させるためには，国の責任の明確化と責務の遂行が一層重要となろう。幹が堅固であってこそ枝葉は繁茂する。その点で，本書は更生保護官署の責任と責務の遂行状況を開示する真摯な実務書であり，発展に向けての振り返りの契機になり得る。元より更生保護の人々は保護観察の問題と課題を十分に認識し，資源に制約がある中でもさまざまな施策を打ち出し，さらに，新たな可能性を模索されている。

保護観察制度の発展には，保護観察官の専門性の進展が欠かせない。保護観察官には，近年二度飛躍の契機が訪れた。2005（平成17）年の医療観察制度の施行と2006（平成18）年の性犯罪者処遇プログラムの導入である。医療観察において精神保健福祉士や社会福祉士等福祉領域の専門職の働きぶりを目の当たりにされた。さらに，処遇プログラムの実施を通じて保護観察対象者に対峙し，寄り添ってその更生のために一緒に格闘して，大きく成長されたと思う。認知行動プログラムという世界標準の処遇方法を習得されたことも，大きな収穫となったであろう。これらの経験を経て，保護観察官は成長に向けて正しいベクトルに就かれたのではなかろうか。本書には，保護観察官が職務上の工夫を通じて専門性を進展させていく営みが記録されている。

ただし，未だ保護観察官は発展途上であり，伸び代は大きい。保護観察官の専門性の向上のためには，個々人の努力とともに判決前調査の実施，処遇プログラム実施体制の充実強化など保護観察官の処遇ツールの充実を保証する制度的裏付けが必要であり，さらなる人的・財政的な資源の投入が不可欠である。更生保護事業の一層の進展を期待する。

本書の刊行にあたり，法律文化社編集部の掛川直之さんには大変お世話になった。心からお礼を申し上げたい。また，かつて保護観察や国際研修の現場で共に働き，今は保護観察の中枢におられる今福章二さんと共に本書を編集し，保護観察を社会に知っていただくお手伝いができたことは筆者の喜びであった。同時に，自らも研究者として内外の実務と研究の成果を学び，実務のヒントとなる情報を少しでも多く実務の現場に提供していきたいと思った。

2016年2月

小長井賀與

索　引

あ 行

か 行

さ 行

た　行

な　行

執筆者紹介

＊今福章二　法務省保護局総務課長
新井吐夢　東京地方検察庁検事（元法務省保護局付）
岡田和也　北海道地方更生保護委員会統括審査官
＊小長井賀與　立教大学コミュニティ福祉学部教授
前川洋平　法務省保護局観察課専門官
田島佳代子　法務省保護局更生保護振興課社会復帰支援室長
和田　清　埼玉県立精神医療センター依存症治療研究部長
宮永　耕　東海大学健康科学部准教授
勝田　聡　法務省保護局総務課企画調整官
鈴木美香子　東北地方更生保護委員会第二部長委員
里見有功　関東地方更生保護委員会保護観察官
西江尚人　中国地方更生保護委員会更生保護管理官
岡本泰弘　法務省保護局更生保護振興課専門官
小森典子　東京保護観察所保護観察官
西平俊秀　法務省保護局総務課専門官
牧山夕子　さいたま保護観察所保護観察官
坂根真理　さいたま保護観察所保護観察官

Horitsu Bunka Sha

保護観察とは何か
──実務の視点からとらえる

2016年5月10日　初版第1刷発行

編　者　今福章二（いまふくしょうじ）・小長井賀與（こながいかよ）

発行者　田靡純子

発行所　株式会社 法律文化社

〒603-8053
京都市北区上賀茂岩ヶ垣内町71
電話 075(791)7131 FAX 075(721)8400
http://www.hou-bun.com/

＊乱丁など不良本がありましたら，ご連絡ください。
お取り替えいたします。

印刷：亜細亜印刷㈱／製本：㈱吉田三誠堂製本所
装幀：白沢　正

ISBN978-4-589-03745-9